学思书系·教育随笔系列

U0634577

甘之如饴

——一个教研员的语文生活

GANZHIRUYI YIGE JIAOYANYUAN DE YUWEN SHENGHUO

王蕴枫/著

东北师范大学出版社
长　春

图书在版编目(CIP)数据

甘之如饴:一个教研员的语文生活/王蕴枫著.—长春:
东北师范大学出版社,2013.7
ISBN 978 - 7 - 5602 - 9182 - 6

Ⅰ.①甘… Ⅱ.①王… Ⅲ.①语文课—教学研究—
中小学 Ⅳ.①G633.302

中国版本图书馆 CIP 数据核字(2013)第 181203 号

□责任编辑:王立娜 □封面设计:张 然
□责任校对:齐 虹 □责任印制:张允豪

东北师范大学出版社出版发行
长春净月经济开发区金宝街 118 号(邮政编码:130117)
网址:http://www.nenup.com
东师大出版社旗舰店:http://nenup.taobao.com
读者服务部:0431—84568069 0431—84568213
电子函件:sdcbs@mail.jl.cn
东北师范大学出版社激光照排中心制版
山东润声印务有限公司印装
2013 年 8 月第 1 版 2019 年 5 月第 2 次印刷
幅面尺寸:169 mm×239 mm 印张:15.5 字数:268 千
定价:31.00 元

序（一）

我眼中的蕴枫

宋海英

初识蕴枫，是在多年前的吉林省小学语文教研员培训班上，我安排她做总结辅导。第一次见，说实话，我担心她的发言影响力，那时她好像三十刚出头，一身打扮让人看起来也就二十七八岁。但当她走下讲台，我便由衷地面对所有的教研员说："我很感动……"后来才知那时她还在养病，更不适合外出。在深秋的瑟瑟冷风里，她的小巧和她内心的强大形成了鲜明的对比。于是，我开始看好她。也于是，这些年来，国培、省培时，我都会找她来给学员们上课，尤其是在我省开展国培第一年第一个学科小学语文培训时，我找她来做教学指导教师，果然，她没有辜负我的期望。

据我了解，不仅是我，其他地区的教研员也纷纷给予她好评，"学科研究的专家"，"研究型的才女"，"有内涵，精明能干"，"有思想，有梦想，有作为。虽身单力薄，但充满活力；虽工作平凡，但志向远大。善思，善行，在平凡的工作中做出了不平凡的业绩"，有人则在了解了她的工作态度和成绩后感慨"优秀是一种习惯"等等。

她培训过的学员也在纷纷赞赏她，长春市一实验小学杨波说："清丽亲和的外表让人赏心悦目，清晰明了的思路让人印象深刻，深入浅出的讲述让人豁然顿悟。"长春市亚泰小学史嵩琳说："既是在为我们上课，更是在为我们传递一种精神。"梅河口市山城镇中心校陈洪刚说："王老师的课深入浅出，理论联系实际，用一个个生动的实例来阐明抽象难懂的道理，贴近听者教学生活，有实际的指导意义，可谓受益匪浅！""她的课娓娓道来，如涓涓细流滋润听者的心田，更似春风化雨般润物无声，让人自觉地接受了一场心灵的盛宴。"白城市洮北区平安镇中心小学郭晓慧说："王老师教态亲切和蔼，有一定的亲和力；语言准确、生动，培训内容贴近教师工作的实际需要，能够给广大一线教师带来'柳暗花明又一村'的豁然。"她本地的老师齐影也说："王老师对待工作总是一丝不苟，经常和一线教师交流碰撞，再与理论挂钩，两者融合，观点更具实操性、针对性。每每看到她，都会迎来亲切的笑容、温暖的问候、谦卑的谈吐，让人感觉大师其实离我们很近。"……

这些评价，我都信。接触多年，我还是比较了解她的。我知道她比别人对工作更有责任感，也更能付出辛苦，是一个极其认真和负责的人。她在国培班做指导教师时曾连续两个晚上不睡觉，硬是熬着在时间要求之前完成任务。与她聊生活里的事她未必知道，也很寡言，很单纯，但只要一聊起培训，她的话匣子常常是关不住的，她对工作充满了热情和向往。

我还知道她敢于创新和尝试。对于参与式培训，她常有新的话题和点子，虽然开始时难免有问题，但她依然不放弃。不放弃，本身就是一种可贵的品质，也是目前较多教育人缺失的。这几年，她的进步我是看在眼里的，也很欣慰。放眼全省，像她这样勇于进取、肯于钻研又善于反思的教研员并非很多。

我更知道她的笔耕不辍。她的日志我读过，文笔颇好。单就吉林省小学语文教研员乃至其他学科教研员，能写出专著来，目前我知道的没几人，我自是全力支持，也常为教师尤其是教研员搭台子，压担子。学科之间具有相通性，我相信这本书定会对各学科许多教师有所帮助。有时候，文字本身已经不重要，文字背后所折射出来的坚守、钻研、聪慧、悟性以及某些精神往往更重要。我也相信在以后，她一定会继续思考、探索、创新，为吉林省教研和师培工作做出更大的贡献。让我们一同期待！

祝贺蕴枫的专著出版了，也送给她一句"加油"！

【宋海英：吉林省国培项目执行办公室主任，吉林省教育学院继续教育办公室副主任，副教授。】

序（二）

研

王兆文

"研"在字典里有两个意思，一个是细磨、碾，例如研磨；另一个是深入地探究，例如研究、钻研。我认为教研员这一角色的研应同时具备这两个意思，教研需要细磨、碾，需要深入地探究。翻阅王蕴枫老师的书稿，我对这一点更深有体会，也真切地感受到她研的深入及其中的细磨精神。

蕴枫老师是一位有着多年教研经历的教研员。无论是做品德、社会学科教研员，还是做语文教研员，都在本地和省市有着不菲的成绩。这些成绩来之不易，我们也不妨从中思考一下如何做好教学研究。

做好教学研究的基础应该是热爱。热爱，是强烈地喜爱。蕴枫老师做教研有热情，也很投入，这主要源于她对教研的热爱。我想，如果每一位教师都能充满热爱之心地工作，当是学子们的幸福。在当下，我们更需要这样一份热爱。

会研究非常重要。研究是一门科学，也是一门艺术。不是想当然，更不是仅凭一腔热血就可以。研究什么，怎么研究，里面的学问很多。从蕴枫老师的文字里，我们看到她能抓住学科的本质、规律，围绕前沿方向和实际问题，既研究整体也研究细节，从而使学科研究不偏离大方向，也不虚化。怎么研究，她的形式较多，不呆板，善于变化，也求实效。

不可或缺的还有学习。从书籍中学，从实践中学，从其他人身上学，广泛地学，去粗取精地学。学了之后还要用，用于自己，也以团队的方式影响别人。学用结合，还愁没思考、没体验、没成效吗？蕴枫就很善于学习，她读的书都很有价值，有专业的书，有增长做人处事智慧的书，有能够使人在喧嚣的尘世里安心做事的书。她也很懂得学后用，敢用，常用。这几年她经历颇多，认识和视野也在日益开阔，这对我们本地的教学研究是大有裨益的。

有一点不得不提，就是如何把教学研究成果转化，以便让更多的教师受益。我想，这是教研员也是一线教师应该具备的能力。蕴枫能在工作繁忙之际抽时间把多年来的研究成果整理出来，供大家阅读和思考，我认为这是一种非常有效的成果转化的方式。当然，这需要日积月累，需要持之以恒，更需要一种胆识和魄力。

教学研究是一项极有意义的事，也是一项繁重而枯燥的活计，但只要研究进去，就可以享受到其中无限的乐趣。作为蕴枫老师的校长，我诚恳地希望每一位读者都能从这本书里读到研究的意义，读出她一路行走的快乐。也希望每一位教师都能把研内化为自己的职业方式——这是教师专业成长的生命力。

【王兆文：吉林省农安县教师进修学校校长。】

序（三）

枫不经霜叶不红

王蕴枫

一

出版专著？对我这样一个极其普通的教研员来说，在多年以前简直是天方夜谭。

第一次建议我结集成书的是一位每天都读我博文的朋友。对于她的希望，我只当恭维之语。后来陆续有人提，包括同事和领导。他们认为我的文字虽没有华丽辞藻，也非文采斐然，但有真情和平实，有智慧和坚守，有对教育生活的无限热爱，这恰恰是当下漫天盖地的文章所缺失的。

我愈来愈能感受到大家的一番真心诚意。

"出专著？"

"我能吗？"

……

在一次又一次的诘问中，我找到了答案："没有不能，只有不想。"

时而自信，时而忐忑，磕磕绊绊中，我开始了整理和撰稿，也开始了对以往行走的回顾与思索。

"驽马十驾，功在不舍"。我虽然名不见经传，也非研究深远，但只要努力不懈，也能有助于他人吧。

二

怎样采选和剥离前十年的文字是我成书前最为纠结的事。那是些杂乱无序的文章，在我的电脑文档里，它们分别以 2003 年、2004 年、2005 年等这样的数字文件夹排列着，可谓繁杂芜乱。

打开来，可见我十年语文教研生活的思考痕迹。既丰盈，从今天的角度看也很青涩。十年，与那些大师相比，永远处在"新兵"阶段，但我确实看到了自己的点滴成长。

所以起初，我立刻想到用"枫不经霜叶不红"作为书名，但儿子听后笑了，调侃道："你现在红了吗？"我哑然。不过我仍然喜欢这句话，喜欢的缘由只是想借此告诉敬爱的老师们，一个人的成长必须要经历，同时在经历的路上要不断思考：对问题的思考，对现实的思考，对未来的思考。沿着这样一个思考的路径，"思考在路上"不经意地从大脑里流淌出来。它很朴素，也符合真实的我。许多年来，我也有苦闷彷徨时，但从未踟蹰不前，也从未停止过踏实地劳作，因为心里始终有一份沉甸甸的责任在支撑着。无论未来有怎样的变故，思考都在进行中。

我是个身体力行的人。有思考，更要有行动。思考在路上，仿佛唯有思，而缺少躬行实践的意味。

大道至简，别在题目上辗转了，我只是在如实记录自己的语文生活罢了。语文是我生命的至爱，谈及语文，心里就不由自主地涌动起亲切和向往。回想过往很甜蜜，展望未来也依旧甘愿承受艰难，那就叫"甘之如饴——一个教研员的语文生活"吧。

三

作为一个教研员，对教学的思考应该更加宽泛，一个是教师教学生，即课堂教学；一个是教师教教师，即培训教学。此书既包括了我对语文教学问题的思考和对策，也包括我参与省培、国培工作的些许经历。

"教研"里的许多文字是我做语文教研员十年期间召开教研会议的发言。单位有一个不成文的规定，凡是教研员的会议辅导都要印成稿子发给基层老师们，以帮助他们深入体会，也让其更多受益。现在回头想来，真要感谢领导，使我积累了大量的文字材料，虽然长短不一，有的也还浅薄，但从实际需求来说仍有积极的阅读、思考和批判价值。而"师培"是自2007年以来我在培训教学尤其是尝试参与式培训中的实践和反思。

我有一个习惯——坚持每天写网络日志。这是从2005年开始的，一场疾病不仅改变了我对生命的态度，更坚定了我记录生活的想法并笃行而不倦。随后与日俱增，演绎成今天一种淡泊、积极而从容的心态和更加澄澈的心灵，演绎成一种美妙的工作状态。"博文"里的所有篇章均来自于这些日志。当我重拾那些过往的记忆时，我已找不到原来多愁善感的影子——我看到的是现在愈发朴素、安静，更加乐观、执着的我。

由此看来，不要小觑了日常积累，当时仅仅是一滴水，久而久之，就会激增为一条河，甚至是大海。

四

落入俗套地要感谢，但细数起来，觉得有些许赘述。只有放在心底，一边知足着，一边慢慢地回馈。

但我必须要提及的是一直鼓励我出书的语文老师们，本地的，也包括全省各地的我的学员们。想起他们，心底便生长出一种责任感和使命感，生命也因此变得润泽和丰富起来。

这本书为我十年小学语文教研生涯画上句号，即便不那么圆，我亦欣慰。随后，我把目光投向未来的日子，那里还有更多年。

过去十年的我在语文之路上快乐地行走，处处可见我蓬勃向上的追求与梦想，那么未来的我又会是怎样的行状呢？我能肯定的是，我依然会不断地思考和实践，想教师之所想，急教师之所急，这是由我的职业所决定的。我也仍能肯定的是，我会继续探索教研和师培之路，比如逐渐形成自己的特色，做改革的思考和实践者——不去补漏洞，不去怨天尤人，而是换一个角度，变被动为主动，去增厚原有。

近两个月的整理和校对，时间匆促，我深知此书的诸多不足，也一度失去信心。谨希望读者原谅我的浅薄，原谅我的短视，我只想给您一朵玫瑰，让我手留余香。如果您获得了两朵甚至更多，那我将倍感荣幸。我们的香气也将从心里冉冉萦绕——

我心溢满幸福。

2013 年 5 月于家中

目　录

第一辑

教　研

◎课堂，归根结底是学生的。无论是教师实施教学，还是教研员开展研究，都应把为学生服务作为旨归。

◎何时教师把"讲堂"变成"学堂"，语文课堂才有真正的生命可言。

◎语文教学普遍的病症是把学生带入问题的窠臼纠缠不休。

◎抓住提高学生语文素养的关键因素和核心环节，才能有效提高语文教学质量。教研亦如此。

◎问题是客观存在的，教学研究在不间断地发现和解决问题的过程中变得有意义。也因此，才令我乐此不疲，才有了我的诸多思考和实践。

老师，我不太懂您

语文课到底要做什么？是让我懂得一个道理，或者知道一件事的来龙去脉？

语文课不读书，不写字吗？

我学习课文前一无所知吗？老师好像认为我什么都不知道。

老师提出来的问题很古怪，变着法似的一个接一个，无数个为什么，我怎么猜得到当时的环境？我又怎能断言作者的想法？我不是那代人，不是那年人，更不是那个人……

为什么老师先说了答案或者感受，让我去课文中找词句呢？

学习是给老师学的吗？如果不是，为什么老师动辄说"给老师读一遍课文"，"给我组个词"……学习难道不是我自己的事吗？我没有自己的学习感悟和问题吗？

老师喜欢问我"喜不喜欢"、"好不好"、"高不高兴"等等，难道我可以说"不喜欢"、"不好"、"不高兴"吗？我没试过。

为什么要读课文？老师让我读却不给足时间，我还没读完她就叫停了。

老师感动得泪眼朦胧，我怎么不觉得感动呢？

老师的表扬很虚假，我没那么棒，她偏让全班同学齐声鼓掌夸我"你真棒"，弄得我手足无措，不知所以。

板书我看不懂，这一个词那一句话的。以前老师写的板书言简意赅，我很怀念。

一定要问我这节课有什么收获吗？我们碎碎地说上几句，老师便煞有介事地总结说："你们收获了这么多，老师真高兴。"我们的收获很多？不能问问我还有什么不懂，还有哪些希望吗？实话实说，学完了课文我真的没什么感受了，好端端的课文被老师肢解得支离破碎，哪里还有味道可言？

倘若老师再给我们一篇文章，不向我们提问，不牵着我们学习，我们是否读得懂？

……

老师，我真的不太懂您！

这是我于 2010 年 10 月 10 日晚写的一篇日志。通过课堂观察，我从学生的角度发出"老师，我不太懂您"的慨叹。如今已不能清晰地记得那天到底听了一节或几节怎样的语文课，才提出如此多的疑问。但我不想去回忆，也没回头查看，因为这并不要紧，要紧的是还有诸多问题存留在学生抑或我们心底，信手可取；要紧的是当下语文课确乎让许多语文人陷入深深的思考乃至一种焦虑中。

我们不妨试着一一作答。

我的回答也许是肤浅的、稚嫩的、片面的，但我想发出自己的声音……

三 问 三 要
——浅谈小学语文课堂导入的有效性

听《母亲的账单》（长春版小学语文三年级下册）一课。课堂伊始：

师：老师出两个算式，你们有信心做对吗？

生（齐答）：有！（师随即板书"0＋0＋0＋0""20＋20＋20＋20"，学生计算出结果）

师：这两个结果谁大谁小呢？

生（齐答）：80大，0小。

师：读这篇课文你会知道得更多，下面我们继续学习《母亲的账单》。（板书课题）

初听，我以为教师讲第一课时。当听到"继续学习"以及之后的教学内容，方知是第二课时，于是不禁开始思考小学语文课堂导入如何有效甚至高效的问题。这一问题表面看起来不足为奇，也很少有人把它纳入研究的视线。老子在《道德经》中说道："图难于其易，为大于其细；天下难事，必作于易；天下大事，必作于细。是以圣人终不为大，故能成其大。"细节决定成败，课堂导入问题应该引起教师的关注。

那么，如何关注这一细节呢？思忖之后，我认为课前教师需要"三问"和"三要"。

"三问"，即一问"学生原来有什么"。学生课堂上的学习不是零起点，我们要弄清他们在学习之前已经拥有了什么。上一案例，学生在第一课时已经了解了两个算式，一个是彼得写给母亲的，另一个是母亲写给彼得的。同时，学生已经感知了课文内容，故事的结果也已烂熟于心。这位教师却把学生当作一无所知，当作回答问题的对象，当作环节顺畅过渡的工具，显然是不妥。二问"学生还希望得到什么"。对于新的教学内容，他们还想知道什么？他们还需要读懂什么？三问"学生希望怎么学"。陶行知先生说"教要按照学的法子"，学生有参与研究"怎么学"的权利，他们也会有自己喜欢的学习方式，只是我们小觑了孩子。这"三问"既是问学生，也是问自己。每一问都要用心问，问出个所以然来，问出个透亮来。

"三要"，即一要让学生课前有所知。通过阅读、思考和实践活动等途径有意识地使学生走进课文，增加他们的知识与经验。比如本课可以下发预习卡、学习单；让学生自学生字词，读通课文，搜集关于母爱的文章；请学生也像彼得一样做一个同样的账单送给母亲，看看自己母亲的表现等。这个已有愈"厚"，教学效率愈高。

二要使导入设计建立在学生已有之上。如果学生已知十，教师设计却停留在三，甚至零，新旧不能有效链接起来，学生自然学得无趣，教师教得也无味。有一种怪圈值得深思，即许多教师常希望学生在课前对课文一无所知，他们认为只有如此，学生才能对课文学习感兴趣。记得与一位教师研究习作课，我建议她在课前请学生开展观察、调查等活动，了解与习作话题密切相关的生活事例，以帮助学生积累习作素材，拓展表达思路。但她顾虑重重，担心学生课前知道多了，便对课堂学习兴趣索然。我奇怪地问："孩子们是否知道教的内容和学习兴趣有必然的联系呢？不让他们知道，他们就真的不会知道吗？"实则，学生在看到新教材时就已经或多或少地翻阅了。我在听课时也常会看到对当堂内容不感兴趣的孩子翻看其他内容，且很专注。既然学生课前不是无知无求，那么导入设计就有必要高屋建瓴。

三要紧紧围绕教学目标来设计。明确本节课到底要达到怎样的目标，根据目标来确定如何导入。比如《母亲的账单》第二课时的导入可以围绕彼得发现母亲给他的账单后的内心活动来设计，体会他为什么"羞愧万分"，也可以直接出示母亲写给彼得的账单，让学生们联想或计算一下"十年幸福生活"是怎样的，"十年中的吃喝"、"生病时的护理"需花费多少，"有个爱他的母亲"又该是怎样的幸福，进而体会这份账单所表达的母爱的无私与伟大。这样做既摒弃了导入时的拖沓，减少教学时间的浪费，又能切入主题。

"三问"，再"三要"，课堂导入还能低效或者无效吗？不仅课堂导入如此，假若我们把每一个环节乃至每一个问题都建立在大多数孩子的已有基础上，假若我们关注课堂中的每一个细节，把细节做实，有效教学甚至高效教学定会与我们渐行渐近。

真，才能心动！

称赞、表扬学生，说起来很简单，动听的词句也似乎不少，如"你真棒"、"你真了不起"、"你真厉害"……细看，这些表扬的话语中都有一个"真"字。可能只有着重体现这个字，才能淋漓尽致地表现出说者的诚心诚意，才能让听者心弦颤动吧。不过，这表面的"真"和真诚的"真"效果可是天壤之别。现撷取两个真实的教学片段，说一说某些课堂教学中的称赞和表扬。

[案例一]

长春版小学语文教材二年级下册《童年的问号》教学片段：

师：同学们，谁能把课文第一自然段美美地读给大家听？

生1：（读）童年是一首诗，童年是一个梦，童年还是一串长长的问号。（读得比较平淡，老师也明显地感觉到了）

师：读得真不错，谁能比他读得还好？

生2：（又读这句话。由于教师对第一个学生的称赞，该学生的语调和前一个学生的基本相同）

师：（依旧熟视无睹）读得可真棒！让我们一起来读一读这段话。

全体学生齐读。（读的水平可想而知）

师：大家读得太美了！让我们为自己的精彩朗读鼓掌吧！（教室里响起稀稀落落的掌声）我们接着读第五自然段。

[案例二]

长春版小学语文教材一年级下册《对子歌》教学片段：

师：（出示带有"优秀"一词的卡片）大家齐读一遍。（学生齐读）认为自己优秀的孩子请举手。

（很多学生举手。老师发现坐在后面的一个小男孩很犹豫的样子，想举手又似乎不敢举手，于是笑呵呵地走了过去）

师：你为什么不觉得自己优秀呢？

生：（小声地、害羞地）不知道。

师：孩子，你来读这两个字（出示"秀"、"杨"两个生字卡片。男孩很轻松地读了出来），再读一读这句话（出示一句话，男孩在老师的帮助下又读了出来）。孩子，你把生字宝宝认会了，句子也读了出来，多优秀呀！老师认为你是个优秀的孩子，对吗？

生：（兴奋地、肯定地点了点头。其他学生也顿时来了精神，教室里举起的小手如丛林一般，大家纷纷争做优秀的孩子。下面的精彩自不待言）

（老师在后面的巩固生字这一环节也时时不忘对他说："你是一个优秀的孩子！"）

这两个教学案例在同一个问题上引起我深深的思索。对其进行比较，在案例一中，表扬至上，学生并没有真正深入到文本，朗读的过程被教师一言以蔽之，读也就只能停留在表面，这使得表扬苍白无力。教师仿佛是把学生当作配合自己完成教学流程的帮手，哪里把学生放在眼里？我们暂且不谈"美美地读"是怎样地读，学生知道不知道，也暂且不谈提高学生朗读水平的方法，如何培养学生良好的语感，仅来看教师对学生表面称道、内心漠视的行为。应该说，课堂上抑或生活中，孩子会出现很多类似这样的情况，如某个词语体会得不到位，某个段落读得没有感情，文章内容的价值取向理解得偏颇……学生毕竟还是孩子。这位老师本意可能不想挫伤学生的积极性，但实际上造成了另外一种虚假的、走过场的假象，淡漠的是学生纯真、脆弱的心灵，弱化的是宝贵、完整的教学生命。

而听了后一位老师的课，感动充溢心头。她真诚地帮助孩子克服自我，建立自信，她巧妙地把文本与学生之间进行融合，师生互动；更让我感动的是学生在教师的引导下恢复起来的自信和快乐，以及全体学生参与教学的主动性。我感动了，难道学生不会感动吗？可能不止感动，它可能会成为学生一生当中温馨、永恒的记忆！

看来，表扬及其他评价是否充满情感，是否发自内心，的确应该引起每位教师的思考。超值的表扬和虚假的表扬都是我们应该彻底摒弃的。那寥寥无几的掌声和孩子们的跃跃欲试不正是鲜明的对照吗？我们应该"把功夫用在实处，而不要做虚功"（靳家彦语）。因为只有保持真心、真诚、真爱的心态，关注实际、实在、实效，才能使孩子心里真正荡起涟漪，受到触动，真正在学习行为上有所改变。我们也完全有理由相信，只要是真的真，我们就能看到孩子敞开的心灵之窗，就能听见孩子发自内心深处的声音。

如何提高识字教学效率

加大识字量，多认少写，能使学生尽早、尽快、尽可能多地识字，以便及早进入汉字的阅读阶段。但目前老师们普遍反映教材中安排的识字量太大，语文课时又很有限，任务繁重，识字教学出现了许多不可回避的问题，主要有三种倾向：一是把较多的时间放在了识字上，字认识不少，可是随着年级的升高，学生无法开展有效的阅读。二是忽视识字教学，"今天不认识，以后就认识了"，由学生量力而行，能掌握多少算多少，导致"债"越欠越多，为以后的语文教学埋下了"祸根"。三是教学方法不对头，与新课程理念下的识字教学要求相悖，无效劳动多，费时多，收效少。总之，识字教学效率令人担忧。

如何提高识字教学的效率呢？我的提议是建立大语文观，即建立一个识字教学的开放系统。针对我们目前的语文教学情况，建议重点从四个方面来实践：

一、重视课前预习

语文学习，功夫在课外。在课外下点功夫，能有效缓解课堂教学的压力，提高教学效率。而预习作为语文学习的先导，在教学中有着不可或缺的作用。特别是在课时有限、内容量大的情况下，更要把培养学生预习习惯，提高他们的预习能力作为一项语文教学的重要工作来抓。在识字教学中，课前预习主要是画生字、读生字、读课文、做生字卡片等，先让学生通过自己的努力学一学，记一记，读一读。尊重并正视学生的差异，能解决多少就解决多少。日久天长，学生自主学习的能力就会有所提高，这也会为今后的语文教学减轻负担。课前预习要注意：

1. 把读课文、识记汉字当作一项重要的学习任务留给学生。应告诉学生预习的重要性和必要性，它不是可有可无的，而是至关重要的。

2. 随时检查督促，及时鼓励表扬。坚持每节课前几分钟通过各种方式检查学生的预习情况，对预习好的学生大力表扬，以点带面，督促更多的学生养成预习的好习惯。

3. 关注学困生。针对不同学生的特点给以必要的帮助。课上充分发挥预习好的学生的示范、带头作用，通过当小老师、小组合作等方式帮助预习差的学生。

二、保证课堂有效参与

这里的有效参与是指所有的学生都应该积极、主动地参与，所有的学习活动都应该让学生有所得，不摆花架子，不走过场。这里有四点是比较重要的：

1. 合理安排教学内容

科学合理地安排教学内容，是保证学生有效参与教学的前提。

（1）教学内容不要过于饱满。一堂课设置的目标太多，哪个都不想舍弃而求大求全，会造成 40 分钟的课堂过于饱满。老师一节课下来非常辛苦，紧赶慢赶，生怕任务完不成，而学生也只能一路小跑地跟在老师后面。学生到底学到了多少东西？值得反思。面面俱到就是面面不到，有舍弃才有收获。课文就是一个例子，一定要抓准通过这个例子到底让学生获得一些什么东西，适当减少某个或某些环节，把一部分做透了，做细了，教学才能够有实效。

（2）遵循学生身心发展规律和语文学习规律。对于识字我主张分散，减少集中，即把识字任务适当地分解，根据字形或课文内容与不同学生的学习情况适当地重新"组块"，让学生分步完成识字任务。每节课都尽量匀出时间写上一两个字，避免把很多字抛给学生，否则既影响识记效果，也很容易让孩子产生厌烦、惧怕等不良心理。

2. 引导学生自主识字

激发学生识字兴趣，引导学生自主识字，是保证学生有效参与的关键。就是要改变"教师讲，学生听"的单一的接受式课堂教学模式，积极倡导自主、合作、探究的学习方式。教师是组织者、引导者、评价者，而不是什么都凌驾于学生之上的统帅者。要让学生在兴趣盎然中通过一定的过程和方法识字。一般情况下，可以采用以下几种方式：

（1）引导发现。就是把识字的主动权交给学生。在教学过程中，利用学生熟识的语言因素（如口语及生活中常见的用语）及学生的生活经验，从字形的识记到生字的书写，无论是生字结构、笔画顺序、字形特点、书写要点，都由学生自己去发现，自己去比较。只要让学生积极地参与，他们会各有各的发现，各有各的感悟，思维火花竞相绽放，创造潜能得以发掘，个性品质得以培养，教师只需适当地引导和充分地肯定。在这样的愉悦学习中，学习效果远比教师一味地牵着学生的鼻子走要好得多，学生学得主动，学得开心，事半功倍。

（2）在游戏中识字。创设丰富多彩的情境，让学生在游戏中学习生字，使困难的识字过程变成学生喜爱的游戏。如用生字卡片开火车、分组玩字词卡、你说我找、小组比赛、邮递员送信、摘苹果、找朋友、夺红旗、你说我猜等等。在这样的氛围中，识字不再是一种负担，而是一种乐趣，一种享受。

（3）当小老师。学生爱表现，特别是低年级的小学生更愿意在众人面前展示自己。这是值得我们充分利用的，如领读、检查生字等工作都可以让小老师来做，既大大调动了学生的积极性，又可以减轻教师负担，一举两得。

（4）小组合作学习。在不同的学习过程中创设一切条件、机会，确保学生通过合作学习提高识字效率。如小组互相帮助教生字；小组长任意出示生字卡片，其他人抢读比赛，检查生字掌握情况，读得不准的由组长负责教会；小组成员互相交流识字方法，和同学一起分享自己与众不同的方法，感受学习的快乐，并在快乐的学习中打开思维。

小组学习容易使好的学生更好，差的更差。怎么办？我们应该事先建立一些基本的小组合作规则：合作前，小组成员先独立思考，自己想，自己读，自己画；合作时，分别说出自己的想法，其他人倾听，然后讨论，形成集体的意见。小组汇报时，教师要用"哪个小组愿意来说一说"取代"哪个同学愿意说一说"，还可以尝试以一个小组的意见为"靶子"，让大家对此发表看法，在具体的争论中，学生思维得到碰撞，问题也会得到解决。在小组讨论时，教师不是等待，不是观望，而是要深入到小组中，真正了解一下学生识字的效果，从而灵活调整下一个环节，尤其是关注那些学困生，给予他们必要和及时的帮助。不能为了合作而合作，应追求实效。

3．教给学生多种识字方法

教给学生多种识字方法，提高学生独立识字能力，是保证学生有效参与的重点。识字教学不仅仅只是把教材上规定的那几个字教给学生，它的最终目的是培养学生独立识字能力。一旦学生的独立识字能力提高了，识字教学也就轻松自如了。怎样培养呢？生字教学中最易解决的是音，最难解决的是形。一些教师对生字的音反复朗读，而对于最难分清的形容易忽略。在学生学习了基本字、基本笔画、笔顺和常用的偏旁部首之后，就可以放手让学生动脑想一想怎么能记住这个字。如加一加、减一减、换部首、猜字谜、编小故事、比较识字、扩词、说句子等等，可以结合学生实际参照运用，不仅可以激发学生识字的兴趣，对字形的记忆也会更加扎实牢固，还可以从中摸索体会汉字的构字规律。但要注意一点：教学中既要教给学生识字的基本方法和规律，又要考虑到学生不尽相同的学习风格，鼓励并允许学生选用自己喜欢、熟悉、习惯的方法记字，尊重学生的自由选择，保护学生识字的兴趣和信心。

《语文课程标准（2011 年版）》中有一个重要的观点是"力求识用结合"，就是及时为学生创设练习和运用生字的机会。用多了，用熟了，就能生巧了。教学中要有意识、有步骤地示范、引导，如让学生用字组词，用词造句，让学生读短文，学说话，引导他们利用各种机会主动识字等等。这些办法可以为学生和字词提供反复见面的机会，在发展全面的语言能力的同时也发展了识字能力。

识字教学中要做到三个"不要"：

（1）不要过分追求堂堂清、课课清、人人清。要承认学生间的差异并尊重差异。汉字学习是一个反复、长期的过程。一篇课文十几个生字，不一定要全部过关后再学下一篇。一回生，二回熟，多次见面就成好朋友。重要的是要创造多种途径、多种方式增加汉字与学生见面的机会，加强汉字的复现和巩固。

（2）不要对汉字做过细的分析。虽然必要的分析是对的，也是需要的，但不要过于烦琐、复杂地分析汉字的字形字义，尤其是要避免对汉字中某些不认识的部分、字形复杂的部分进行分析。应主要通过各种形式设计多种活动，如字词游戏、阅读活动、竞赛活动等，让学生与汉字反复见面，从整体上把握字形，逐步从本课中会认过渡到在其他语言环境中也能认识。

（3）不要过早地把生字从语言环境中提取出来单独认读。要先在语境中反复认读，再提取出来认读，使学生有一种语言环境的依托，有一个从简到难的坡度，这样可以降低学生识字的难度。

4. 处理好识字和阅读的关系

处理好识字和阅读的关系是保证学生有效参与的核心。目前，一些老师在低年级阅读课上，或者蜻蜓点水式地处理识字，只抓课文的阅读和理解；或者单纯识记生字，语感的培养、词句的理解、积累运用等等均被挤占，忽视课文的朗读和感受，忽视语文学科的整体训练和语文素养的整体提高。字认识不少，课文却没有读熟。实际上，识字的主要目的是阅读，识字是阅读的基础。多识字有助于培养学生的阅读能力，而阅读又是巩固生字最有效的途径，学过的字经常在阅读中见到，就能够把生字记牢，记准。不能够通过阅读获得各种信息，识字也只是徒劳。

识字与阅读绝不能各自为战。处理好二者的关系，首先要把握一个标准，即要明确怎样才算识好字：只要求认识，在课文中认识，在其他语言环境中还认识；不要过于拔高要求，比如对要求认识的字每个部件、笔画都要精确记忆，这不仅花费了大量的时间，识字效果也不好。

其次要把握"四四三"。

（1）四读。

一读读正确。读准字音，可以在课前让学生借助拼音读一两遍课文，用不同的符号标出要求会认与会写的字和它们所带的词，先与生字见面。二读读流利。重点把带有生字的词句读准确，读流利。自由读、抽读、跟读与范读相结合，遇到长句子或者学生不宜读好的句子，一定要充分发挥教师的示范作用，以及通过小组互帮的方式解决好。三读读得有感情。通过各种办法引导学生把课文读好，感受、体会生字词所表达的意思。一般带有生字的词句是理解文章的重点，要单独提取出来，引导学生通过各种方式理解。汉字是形、音、义三个基本因素构成的复合体，在文章中表达着一定的意义。只有体会到这些词句的意思，才能记好生字，进而把文章读得有声有色，读出味道。四读背诵积累。回读课文，积累词句，背诵优美句段，并有意识地引导学生学会运用好词佳句，使他们能够继续与生字常见面。以上四读应步步走稳，不应本末倒置，或者胡子眉毛一把抓。

（2）四种呈现方式。

一位教师搞过这样一次实验：把一个班48名学生分成素质均衡的三个组。第一组学生：让学生在语境中反复认读，始终不离开语境；第二组：一步一步先在语境中识，再跳出语境多种形式地读，但不做任何分析。第三组：先在语境中识，再跳出语境，其间尽量运用形象生动的识字方法让学生识记。实验结果是第三组最有效。阅读教学中识字要以读文为主，引导学生在具体的语言环境中，在读中反复与生字见面，并运用多种识字方法识记生字，达到识字与阅读的双线并进。

在实际教学中，应依据不同的课文特点和学生实际采取不同的方式。

第一种：个别分散提取。课题有生字，就开始学生字。读到哪个自然段就把这个自然段的生字单独提取出来读一读，记一记，扩词，说话，再放回自然段中理解字义。充分体现识字为阅读服务，在阅读中巩固生字。

第二种：中间集中提取。既先读课文，再把所有生字集中提取出来识记，交流识记方法，最后把生字回归课文，进一步通过读课文检测。

第三种：最后集中提取。课文学完后，把所有的生字集中提取出来识记，交流识字方法。主要适用于古诗、小韵文等。

第四种：多种方式提取。即综合上述三种方式，根据课文段落的特点选用不同的呈现方式。主要适用于篇幅相对较长的文章。

教学有法，教无定法。无论哪一种方式，目的都是发挥识字帮助阅读的功能，通过认识汉字把课文读好，通过读好课文巩固汉字。具体设计教学时要依据不同类型、不同体裁的课文，不同学段、不同差异的学生，采用不同的方式，不要一成不变，拿来主义。最主要的是要顺应学生的思维，保护学生的阅读兴趣，让学生积极、主动地参与教学。

（3）三个关注。

关注学生的阅读兴趣。读好课文是识好字的前提和保证。如果学生不愿意阅读，识字也就成为无源之水，无本之木。设计教学时，重点设计怎样激发学生的阅读兴趣和欲望，关注学生是否愿意读书，是否愿意把自己的阅读成果向大家展示。

关注全体学生读的机会。即最大限度地让全体学生有更多读课文的机会。读的形式要多，读的面要广，读的时间要保证。如老师读，让学生小声跟读；一生读，其他学生跟读，然后评读……不能让一部分学生读，其他学生看热闹。保证一堂课较多时间有琅琅的读书声。

关注学生的需要。在教学中，对学生喜欢什么，不喜欢什么，需要什么，不需要什么，应有所了解。设计教学不必过分追求合理性、科学性、严谨性等，而要重点考虑哪种设计学生最喜欢，最愿意学，学习效果最好。特别是要关注以往被忽视的弱势群体，即学困生。每堂课上都会有一些非常积极的参与者，还会有一些被动的参与者或者根本不参与的学生。要经常问一问自己，那些不举手的孩子在干什么，在想什么。他们在认真倾听、思考，还是神游在外，为什么会这样。想一想是教学设计的问题，是教学评价的问题，还是其他，从而对自己的教学进行批判性的思考，进而寻求解决问题的办法。根据学生的发展思路因时制宜，因事制宜，因势利导，从而实现因材施教，提高课堂教学效率。

三、加强课后巩固

根据学生遗忘先快后慢的规律，刚刚认识的字一定要在以后的两三天中及时复习，不能因为课堂教学的结束就中止了识字教学。当堂认识，过几天就忘记了，这很正常，重要的是要加强课后巩固。课后巩固生字的方式很多，很多老师都有自己的一套卓有成效的办法。重点注意三点：

1. 充分利用生字卡片。如在教室墙壁贴生字卡片，让学生在有意无意中与生字多见面；小组内利用一定的时间抽读卡片等等。

2. 充分发挥评检功能。可以日检周评，随时检测学生识字的情况，了解差异，发现问题，及时巩固。评选识字大王、识字小能手等，激发和保持学生识字的兴趣和欲望。

3. 充分扩大阅读面。增加识字量的目的是引导学生提早进入汉字的阅读阶段。《语文课程标准（2011年版）》中提到的"力求识用结合"主要是加大阅读量。也只有学以致用，学生才能体验到识字的乐趣。教师应该有针对性地将阅读计划中的小文章推荐给学生读一读，用生字、词语写一些句子、小短文让学生读一读。总之，要千方百计让学生多阅读，经常与生字见面，这既扩大了阅读量，又巩固了生字，两全其美。

四、拓宽识字渠道

识字要采取两条腿走路，一条腿是认识教材上的字，一条腿是自己利用各种资源在生活中自主识字。在日常生活中，识字的机会和渠道无处不在，无时不有。校园、班级墙壁、商店、食品袋上、广告、电视、报纸、杂志，到处都是识字的好地方。如果我们充分利用好这些资源，识字教学就会轻松许多。教学中要鼓励学生见到生字就认一认，读一读。再拿出一点时间，创造一些机会："今天你认识了哪些字？在哪里认识的？"让学生交流、展示自主识字的成果。这样既使识字教学减轻了压力，教学也变得有些许情趣。学生的识字量越来越多，必定会为他们的阅读夯实基础。

关于词义教学的思考

词语是构成文章的基本单位。关于词语教学应有三个关注点，一是理解，二是积累，三是运用。其中理解词义是基础。只有理解了词语的意思，才能读懂文章的内容，才能有效地积累和运用，进而达到内化。学会理解词语是学生阅读水平乃至语文综合素养的重要标志。

几年来，许多专家强调：语文课不要"种了人家的园，荒了自己的田"，语文课要上出"地地道道的语文味"。所谓"自己的田"以及"语文味"指的是语文课的本体。著名特级教师王崧舟说这本体不是语言文字所承载的内容，即"写的什么"，而是用什么样的语言形式来承载这些内容，即"怎么写的"。具体地说，主要表现在"动情诵读，静心默读"的"读味"，"圈点批注，摘抄书作"的"写味"，"品词品句，咬文嚼字"的"品味"。其中的"品味"，便包括了指导学生理解词语，掌握一些基本的理解词语的方法，品味、消化、积累和运用课文的语言。

目前，许多教师忽视词义教学，内容理解占据主导地位，或者朗读教学占领整个课堂，有的词语该让学生理解的马虎过去了，该让学生体会的也放过去了，取而代之的是很多花哨的浮光掠影的形式。除此，理解词语的方法也较单一，不灵活，不多样，实效性不强。学生往往通过死记硬背，或者在脱离语言环境的情况下理解词语，特别是对一些抽象的词语缺少直观性的认识，以致理解起来难度很大。

一、一篇课文应该着重理解的词语

这应该根据学生和教材的实际需要来确定。逢词就讲，或者完全由教师主观地选定一些词语，都是不妥的。

从学生来看，无论是哪个年级的学生，甚至一年级刚入学的，都已经掌握了一定数量的词语。有些他们不但已经理解，而且也能使用，不需要花太多时间去教，甚至不用教。但是他们已有的词汇是有局限性的，比如对一些词的理解不全面，不深刻，另外课文中也有更多的词语是学生所不理解的，对这些词语，都要重视。

《语文课程标准（2011 年版）》强调在第二学段要"体会课文中关键词

句在表达情意方面的作用"。从教材的角度来看，凡是带生字的词语固然一定要教，但这样的词语未必是课文中的关键词语，所以也不一定是词义教学的重点。需要着重指导学生理解的词语主要是和课文内容、思想情感关系密切的，特别是含义深刻的词语。这些词语即使是由熟字组成的，也要给予重视，因为这有助于学生对课文内容的理解，有助于学生语言的发展和认识的提高。比如教学《荷花》时，王崧舟老师紧紧抓住了"白荷花在这些大圆盘之间冒出来"中的"冒"字，引导学生朗读、比较、想象，体会作者用词之巧妙。孙世梅老师教学《秋天的怀念》时，首先从课文中史铁生的"瘫痪"和母亲的"憔悴"两个词入手，然后抓住儿子的"砸"、"摔"、"捶"和母亲的"躲"、"忍"、"挡"，生动地向学生再现了儿子病在身上而母亲痛在心上的苦楚情境，也向我们展示了一节极富语文味的语文课。有的阅读教学教得过细，成了碎片式的课堂。这里的细要具体分析应细在什么地方，细到什么程度。对于课文中关键词语的理解、品味和运用，我们强调要细，而对于其他词语可以粗放。

二、小学阶段需要把握的理解词语的方法

理解词语是要讲究一定的方法的。方法正确，事半功倍；方法不妥，费时低效。首先我们看看《语文课程标准（2011年版）》对各个学段词语教学的要求：

第一学段：结合上下文和生活实际了解课文中词句的意思，在阅读中积累词语。借助读物中的图画阅读。

第二学段：能联系上下文，理解词句的意思，体会课文中关键词句在表达情意方面的作用。能借助字典、词典和生活积累，理解生词的意义。

第三学段：能联系上下文和自己的积累，推想课文中有关词句的意思，辨别词语的感情色彩，体会其表达效果。

根据这些要求和小学生实际，在小学阶段，我们应该引导学生把握下面一些基本的行之有效的理解词语的方法。主要以《桂林山水》一课为例：

1. 利用工具书

工具书指的是字典、词典及其他相关书籍等。其中查字典、词典是理解词语最基本的方法。不懂的词语查查字典、词典，就能够一目了然。有些词有好几种意思，同一个词在不同的句子中意思是不相同的，通过查字典比较用哪种意思最合适就选哪一种解释。

师：在桂林，还有很高很陡的山（画又高又陡的山），这山又高又陡，很险，叫什么山？

生：危山。

师：这个"危"在这里怎么解释？

生：危险。

师：昨天你们查了字典，字典上有三种注释（出示小黑板：①不安全 ②损害 ③高的，陡的），"危山兀立"中的"危"用哪种注释对？

生：用第三种。

师：对。又高又陡的山峰就是危峰。又高又陡的山耸立着叫什么？

生：危峰兀立。

从字典中选择恰当的意思，不仅理解了词语，还提高了学生使用工具书的能力。

2．分解组合

师：这样的奇峰一座座的排列着叫什么？

生：奇峰罗列。

师："罗"是什么意思？

生：散开的。

师：对，"罗"是散开，"列"是排列。这些山峰散开地排列着就叫"奇峰罗列"。

体会"奇峰罗列"的意思，是通过解释组成这个词语的单个字的意思来理解的。这样先逐个分析词语中每个词素的字义，再合起来理解，就是分解组合。有些新词是由几个旧字组合而成的，通过对旧字的理解就可以带出新词的含义。拿"顾名思义"这个词来说，"顾"是看的意思，"名"指名字、名称，"思"是思考、想，"义"可解释为意义、意思。连起来，"顾名思义"的意思就很清楚了：看到名称就能想到它的意思。

3．找词说句

"找词"即找出这个词语的反义词或者近义词。知道反义词的意思就能知道这个词的大概意思，即用反义词加"不"或"没有"的否定形式来解释词义。比如冷落的反义词是热闹，则冷落就是不够热闹。另外优秀的作者为了使文章的语言活泼而富有文采，某个意思往往不用常见的词语来表达，而选用一个比较书面化的词语。解释这类词语，我们可以采用找近义词的方法，用近义词来替代这个词语，再试着读句子，如果句子意思不变，就可以确定这个近义词可以解释这个词语。

下面这个案例就是用一组近义词的比较来理解两个词语的意思。

师：你们观察得很仔细，想一想：刚才大家这样认真地看，可以用什么词来说？

生：欣赏桂林山水。

师：对，还可以用什么词？

生：观看。

师：观看桂林山水可以，但是玩赏的意思没说进去。

生：观赏。

师：对。大家跟我说：欣赏桂林山水，观赏桂林山水。（学生跟着读）用"欣赏"的句子一般都可以换上"观赏"，比如，可以说欣赏水平如镜的西湖，也可以说观赏水平如镜的西湖。但是有时候可以用"欣赏"的句子不能用"观赏"来代替，比如说我欣赏音乐，不能说我观赏音乐。为什么？

生：因为观赏是看，欣赏可以是看，也可以是听。

师：对，因为音乐是听的，观赏的"观"包含了看的意思。

引导学生比较近义词，既积累了词汇，又加深了对词语的理解和体会。需要注意的是，用近义词解词有时候可以，但这个近义词必须是学生非常熟悉的，他们完全能够理解运用的，如用"商量"解释"切磋"。但如果用"切磋"去解释"商量"，反而会使学生糊涂。

"说句"即用这个词说两个句子来理解。比如"分秒必争"，老师说："同学们的学习时间抓得很紧，课堂上一分一秒也不放过，真是分秒必争、惜时如金啊！"如此，学生便能理解"分秒必争"这个词的意思。课文《曼谷的小象》中"乖巧"一词的学习，教师先引导学生在文中找出小象乖巧的具体表现，接着让学生结合生活实际说说自己在生活中遇到的表现乖巧的人或动物，最后让学生用这个词造句，学生便明白了什么才是乖巧。

4. 利用图画

一种是课文中的插图。无论是教材还是课外书，总有一些插图。遇到不理解的词语，有时细心看看插图，这个词语的意思或许就想出来了。比如"负荆请罪"就可以联系课文插图来理解。插图上，廉颇光着上身背着荆条跪倒在蔺相如面前，表情十分愧疚，这就是"负荆请罪"。

一种是教师板画。

师：我来南宁的时候，看到南宁也有山，南宁的山是连绵不断的（画连绵不断的山），桂林的山好像是从地里拔出来的，高高地挺立着（画挺立的山），可以用什么词来说？

生：（齐）拔地而起。

师：（出示词卡）桂林的山是一座一座分开，不连在一起的（边说边画老人山、骆驼山、象鼻山），叫什么？

生：各不相连。

这两个词的教学，老师通过绘画再现情境，用生动的语言描述情境，让学生从具体形象的情境中获得鲜明的词的形象，进而理解抽象的词。

5．直观展示

词义是一种抽象的概念。小学生的抽象思维能力不强，利用直观的方式可以使学生对词义的理解有具体形象作为凭借。比如表示事物名称的学生不熟悉的词语，可以用实物、标本、图片等使学生观察事物的具体形象；表示动作的词语，如眺望、遮住等，可以用动作、手势、表情帮助学生理解。

师：就这么简单几笔便从空中云雾迷蒙写到山间绿树红花，再写到江畔竹筏小舟。这样几笔简单的描写就把桂林点缀得更加美了，就像一幅美丽的画卷。是不是这么（用手势画个方块）一张画？

生：不是。

师：画卷是长长的卷起来的画，可以展开，展开（用手势演示展开状），再展开，叫什么？

生：连绵不断。

"画卷"、"连绵不断"如果用语言来解释确实很不容易，教师巧妙地运用了形象的体态语言来演示，在轻松的氛围中让学生完成了对词语的理解和学习。这样的词语教学化抽象为具体，生动有趣，学生学得轻松活泼。

6．联系上下文

词在课文中的意思要在词与词、句、段、篇的联系中揣摩出来，即结合课文内容理解词义。词不离句是理解词语的基本原则。汉语中一词多义的情况很多，有的词有两三个意思，这就要指导学生切实理解词在课文中究竟是什么意思，既不能勉强要求学生去理解一个词的多种含义，更不能把词在课文中的意思理解成别的意思。

师：你们看，这些山的形状像什么？

生：像老人，像骆驼，像大象。

师：（指老人山）你看这老人像在干什么？

生：老人望着远方。

生：老人在思考。

生：老人在沉思。

师：我们再看骆驼像在那干什么？

生：像伏在地上。

生：好像在沙漠里蹲着。

师：我看到这骆驼就会产生一种联想，想到它跪着等人，等我们干什么？

生：等我们骑上去。

师：对。你们再看这只象在干什么？

生：在饮水。

师：对。桂林的山的形状有的像老人，有的像骆驼，有的像大象，变化很多，句子中用哪个词来形容？

生：形态万千。

对于某个词语无须单独解释，课文中就有对它的意思的描述，此时，不妨到上下文中去找找这个词语的意思。

7. 联系学生的知识积累和生活经验

语言是从生活中来的，我们在阅读中遇到的词语当然就可以回归到生活中去理解。比如理解"络绎不绝"，不妨让学生想想节日里商业街上的情景；理解"体贴入微"，想想关心我们的长辈们是如何对待我们的；理解"同心协力"，想想班级中的每个同学是怎样为班级荣誉出力的；理解"饱经风霜"，不妨问一问学生生活中是否见过饱经风霜的人，怎样从外貌上看出他是饱经风霜的。

课文中有大量学生陌生的词语，特别是一些抽象词语，理解起来比上面所提到的那些词语要困难得多，但是如果能恰当地把这些难懂的词语和学生的生活经验联系起来，在教师的引导下，学生也能通过自己的努力懂得它们的意思。比如有个教师在教学"悠扬"一词时，要求学生说说"悠扬"是什么意思，并且举出一首歌曲来说明。有的学生依照从词典里查出的解释说：

"悠扬，指的是声音时高时低，而且和谐。《解放军进行曲》，听起来是悠扬的。"有的学生说："《解放军进行曲》虽然声音时高时低，也很和谐，但是这首歌是雄壮的，不是悠扬的。"他还按教师的要求举出《牧羊曲》、《二泉映月》来说明。结果，虽然没有给这个词下定义，却使学生体会到，声音不但时高时低、和谐，而且节奏不怎么快，好像传得很远很远，飘飘扬扬地在空中回荡，就是"悠扬"。由于教师善于唤起学生已有的生活经验和积累，使学生把自身的感受与词语的意思联系起来，取得了较好的教学效果。

另外，有许多词语虽然学生不理解，是生词、新词，但是这些词往往或多或少地与熟词，即与学生已有的知识有联系，新知识中包含着旧知识，因此，对生词、新词的理解，学生并不是完全无能为力的。教师的任务主要是发现生词、新词与学生已有知识之间的联系，并且引导学生自己找到这种联系，这就是我们常说的由已知到未知。比如教学"慰问"这个词时可以启发学生联系他们已经掌握的"安慰"来理解。一方面启发学生找到"慰问"和"安慰"的共同点，使他们知道这两个词都有使人心情安适的意思，另一方面还要启发学生明确这两个词的区别，使他们了解这两个词义的范围不同，"安慰"一般指用话语安慰，而"慰问"除了用话语外，还经常指用物品或文艺形式等进行问候，使人心情舒畅。这样学生就不但确切地懂得了词语的意思，而且在使用词语进行表达的时候也可以避免用词不当。

8. 朗　读

"书读百遍，其义自见"，指的是朗读对理解文章内容和词语的重要作用。朗读，本身便是理解词语的一个好方法。比如《曼谷的小象》中有这样一句话："在曼谷近郊，绿油油的禾苗和点缀着……延伸到海边。"特级教师支玉恒教学此课时让一个学生读了这句话。老师把他打断说："读得确实很好，只是有一点，你这'延伸'只能延伸五里，能延伸到十里吗？"学生说能，然后重读，但仍没有读得很远。老师又叫停说："大家想一想，绿油油的禾苗和点缀着野花的草地，你喜欢这么一小片，还是一望无际的一大片？能把这么美的景色读到二十里，让它延伸到海边吗？大家一起读，看着我的手。"学生读，老师打拍子指挥。又读了几遍，终于读到让人感觉很远了。老师说："我们从五里、十里，又读到二十里、五十里，这正是这句话中的哪个词语呢？"学生说"延伸"。老师说："对，延长，伸展，这就是'延伸'。"老师没有直接用"延长和伸展"给三年级的学生讲解"延伸"，而是让学生用朗读的声调和语气在读中感悟"延伸"的意思，自然而巧妙。

当然，要准确而快速地理解词语，最主要的还是要靠学生平时多阅读，多思考，多在语言实践中进行训练，以此来提高语言感知能力。因为凭语感解释词语也是一种有效理解词语的方法。

理解词语的方法不仅这几种，而是多种多样的。比如想象，"形态万千"一词，让学生想象除了课文中描写的还有哪些形态，从而知道很多很多样子就是形态万千。比如《月光曲》中用"清幽"一词来形容月光。词典的解释是"秀丽而幽静"，但课文中说的是"清幽的月光"，月光又怎样"秀丽"呢？支玉恒老师在教学这个词时这样对学生说："有些词呀，你硬要说它的解释是说不出来的，只能像盲姑娘用心去听贝多芬的音乐一样，要用心去体会词的意思。我给你们一个词'月光如水'，你们可以用这个词的意境去体会这个'清幽'。"于是学生活跃起来，从"平静的"、"淡淡的"、"清亮亮的"意境去体会"幽静"的含义，真正做到了"批文入情"。引导学生理解词语时既要遵循一定的规则，又不能墨守成规，要灵活运用，具体问题具体分析。只有这样，才能对词语的意义做出恰如其分的解释。

三、词义教学应该注意哪些问题？

1. 备课时多考虑学生的已有基础

特级教师袁瑢曾经说过："我在备课的时候，当我考虑教一个生词时，就预先想一下：学生已经学过的哪些词是和这新词的意思相同或相近的，在教这个新词时，学生容易跟哪些字词混淆，以便在教学中加以适当地比较，使学生能够正确地掌握词义，并逐渐扩大词汇量。"这种做法值得每个教师学习。

2. 做到简明确切，通俗易懂

简明就是不要把简单的词语弄得复杂化，不能就词论词，以词解词，那样反而不容易明白。比如"清幽"，一个学生说是"清静、悠然"，老师说："用两个词来解释一个词，我本来不懂一个词，你现在弄得我不懂三个词了。"这是比较忌讳的。确切就是准确，即注意科学性。

通俗易懂，就是要注意学生的年龄特征、生活经验和知识水平，要联系实际。照搬字典和词典的解释，或者用成人的理解做解释，都很难做到通俗易懂。比如把"跳"解释为"腿上用力，使身体突然离开所在的地方"，"物体由于弹性作用，突然向上移动"，本来是很容易懂的，却可能使学生糊涂了。

3. 注意多种方法的综合运用

实际上，理解词语往往需要运用多种方法。比如王崧舟老师教学《荷花》中的"冒",第一步:想一想:"冒"字还可以换成什么字?(换字)学生想到了钻、长、穿、抽、顶等。第二步:读一读这一自然段,体会一下怎样的长才叫"冒"。(联系上下文)学生说"憋足了劲儿地长才叫冒,一下子钻出来才叫冒"。第三步:白荷花冒出来想干什么呢?(想象)这样循序渐进的词义教学不仅是学生对语言文字的实践,更是灵性的涌动,情感的流淌,个性的张扬,富有浓厚的情趣和韵味。

4. 注意重点词语和文章整体的结合

对重点词语的理解感悟是重要和必要的,有助于学生更好更准确地把握文本内涵,但是如果只注重局部分析、理解、感悟,而忽略了整体感悟,学生的理解是残缺不全的。所以要注意课文的整体性,整体感知很重要。比如一位老师教学《鸟的天堂》中的"逼近",引导学生观察榕树的特点:河面很窄,而榕树正是茂盛时期,树干多而密,显得非常高大,相对于小船中的人来说,大榕树有一种气势逼人的感觉,可以说大榕树在逼近"我们","我们"也在逼近大榕树。巴金爷爷游玩时的心情很好,虽然小船离大榕树还比较远,但内心有了"轻舟已过万重山"的感觉,"逼近"反映了作者想赶快见到鸟的天堂的迫切心情。这样,学生不仅体会到了"逼近"的意思,也感悟到了榕树的高大和作者心情的急切,整个课文的理解便贯通起来了。

5. 理解词语和指导朗读要有机结合

理解词语是语文教学的重要任务,朗读指导也是。它们是相互联系、互相促进、协调共进的关系,绝不能顾此失彼,或者矫枉过正。否则,我们又重新陷入老式的语文教学了,又上成了语言文字训练课了。一般情况下,教学中要先读好,把课文读通读顺读流利,然后品味词语,之后让学生把自己的理解和感受带进课文,通过朗读把它们表达出来。只有读好了课文,词义教学才更有效;也只有在理解语言的基础上的读才会读有所值,读有所得。

6. 关注方法的掌握和习惯的培养

关于方法的知识是人终生受用的知识。词义教学不能满足于一词一句的理解,在引导学生理解词语的过程中应使学生掌握理解词语的方法,引导学生在以后遇到这类词的时候也会运用这种方法来独立理解。坚持长期的引导,学生的理解能力一定会日益提高。

在理解词语的过程中要注意培养学生良好的读书习惯。如动笔圈画的习惯,凡是不理解的词语画个问号,凡认为写得精彩处、重要处,画上波浪线等等。养成默读的习惯、思考的习惯、和同伴讨论着理解词语的习惯等等。

也 说 朗 读

阅读教学的根本是指导学生在读书的实践中学会读书。全国小学语文专业委员会理事长崔峦曾经指出："在阅读教学中，教师要做的最基本、最重要的指导工作，是引领学生入境入情地、逐渐深入下去地读书，通过潜心默读和放声朗读培养语感。久而久之，学生就能做到理解地读，有体验地读，传情达意地读，就能做到凭直觉和自动化形成良好的语言习惯。"

但纵观阅读教学，有许多老师并没有引导学生去好好地读书，甚至有的老师仍然把提问视为自己进行阅读教学的精神依赖，特别是仍然在精雕细琢地分析课文。试想，阅读课上听不见琅琅的读书声，也看不见学生潜心地有成效地静读思考，学生只在老师的牵引下回答一些琐碎肤浅的问题，这样的语文课，学生还算是语文学习的主体吗？学习会有多大实效？

尤其是朗读的问题颇多。近几年来，老师们在朗读方面做了很多有益的尝试和探索，但目前小学生的朗读能力依旧普遍不高。究其原因，其一，重视程度还不够。朗读地位无足轻重，它常常成为课上的点缀和附庸，仍然有不少老师只注重课堂上的讲解、内容的分析，对学生朗读的指导和训练关注不到位。其二，朗读的形式比较单调，形式的合理性、有效性和综合性都不够，多是为了读而读。其三，朗读指导还不得法。有的老师在指导学生朗读时只是反复强调要带着感情去读，而缺乏具体的指导。只重声音形式，不重内心体验；只重表层的技巧，不重语言环境中的内蕴。时间花费不少，但学生的实际朗读能力并没有得到培养和提高，读中感知、读中理解、读中感悟、读中积累、读中运用还远远不够。

针对这些情况，我们不妨提出以下几个问题来思考：

一、朗读有怎样的作用？

阅读教学自然离不开读。读是学生学习语言的基础，是学生与课文直接对话的主要形式，是学生把对课文的理解和感悟表达出来的一个过程，是学生获得语文能力和审美体验的重要途径。中央教科所的张若田先生说，"阅读教学第一是读，第二是读，第三还是读"。一篇文字表面是呆板的，但每个词语其实都是有生命的。谁能把这些文字背后的生命激活，谁就是最有本事的语文老师。怎样激活？读是其中非常重要的方法。汉字是形、音、义的结合体，用汉字书写的佳作如果只诉之于视觉，它的语言的力量、思想的内涵就大大受到限制。但通过朗读，把无声语言变成有声语言，就会帮助学生加深对文字的理解和感受。

"熟读唐诗三百首，不会作诗也会吟"，"读书百遍，其义自见。谓读得熟，则不待解说，自晓其义也"，"就学习语文来说，朗读最重要，可以说，不朗读，不出声朗读，光靠浏览，是学不好语文的"，等等，都阐述了朗读在学生语文学习中的作用。

简要地说，朗读能帮助学生理解课文内容，领会文章所蕴含的思想感情，提高学生的语言表达能力，练就学生自能读书的本领，读中积累，最终使学生的语文素养得以提升。朗读水平较高的学生往往语文水平也较高，因为朗读的水平最终归结于对课文的理解和感悟的水平。反复朗读能使许多优秀篇章储存在大脑里，无形中也增强了语感。

《语文课程标准（2011 年版）》指出语文课程是实践性课程，应着重培养学生的语文实践能力，而培养这种能力的主要途径也应是语文实践。同时明确指出"各个学段的阅读教学都要重视朗读"，并提出了具体的学段目标：

第一学段：学习用普通话正确、流利、有感情地朗读课文。

第二学段：用普通话正确、流利、有感情地朗读课文。

第三学段：能用普通话正确、流利、有感情地朗读课文。

语文教学呼唤朗读。金克木先生说："不会读，书如干草。会读，书如甘草。"语文教师一定要引导学生多读，在读中熟悉课文内容，感受课文意境，体味语言特点，受到情感的熏陶。如窦桂梅所说的那样："就这样慢慢地读啊，细细地品……"

要让朗读成为学生学习语文的重要方式。

二、怎样才算读好?

1. 实现读的目标

怎样判断是否符合和实现了目标要求？要看《语文课程标准（2011 年版）》。如一位老师教学《一张美丽的红枫叶》（三年级）的第二课时。朗读，落实在第二课时一般是"有感情地朗读课文"。如果第二课时结束还不能达到有感情地朗读课文的话，那么课时目标就没完成。这是针对农村学生的实际确定的，如果学生语感基础好，课前预习充分，那么第一课时也完全可能做到有感情地朗读。

在听课时，我们常发现教学的朗读目标层次不够清晰。有的老师上课伊始便要求学生把课文读得有感情，显然是拔高了要求。而有的课在第二课时结束时进行朗读测试，学生仍不能流利地读好文章的重点段落，这说明第一课时就欠账了。针对我们广大农村教学实际，一般情况下，大部分课文（按两课时来说）第一课时就是要正确、流利地朗读课文，第二、三学段可以对一部分段落指导有感情地朗读。而第二课时无论是哪个学段都需要有感情地朗读。当然，不同的课文也有所不同。比如诗歌、小短文等一课时完成的课文，朗读目标都要在一节课上实现。

2. 符合课文情感基调

就是要看学生是否读出了课文的味道。诸多课文，文情各不相同，每一篇课文如同一首曲子，有它独特的基调，或雄壮激昂，或悲哀凄凉，或低沉委婉……不一而足。即便是一篇课文，在不同段落里基调也会不同。比如《和时间赛跑》，整体是清新、淡雅、忧伤的，但分布在各个部分又不相同，前两个自然段是忧伤、哀痛、低沉的，作者无法排解自己的忧伤，每天在学校操场一圈又一圈地跑着，跑得累到在地上，扑在草坪上痛哭；三至五自然段是作者的疑惑：什么是永远不会回来呢？爸爸的话让他感到可怕和说不出的味道，不知所措；六、七自然段更多的是一种无奈，虽然明天的太阳依然会升起，但今天的太阳永远不会回来了，明年飞过这条路的，或许不是今年的老鸟，而是小鸟；第八自然段，作者坚持和时间赛跑，要读出坚定、自信、兴奋的味道；而最后两个自然段是意味深长的。

那么，是所有的味道都要读出来吗？不是，不是一篇课文所有的句子都要求读出味道。所谓"伤其十指不如断其一指"说的就是这个道理，要抓点，抓核心。一篇课文，只要挑两三处做读的指导便可以了，不需面面俱到。如课文《一张美丽的红枫叶》有三处读的重点，一处是红枫叶的可爱，一处是青蛙和小蜥蜴的对话，一处是破折号。这三处，学生有滋有味地读好即可。

这里涉及钻研教材的问题。《语文课程标准（2011年版）》提出：应认真钻研教材，正确理解、把握教材内容。关于读，教师需要做的是：

（1）一定要先读好课文。听过这样一堂课，学生读课题，老师说"不能这么读"，然后范读了一遍，但并没有起到范读的作用，因为老师也没有把文字的味道读出来。这说明什么？说明老师也读不好课文。自己都读不好，怎么指导学生呢？因此，教师备课时一定要定准课文的朗读基调。怎么定？就是自己多读。我们常见到平日办公室里的老师忙碌的备课情景，但绝少见到手执课本反复诵读的语文教师。教师自身都未曾将文本反复朗读过，又怎么知晓文本的情感基调？又怎可苛求学生读得好？又怎能有效指导学生有感情地朗读？因此，必须加强自身的朗读训练，练就扎实、过硬的读的基本功，打铁还需自身硬。

于永正老师有过这样一句话，"与其做课件，不如练朗读"，他倡导教师一定要练好朗读。大道至简，花哨的东西走不长远，简单的却可永远。"洗净铅华，做个简单的语文老师。练朗读，带着孩子一起练朗读；练写字，带着孩子一起写好字；读好书，带着孩子一起读整本的书。练好字，读好书，练好朗读，心平气和地夯实自己的基本功，日久天长地积蓄师者的才学和涵养。"这是于永正对自己成功的教育生涯的总结，更是对我们语文老师的恳切希望。

（2）一定要确定好哪里是指导朗读的重点、难点。所谓重点，是对理解课文内容有重要作用的紧要相连的关键句段，如《和时间赛跑》的第四、五、八自然段。所谓难点，是指学生读不好的地方，如《和时间赛跑》的第四自然段。可能对于有些学生这里不是难点，但也总有相对难读的地方。

（3）一定要想好怎么指导学生读好这些重难点。读的方式上，要明确是默读、朗读、指名读，还是分角色读等。策略上，要明确是联系上下文、换词，还是表演等。

3．多数学生都读好

要看是否多数学生都能读好，而不是几个好学生读得好。许多教师在课堂上只是简单地叫几个学习好的学生读一读，走走过场，忽视了更多的朗读有困难的学生。他们几个读好了，其他更多的学生呢？几个好学生读好了，朗读有困难的学生呢？检验一篇课文读的效果，最直接的方式是看那些读的不好的学生，如果大多数学生都读好了，才是真的读好了。那么从几个方面保证学生都能读好呢？其实这涉及给学生更多的读的时间和机会的问题。

（1）课前预习，读通读顺。

一位老师教学《和时间赛跑》一课，课前大部分学生已经把课文读正确读流利了。课上教师有针对性地检查预习情况，然后进入品读，节省了课内时间，减缓了课堂压力。《语文课程标准（2011年版）》在总目标中提出"养成良好的语文学习习惯，初步掌握学习语文的基本方法"。预习是一项重要的语文学习习惯。我们的语文课时比以前少，课文却有所增加，长课文又格外的多，怎么办？语文课有那么多事要做，识字、读文、习作、综合学习、口语交际等，怎么才能做得好，做得实？除了要向课堂要质量，也要从课外要时间。给学生养成课前预习的习惯是功不可没的事，这对于培养学生独立学习能力至关重要。我们强调：第一学段，课前画出生字词，标出自然段，读上一两遍；第二、三学段除了这些，再多读几遍课文，大致想想课文写了什么，先写什么，然后写什么，有条件地查阅一些资料。总之，无论哪个学段，都要培养学生课前读课文的习惯，课前能做的尽量不拿到课上做，把读好课文作为一项重要的必需的作业进行布置，勤督促，勤检查，持之以恒，坚持不懈。

（2）力争精讲多读。

于永正老师讲《小稻秧脱险记》一课时，在质疑问难后，他把学生不明白的词语写在黑板上，说："这是同学们刚才画出的不明白的词语，老师都知道是什么意思，可是我希望你们自己通过读书解决它。我相信，你们边读边想，多读几遍就能明白。"于是他安排读四遍书：

第一遍：自由读。问："刚才的词语是不是多少明白了一点？"个别学生说"明白了"。

第二遍：指名读。师："词语不重要，我关心的是课文读得是否正确流畅。"学生读，教师点评、指导，读得好的地方让全班同学像这名同学一样读。

第三遍：范读。师："很多同学明白了，好，如果听老师读，你会明白得更多。"配乐读。

第四遍：大声读。师："如果你能像老师一样放声再读一遍，你就会完全明白了。"学生放声读。师问："是不是全明白了？"学生几乎全说"是"。师："好，根据你的理解，谁想上台来和老师演示一下'一拥而上'、'团团围住'、'气势汹汹'、'蛮不讲理'的含义？"学生纷纷上台表演，惟妙惟肖。

理解这些词语，教师的方法就是让学生充分地读书。教师没有急着释疑，没有满足于少数学生读好，而是通过四次读书来解决，让所有学生都读好。没有烦琐分析和抽象说教，而是把读书的权利交给学生，保证学生有足够的时间进行读书和思考。学生在自读中自悟，不着痕迹地明白了词语的意思。不厌其烦地指导朗读，让学生反复朗读，除去训练学生的朗读能力、表现能力外，更重要的是要通过朗读进入情景，体验感受，从而对课文有更深的领悟。

提高学生读的能力，最关键的就是要给学生多读的时间，教师要精讲。

（3）尊重他，给他读的机会，指导一生带多生。

课堂上常见的问题是：一个学生读得不好，老师说："谁能比他读得好?"或者不置可否,学生站在那,"我读得到底好不好啊?"没有听到评价,只好木木地坐下。我提倡发现问题马上指导,不换人,哪怕打断学生的朗读。指导他的过程就是指导全班学生的过程,引导他读好了,其他学生也便知道怎么读可以读好。教学《可爱的草塘》一课时,当学生读到"我举目四望,茫茫的一片草海,哪里有什么河呀"一句时,教师马上打断:"'茫茫',范围大不大?什么叫茫茫?"学生说:"很大,看不到边,也看不清。"老师说:"因为太大了,看不清边界,怎么读出它的大呢?"于是示范:"茫茫的一片草海。"然后说:"读得浓重一些,甚至用点鼻音,你试一试。"学生试读,老师说有进步。学生再读,就知道这个茫茫要读得浓重一些,声音要拉长一些。这个过程既指导了一个学生,又使其他学生知道了如何读,一举两得。

三、朗读有哪些有趣的基本方式?

朗读,是清晰响亮地把文章念出来,是一种出声的阅读方式。一般情况下,我们都是说:"哪名同学读一下课文?请举手。"这种惯常的指名方法,举手的都是平常的积极分子,其他同学缺乏参与的积极性。偶尔有新的一只手举起来,老师也不一定会叫他。长此以往,喜欢读的队伍很难扩大,甚至还会萎缩。

所以这里提"有趣",不是"丰富"。丰富未必有趣,一堂课下来,读的方式不一定多种多样,几样即可,不要乱。但要有趣,这对小学生来说非常重要。很多老师反映,越到高年级,学生读的积极性越是大大下降,原因很多,其中一个是读的方式与学生心理特点相悖。

1. 自由朗读——给予自由,但需要求

自由朗读之所以能够有效激发学生的个性化学习行为,关键就在于它拥有思维的自由,是在自己的思维主导下的朗读。不过听课时我们经常发现,学生自由朗读课文时除了叽里呱啦地念上一遍,多数不知道应该做些什么。

自由朗读不应是放手让学生想怎样读就怎样读,建议老师在学生自由朗读前,尤其是初读课文时,应提醒他们把字典放在桌面上。字典是一位无声的老师,既能帮助学生解决问题,又能引导学生形成良好的学习习惯。另外,自由朗读前,老师也是需要提出要求的。比如王崧舟老师在教学《长相思》一课时有这样一个片段:

师:同学们,在王安石的眼中,乡愁是那吹绿了家乡的徐徐春风。而到了张继的笔下，乡愁又成了那一封写了又拆、拆了又写的家书。那么在纳兰性德的眼中，乡愁又是什么呢？请大家打开课本，自由朗读《长相思》这首词。注意，仔仔细细地读四遍。读前两遍的时候注意词当中的生字和多音字，争取把它念得字正腔圆。读后两遍的时候，争取把它念通顺，注意词句内部的停顿。明白吗？好，自由读《长相思》，开始。

王老师在学生自由朗读之前提出了非常明确而具体的要求，保证了自由朗读的有序和有效。

自由朗读时，可以提醒学生拿出笔来。所谓"不动笔墨不读书"，笔是一位无声的朋友，尤其是中高年级，要让学生在阅读过程中笔墨追录，圈圈点点，三言两语。比如把读书的感想、疑难的问题等随手批写在书中的空白地方，以帮助理解，深入思考，并为汇报交流打下基础。

自由朗读后，应根据需要给学生整理的时间，引导学生在读完课文之后想一想自己到底弄明白了哪些问题，又遇上了哪些新问题。这既是对刚才读书的总结，又是为下一步交流学习做准备。不能学生一放下课本，就立马提问讨论交流。一个掌握自由朗读权的学生，如果遇上读不明白的地方，他必须得停下来思考；如果遇上读不通顺的地方，他必须得反反复复地读好几遍；如果遇上新的发现，如精妙之笔或者疑惑之处，他必须得拿起笔来写写画画。一个真正展开了自由朗读的学生，朗读结束之后，他会有许多的事情要做，有许多的问题要思考。这才是真正的自由朗读。

2. 范读——提供模仿，激发欲望

范读的功能大体有二：一是让学生把握朗读的情感基调，找准朗读的感觉，便于学习模仿；二是激发学生读书的欲望。范读读得好，学生会自然地加以品味、体验、模仿，久而久之，教师的朗读功夫会逐渐转化成学生的朗读能力。当前，朗读教学中存在的现象就是点了几个学生读都没能读好，教师会再请学生读，屡次受挫，学生越读越没趣。此时，如果及时进行范读，效果势必事半功倍。教师是教学的组织者、指导者，亲身示范是最直接、最有效的指导，特别是低年级尤为重要。下面是特级教师支玉恒教学《匆匆》的一个片段：

生："我不知道它们给了我多少日子。"
师（范读）："我不知道"，这么读。
（生重读这句后往下读）
师：好不好啊？

生（齐答）：好。

师：很好，接着来。（生继续读）

师（范读）："我的日子滴在时间的流里。"再读这句话。（生重读这句后往下读完第二自然段）

师：真好，真想再听一听，（指另一生）你再来一次。（生读）

师（范读）："像针尖上一滴水滴在大海里。""滴在大海里"还看得见吗？（生摇头）

师：所以你也要读得看不见啊。

（再次范读这句，生再跟读）

师：好，大家一起读一遍，拿起书来，预备起。（生齐读第二自然段）

学生读不好，支老师的范读马上跟上，指导非常及时和有效。范读是较高水平的朗读，必须真正起到示范的作用。需要强调的是，教师的范读只是引路，在学生受到直观、形象的启示之后，教师就应该要求学生发挥自己的创造力，按自己的理解去读，读出自己的感受和体验。

范读既可以是教师范读，也可以是朗读水平较高的学生范读。无论老师范读还是学生范读，都可以增加其他学生读的机会，比如可以让其他学生随读。多读一次，对语言文字的体会就可能多一次。

3. 指名朗读———发现问题，指导个体

指名朗读是阅读课中最常见的，它的目的是了解个别学生朗读文章的程度，再有针对性地进行教学。学生在朗读过程中出现的问题，通过教师、其他学生指出和朗读者自查等途径予以纠正，共同提高，这是指名朗读的关键。所以，指名朗读时要注意通过指名达到发现问题、解决问题、提高学生朗读水平的目的。

4. 评读———且读且评，评导结合

曾读过一位老师的教学小论文：

课堂上，我努力使学生成为学习的主人，常鼓励学生互相评，互相合作，常对读不好的孩子说："别人的点评就是对你的最大帮助，读不好没关系，老师和同学会帮助你，所以，你要勇敢地站起来。"听老师这么一说，原来胆怯的孩子勇敢了，有信心了。学生读完后，我经常组织学生进行评读，如："你觉得他读得怎么样？""哪里读得好？你能像他那样读吗？""哪里读得还不够？你能读得比他更好吗？""谁也想来展示一下？"……同时，我也经常参与到孩子的评读之中。学生第一遍读得不好，就读第二遍、第三遍，直到读好为止。一段时间下来，生生之间、师生之间的互动评读效果明显。在课堂中，经常可以看到学生竞相表现自己的读，展示自己的读，帮助别人读，常听到孩子说"老师，我觉得××读得很好"，"老师，我觉得××读出了秋天的美"，"我觉得××还读得不够高兴，应该是这样（该生读）"，同时再给那名同学一次机会。当听到同学声情并茂地朗读，其他同学会情不自禁地鼓起掌来……

　　评读，目的大体有三，一是培养学生的倾听能力；二是通过评价使学生知道应该如何读；三是可以引发竞争，激发孩子读书的乐趣和积极性。这种方式能尊重学生的差异，体现"阅读是学生的个性化行为"的基本理念。

　　评读可以分自评和他评两类。自我评价是促进学生对朗读进行自我反思、自我调节、自我提高的重要途径。但小学生自我评价难免会有局限性和片面性，因此在朗读过程中要重视组织学生对其他学生的朗读情况展开互评，引导学生从互评中反思自己的朗读水平。下面是窦桂梅老师在教学《秋天的怀念》中的一个经典片段：

　　师：好哇，想坐下可不行。（对着同学们说）他说他读到了"有感情"，咱就听听，他怎么个"有感情"。听人家读要听音，等一会儿我们可要对他进行一番评价啊！（对着该同学）好，你想读哪儿就读哪儿！

　　生1：邻居们……（略）

　　师：想让谁评价？主动权给你了。（学生自己选择同学对己评价）

　　生2：他读得……

　　师：（提示）你对他说话，要用"你"——

　　生2：你读得很好，不过你读得太短了，不能表现你读得有感情，你应该读得长一点。（众笑）

　　生1：我是因为激动的原因。

　　师：也就是说，你读得太短，人家没感觉，你自己激动，人家还没感觉到。你愿意继续读下去呢，还是让别人读？主动权给你。

　　生1：（继续读下去）看着看着……

　　师：请你转过去，你看，评你的那个同学又举手了。

　　生2：没错，你读得是很有感情，但你有添字也有减字的现象，刚才你读得……

　　师：根据你平时对他的了解，你认为他确实是激动呢，还是真的没读好。

生2：凭着我对他的了解，我想他是太激动了。（生1频频点头）

师：读正确是对作者的尊重，也是对你的朗读精益求精的要求。对他的读的感情如何，你也可以评价一下。

生2：我觉得你把对母亲的思念的感情读出来了，我想你以后可以读得更好。

师：既然你说他"可以读得更好"，说明还有余地呀，加个"更"字。（众笑）你还有什么别的见解？同桌要说话了。好，你说！

生3：我也觉得你读得有感情，但是你有的地方并没有把他脾气的暴怒无常读出来，如："望着望着天上北归的雁阵，我突然把面前的玻璃砸碎。"他就是用很平淡的语气读，没有读出动作的暴怒。这一点读得不太好（该生"暴怒"地读了起来，众鼓掌）。

师：怎么样？人家对你的评价，你怎么看？

生1：我觉得你说得很正确。谢谢！

师：你对他的态度满意吗？

生3：满意。

5. 角色表演读——体悟内心，增加体验

角色表演读就是先让学生读文本里描述的不同角色，在此基础上让学生演一演，让他们走进文本，用绘声绘色的朗读、形象贴切的表演把文本描述的情景展现出来，通过表情、动作表达情感，让人产生身临其境的感觉。教材里很多生动有趣、情节性强的课文都可以采用这种朗读方式。比如《一张美丽的红枫叶》一课，一位教师请学生对照课文的内容分角色表演。在学生表演读的过程中指导读好"谢谢你——红枫叶！谢谢你——好心的小蜥蜴！"这两句话，课堂气氛十分活跃，学生读得有滋有味。孩子们不知不觉地走进课文的情境中，走进角色，这样就能够把课文读好。而仅仅靠语言强调应该这样读应该那样读，极易走过场，达不到实效。

角色表演读其实可以包含分角色读和表演读两种方式。其中分角色读比较常见，它可以安排在课堂教学的各个环节。但各个环节的目的定然不同，如初读时的分角色读应该是激发读的兴趣，了解人物和文本内容，把课文读得流利；课文解读过程中的分角色读是帮助学生体会人物内心，感悟文本情感，进而读得有感情；而回读部分的分角色读应是回归整体，升华情感，进一步体会人物特点等。

角色表演读虽然可以加深学生对文本情境的体验，为课堂增添一些情趣，但一定要注意情感悲伤、内容悲壮的故事情节不大适合表演，而欢快、愉悦的内容比较适合表演。角色表演读的核心是通过引导学生进入角色，加上动作、神态等来将文字读得有感情，有味道。表演是途径，读好是目的。

6. 赛读——引起竞争，互相比读

也叫打擂台读。师生之间比赛、生生之间比赛，在一遍遍的比赛朗读、一次次的评价中，使学生深化对课文的理解，达到读好课文的目的。这是一种比较有趣的读的方式，可以大大调动学生读的积极性。一浪推一浪，一浪高过一浪地读，呈现出一种活泼、热烈、竞争的课堂气氛。但要注意赛读中应适当穿插教师的指导、示范，并且注意评价的语言，保护被打下擂台的学生的自尊心。赛读后要进行评价，好在哪里，还有哪些欠缺，不能不了了之，要真正通过比赛达到读好课文的目的。

7. 选读——自由选择，主动阅读

尊重学生的个性与意愿，想读什么就读什么，想怎么读就怎么读。只要是学生感兴趣的内容，学生自然就乐意去学，主动去学，就能努力地读出感情，悟出感受。因此，朗读教学中也应适当留给学生自主选择的空间，让学生选择自己最喜爱的内容来朗读。这样，既避免了教学中的模式化，又能让学生自觉主动地加入到阅读活动中来。

8. 推荐读——鼓励先进，指导个体

请看支玉恒老师教学《匆匆》时的这一片段：

师：没想到吧？"八千多日子"，一年三百六十天，十年三千六百天，二十年七千二百天，那就是不到二十二岁。（俯身向刚才那学生）没想到吧，你站起来，你知道谁比你读得还好一点点？

生：谁比我读得还好一点点？那个——

师：不要目中无人。（众笑）

生：我知道，毛语同学。

师：谁呀，请站起来，好，你接着读。（生读三、四自然段）

师（范读）："去的尽管去了。"（生重读后，往下读）

师：你再推荐一个比你读得还好一点的。

生：王冲。

师：好，读下面一个自然段。（生读文）

请学生推荐比他读得好一点的，被推荐者就会产生一种荣誉感，又有一种有压力的使命感。他不愿意辜负同学的推荐，又不愿意读得不如别人，就格外读得认真努力，努力了，进步就大。这样多种多样的推荐使学生读的兴致大大增加，进步当然就随之而来。还有其他推荐，比如推荐进步最大的，推荐最善于读这类句子的，推荐最需要帮助的，推荐最近读书机会少的，等等。

9. 配乐读——走入意境，升华情感

配乐读是语文课堂教学中，尤其是教学一些情感丰富的课文时常见的朗读方法。在王崧舟教学《长相思》一课指名读、范读、齐读时，他放了背景音乐《怆》。在朗读中伴以音乐，使学生沉浸于音乐所营造的氛围之中，将读书所感所悟在朗读中充分地表达出来。但需注意，首先，选取的乐曲要得体，与朗读内容所抒之情，所表达之意相吻合。其次，音乐的声音要调控合适，切不可喧宾夺主，只闻音乐响，不闻读书声。

10. 齐读——合理采用，发挥优势

很多教师对齐读存在着错误的理解，认为"齐读虽有造声势、烘气氛之妙用，但也是滥竽充数和产生唱读的温床"，因为齐读一读不出语速，二读不出语调，三读不出感情，四读不出个性，所以"课上齐读当休矣"。但齐读也有很多优势。齐读是提高效率、教学面向全体学生的需要，对一些后进生而言，齐读的过程就是他们向先进生学习朗读方法与技巧的过程，所以科学地开展齐读是有必要的。

首先选准适合齐读的课文。一些课文情感炽热，气势磅礴，只有气壮山河的齐读才能使作品的情感、气势得到完美的再现。那些叙事性和说明性的作品以及抒发凄婉、伤感或轻松、愉快情感的作品都不大适合齐读。另外，有些课文虽然不适合全文齐读，但是部分段落也许适合齐读。

其次，齐读的形式要丰富一点，除了全班齐读之外，可以男生齐读、女生齐读、小组齐读，这样不仅让擅长朗读的学生充分展示了自己的才华，而且让其余学生也能积极参与。也可以安排音色相近的学生齐读同一个角色。

11. 连读——不要过细，但需评价

在阅读教学的初读阶段，检查学生的读书情况是一个不可或缺的教学环节。老师们最爱采用"开火车"的形式，一人一小节，这样可以更多地较全面地反映全班的整体读书情况。比如支玉恒老师教学《匆匆》时就采取了这一方法：

师：哎呀，听了你们的朗读，我也想和你们一块读，让不让我读？
生：让。

师：咱们一起读吧，我读一句，你们读一句，我读上一句，你们读下一句，我再读下一句，你们再接着读一下句。好不好？

生：好。

这是师生连读，全体学生都参与读。连读虽然有趣，但在平时教学中建议不要把课文分得过细，另外如果有学生不参与连读，教师要提醒他们认真倾听并给予评价。

12. 诵读——熟读成诵，水到渠成

诵读也是朗读，不过它跟朗读相比，首先，诵读更注重一个"熟"字，不是读一遍两遍，而是要读好多遍，即所谓熟读成诵。其次是要精思。嘴巴读出来，可以迅速在脑海里浮现出生动可感的画面来，也就是说，要迅速地把文字符号转换成形象，想象出那个画面。三是要注重声调的抑扬顿挫。诵读最适用于那些声情并茂的课文，如诗歌（尤其是古诗）、小说、写景或抒情的散文等。一般安排在教学结尾处。诵读有利于积累。

13. 问读——一问一读，巧妙结合

问读就是在学生已经初步感知课文内容的基础上，教师提出问题，但不要求学生用自己的语言来回答，而是把课文中能够回答问题的语句读出来。这样在一问一读中让学生读懂内容，品味情感。下面这一教学片段虽然非严格意义上的问读，但我们不妨从中体会一下以读代答的味道。

师：好，来，你再问一问。等一下，我们一起到一个地方去问一问，好吗？长亭外，杨柳依依，妻子在送别的路上问纳兰性德——

生：问夫何事轻离别，一年能几团圆月？

师：好一个贤德的妻子。还有谁会问一问纳兰性德？

生：还有纳兰性德的儿子。

师：儿子好，儿子问一问，你现在是纳兰性德的儿子，你问一问，把这个"君"字改成什么？

生：父。

师："父"，好！长亭下，芳草青青，儿子拉着父亲的手问——

生：问父何事轻离别，一年能几团圆月？

师：毕竟是儿子，感受还不是很深。

师：谁还会问纳兰性德？

生：还有他的父亲。

师：还有纳兰性德的父亲，是吗？你是纳兰性德的父亲。长亭下，秋风瑟瑟，白发苍苍的老人问纳兰性德：

生：问儿何事轻离别，一年能几团圆月？

师：年纪的确已经很大了。还有谁会问纳兰性德？

生：还有他的哥哥。

师：他的哥哥，是吧？你是他的哥哥。虽然纳兰性德没有哥哥，但是你可以暂且做他的哥哥。

生：问弟何事轻离别，一年能几团圆月？

师：是啊！孩子们，许许多多的人，他的老父，他的爱妻，他的娇儿，他的长兄，还有他的朋友，都在问纳兰性德。我们再一起问问纳兰性德：问君何事轻离别，一年能几团圆月？

生齐问：问君何事轻离别，一年能几团圆月？

14. 用手指挥学生读——手势导读，立竿见影

这是特级教师支玉恒的习惯，是他的一个创造，就是结合课文的特点，用手势来指挥学生读。他认为，在学生朗读时用高低、快慢、曲直等不同手势打拍子指挥，就等于告诉学生这儿高点，这儿柔点，比打断学生朗读，用语言指导方便、有效、合理。学生随着老师的手势把握语音、语调和情感，把课文读好，能够收到立竿见影的效果。

师：要想走月亮，先得让月亮升起来。谁来把课题读读？（生读，声音响亮，语速快）

师：这不是月亮升起来，而是太阳升起来了。月亮升起来和太阳升起来有什么不同呀？月亮是这样升起来的（边说边用手势模拟月亮升起来的情景），谁来读？

生读：走月亮。（读得较轻）

师：有点月亮的味道了。月亮什么时候升起来？

生：晚上。

师：晚上周围环境有什么特点？

生：很安静。

师：对呀，夜晚特别静，听我读：走——月——亮（"走"字音调很低很长，手随声音轻轻波动；"月亮"读得轻而柔，手臂随声音缓缓抬起）！谁再来读？接着读。（生边读，师边用手轻轻地打拍子）

师：挺好！大家一起来一遍。（生齐读）

支老师的手就像一根神奇的指挥棒。这是一双普通的老人的手——宽大、厚实，筋脉突起，但在课堂上，这双手变得神奇起来，缓缓波动，孩子们仿佛身处夜晚，亲眼看到了夜空中徐徐升起的让人喜爱而又疼惜的明月，是那样静谧，那样美妙！

15. 合作读——多方合作，互为示范

王崧舟老师教学《枫桥夜泊》时有这样一个片段：

师：请大家打开书，读一读这首诗，自由读，反复读，一直读到清爽了、顺口了为止。（学生读）

师：读得很专心，很投入，很好，读书要的就是这种状态，谁来读一读这首诗？清清爽爽地读。（生读）

师：读得不错，"愁眠"的"愁"是翘舌的，"寒山寺"的"寺"是平舌的。谁再来读一读？不但清清爽爽地读，而且有板有眼地读。（生读）

师：有味道，不用我说，大家一定听出了这首诗的节奏和韵律。来，我们一起读，怎么读呢？每句诗的前四个字你们读，后三个字我来读。（合作读）

师：好，味道出来了。我们再读一次，现在，前后顺序调换一下，我读前四个字，你们读后三个字。（再次合作读）

师：味道更浓了，我们连起来读，我读题目和作者，你们读诗歌，注意那个节奏，那个味道。（再读）

除了师生合作，还可以生生合作。通过不同方式的合作读，增加学生读书的机会，增进他们对文本的理解和感悟，体会彼此的朗读味道，不仅可以提高学生的合作意识，也可促进师生、生生之间的情感交流。

以上是我们常采用的几种有趣的读的方式，具体应用时要视课文的特点和学生的学习情况而定。

《语文课程标准（2011年版）》指出："各个学段的阅读教学都要重视朗读和默读。"如果阅读是一个集合，按是否出声读为标准可划分为默读和朗读两个子集。

默读，即无声阅读，是用大脑直接感受文字，而无须将文字转化为声音。它是获取文字信息、局部知识的主要手段。由于默读不出声，省去了发音的动作，所以速度快，不互相影响，保证环境的安静，便于更集中地思考、理解读物的内容，并且不易疲劳，易于持久。《语文课程标准（2011年版）》关于默读特别指出：第一学段"学习默读"，第二学段"初步学会默读，做到不出声，不指读"，第三学段"默读有一定速度，默读一般读物每分钟不少于300字"。所以教学中必须要关注默读的训练。

首先，我们要让学生知道正确的默读方法。比如要做到不发出声音，不动嘴唇，不用手指点字，就要有意识地指导学生用眼动的方式进行默读，并纠正他们的错误，帮助学生正确掌握、运用默读。要让学生集中注意力，眼睛离书本的距离要适当，避免不必要的回视和不正确的扫视，最好看完一句或几句眼皮才眨动一次，这样可以避免丢字、掉句、漏行。在学生刚开始学习默读时应该指导学生由词到句、由句到行、由行到段地逐步提高默读速度。

其次，默读时要让学生边读边画，提笔在手，画段落，标重点，加批注，随读随画，做到眼看、手写。

最后，在学生默读时要鼓励他们养成边读边思考的习惯。对文中不懂的地方不要轻易放过，要反复多默读几遍，同时联系文中的语言环境多问几个"为什么"，然后动脑筋认真地分析、思考，找到答案。有时还可以让学生一边默读一边推测下面的故事情节，然后判断自己的推测是否准确。如果学生的推测是准确的，就更能提高他们的默读兴趣。

《语文课程标准（2011年版）》提出了"应加强对阅读方法的指导，让学生逐步学会精读、略读和浏览"。在第二学段提出了"学习略读，粗知文章大意"，在第三学段提出了"学习浏览，扩大知识面，根据需要搜集信息"。

精读、略读和浏览是三种阅读方法，也是三种阅读技能，它们的目的、功能有所不同。精读，重在培养阅读理解，对文章要从内容到语言再到写法都有比较全面的把握，从中习得阅读方法，培养阅读能力。略读，是粗略的、不进行深究的阅读，旨在通过比较快的阅读粗知文章大意。学生通过精读得到种种经验，应用这些经验去读长篇巨著以及其他单篇短篇，不再需要教师的详细指导，这就是略读。浏览，指大略地看。除了平时消遣性阅读，浏览还有一个重要目的，即较快地根据需要搜集信息。

精读，各个年级都是重点，除了读懂文章，还要积累学法、写法，并注重阅读方法向略读、浏览的迁移。第二学段开始训练略读，使学生读的速度逐步加快，粗知大意的水平逐渐提升，以适应平日读书看报的需要，进而养成读书看报的习惯。浏览，重点在第三学段培养。要教会学生有目的地、带着任务进行浏览，要逐渐提高浏览的速度，学会一目十行地读，要培养捕捉有用信息的能力。

四、指导朗读的策略有哪些?

叶圣陶说:"就读的方面,若不参与分析、比较、演绎、归纳、体味,哪里会真知读?哪里会真能读?"语文课上,读的方式多样了,并不代表学生理解了,感悟了,体验了,很多时候还是水上浮萍,达不到"真能读"。究其原因,是缺少具体的指导策略。常用的有以下几种:

1. 抓住重点词

如窦桂梅教学《卖火柴的小女孩》时引导学生体会"寒冷"部分:

师:现在就让我们走进课文的第一自然段,来,放开声音读读。(生齐读第一自然段)

师:再读读第一句话。(重点品味第一句)

生:(齐读)第一句——天冷极了,下着雪,又快黑了。

师:瞧,读到一个"冷"字(课件突出"冷"),就自然会想到这个"冷"字背后的信息,这是告诉我们——

生:天气冷极了,"冷"字交代了天气。

师:再往下读,我们会发现还有一个字——"雪"(课件突出"雪"),它也告诉我们一个信息:季节。

师:这是什么季节?(学生说冬天)

师:那"黑"呢?

生:这个"黑"字交代了故事发生的时间。

师:瞧,当你细读每句话,读到重点词的时候,你就会发现词的背后传递给我们的信息。现在,再读这句话,味道就不一样了,来读读。(生读)

师:还是这句话,我们再读。读到"冷",什么感觉?

生:我们感觉到冷,再加上"冷极了",说明真的很冷。

师:注意紧跟着"冷"的后面又出现了一个"雪"字。

生:这两个词放在一起,就让人感觉更冷了。

师:再注意,这两个词后面又多了一个"黑",又是什么感觉呢?

生:已经是三个"冷"了!让我感到那不是一般的冷,那是冷极了!

师:如果我们在"冷"的前面加上一个字,加什么字才能体现这不一般的冷呢?

生:加一个"极",就是"极冷"。

生:不,我觉得加一个"寒"更好,"极冷"是说冷的程度,而"寒冷"

的"寒"不仅让我们体会到冷的程度，更让我们感到寒气逼人，令人觉得冷得可怕。（板书：寒）

师：你看，还是这句话，我们又读到了一层意味，再读更不一样了。来，我们把阅读到的滋味送到句子中去，读读。（生读）

学生怎样才能把这句话读得符合当时的环境？窦桂梅老师紧紧抓住"冷"、"雪"、"黑"等重点词语，从这里切入，引导学生体会当时的恶劣环境，学生一次比一次读得更有滋味。抓重点词语是语文教学常用的指导朗读的方法，但要注意抓得准，抓到关键处，不要眉毛胡子一把抓。

2. 理解内容

有感情地朗读是伴随着逐句逐段地理解、深入地体会、反复地揣摩的读书活动。孤立地提出"怎样读"，学生缺乏文本的深度解读，缺乏对作者思想感情的品悟，势必造成简单和缺失。支玉恒老师教学《曼谷的小象》时有这样一个片段：

生：雾很美。
师：读出来。（学生读"从橘红色的晨雾中飘来一阵悦耳的铜铃声"）
师：他读的这个雾美吗？
生：不美。
师：那么谁能读得让人真的看到眼前一片橘红色的雾？（一个学生重读这句）
师：还是不美，这雾之所以美是因为什么？请大家读课文，用你的声调和语气告诉我。（学生又读，突出了"橘红色"三字）
师：对了，你把颜色美体现出来了，再读一次。（学生重读）
师：这回更好了，让人知道雾为什么美了。

这一案例从感受切入，既然感受到雾美，那么就要读出雾美。读出雾美，就是要重读"橘红色"，但老师没直接要求这样读，而是问这雾为什么美，这是一个关乎内容的问题，目的是让学生明白雾到底美在哪里，然后经过练习体会，把"橘红色"读重了。这才是正确地指导朗读的方法——重在内容的理解，而不单是技巧的指导。

教学不能没有理解，朗读的基础也需要理解。领会课文内容、把握感情是朗读训练的基础。学生领会了课文的内容，加深对语言文字的理解，激发了情感，才能读好课文，才能读出感情，教师不应简单强调学生该用什么语气读，而要在具体的语言环境中指导朗读，再在反复朗读中去充分感受、体会文本，并精心组织学生进行交流、探讨，一起品读、感悟，使学生在感悟内容的基础上朗读，并通过朗读加深对语言文字的理解。这是一个循环往复的过程。

3. 联系生活实际

在朗读指导中要激发学生的生活积累，启发他们回忆类似的生活经验，甚至再切身体验一下，把学生已有的生活经验转移到课文的朗读指导上来，拉近学生与文本的距离，从而在朗读中自然流露真情。比如下面这个案例：

师：用医学名词说，这是——

生：肝癌。

师：肝癌什么症状？除了课文的说明，还有哪个同学或听课的老师知道吗？

生：（该生哽咽）我的姥爷就是这种病死去的。（他说不下去了。听课老师站起来接着讲，自己的父亲就是得这种病去世的。肝硬化，肚子硬了，尿排不出去，肚子越来越大，还吐血，不是一个痛字了得……）

生：这是一位病入膏肓的母亲。

师：母亲，她活着很苦啊！（回扣一下"苦"字）亲爱的同学们，一个患肝癌病的人只有自己知道有多痛，无法用语言描述，而且还知道自己就要死去……是这样的母——亲！那么这样一位得绝症的母亲有没有"望着望着北归的雁阵，突然把玻璃砸碎"？

生：没有。

师：她有没有"听着听着李谷一甜美的歌声，把东西摔向墙壁"？

生：没有。

师：有没有大声喊着"我活着还有什么劲"？

生：没有！

师：母亲为什么没有这样做？

生：为了儿子！

师：送她一个字。

生：爱。

师：这爱就是——

生：忍。

师：带着你们的体会读这句话。（咱娘俩在一块儿，要好好儿活，好好儿活）

引导学生联系生活实际朗读，需要注意应考虑到大部分学生的生活实际，而且是真实的生活实际。记得有位老师教学《哈尔威船长》一课，指导学生读哈尔威船长"大声吼道"时，让学生回忆：如果老师不在班里，同学们闹成一团，班长会怎么说？学生说了半天也没说"大声吼"，老师很急，又反复引导，但学生就是不说。这其中的原因不是学生不爱说，而是他们根本没有这个生活经历。

4. 联想和想象

朗读，是一个把无声语言转化为有声语言的过程。这个过程充满着联想和想象。指导朗读时，应注意引导学生展开丰富的联想和想象，激起学生对作品内在意境美的再创造，使文中描绘的情景像过电影一样一幕幕地从学生的脑海中映过，这样，学生对作品的思想内容就会把握得更加深刻。尤其是关于比喻等修辞手法以及诗歌或散文时，学生通过想象可以把文本中抽象的概念形象化，把省略的情节明朗化，从心灵上受到感染，读时就能入情入境，进而培养学生的想象力，读好课文。比如王崧舟老师教学《长相思》一课时多处用到这个方法：

师：孩子们，请闭上你们的眼睛，让我们一起随着纳兰性德走进他的生活，走进他的世界。随着老师的朗读，你的眼前仿佛出现怎样的画面和情景？（教师范读）

师：孩子们，睁开眼睛，现在你的眼前仿佛出现怎样的画面和情景？你仿佛看到了什么？听到了什么？你仿佛处在一个怎样的世界里面？

生：我看见了士兵们翻山越岭到山海关，外面风雪交加，士兵们躺在帐篷里翻来覆去怎么也睡不着，在思念他的故乡。

师：你走进去了。

生：我看见了纳兰性德在那里思念家乡，睡不着的情景。

师：你看到了作者辗转反侧的画面。

生：我看见了纳兰性德走出营帐，望着天上皎洁的明月，他思乡的情绪也更加重了起来。

师：你看到了纳兰性德抬头仰视的画面。

生：我还看到了山海关外，士兵们都翻来覆去睡不着，但是在他们的家乡会睡得很宁静。

师：你们都看到了，是吗？你们看到了跋山涉水的画面，你们看到了辗转反侧的画面，你们看到了抬头仰望的画面，你们看到了孤独沉思的画面。

但是，同学们，在纳兰性德的心中，在纳兰性德的记忆里，在他的家乡，在他的故园，又应该是怎样的画面，怎样的情景呢？展开你的想象，把你在作者的家乡，在作者的故园看到的画面写下来。（教师放音乐《一个陌生女人的来信》，学生写片段）

　　师边巡视边说：那可能是一个春暖花开的日子，在郊外，在空旷的田野上；那也可能是几个志趣相投的朋友围坐在一起，一边喝酒，一边吟唱着什么；还可能是在暖暖的灯光下，一家人围坐在一起……在故园，在家乡，你将会看到很多很多美好的画面和场景。（学生继续写片段，教师继续巡视）

　　师：好，孩子们，请停下你手中的笔，让我们一起回到作者的家乡，走到纳兰性德的故园，去看看在他的家乡有着怎样的画面和情景。谁来？

　　生：我看见了纳兰性德的家乡鸟语花香，纳兰性德的家人在庭院中聊天；小孩子们在巷口玩耍嬉戏；牧童赶着牛羊去吃草；姑娘们坐在家门口绣着花；放学归来的孩童们放下书包，趁着风放起了风筝，还有的用花朵变成了花环戴在了头上，家乡一片生气勃勃。

　　师：好一个生气勃勃，好一幅乡村乐居图啊！这是她看到的。继续看。

　　生：我看见了晚上月光皎洁，星星一闪一闪的，他的亲人坐在窗前望着那圆圆的月亮，鸟儿不再叽叽地叫，外面只听见阵阵风声，花儿合上那美丽的花瓣，亲人是多么希望纳兰性德能回到家乡与他们团聚啊！

　　师：一个多么宁静多么安逸多么美好的夜晚啊！

　　生：我看到了晴朗的日子，妻子正绣着锦缎，孩子们在门外的草地里玩耍，一会儿捉蝴蝶，一会儿逮蚂蚱，汉子们正挑着一桶水回家做饭，做好饭后一家人围坐在一起喝酒、聊天。

　　师：天伦之乐，温馨融融，多美好的生活。但是现在，此时此刻，这样的画面全破碎了，这样的情景全破碎了。

　　师：谁来读《长相思》？（指名读）

　　仔细品味，这确实是一个非常经典的案例。从中可见运用联想和想象不仅要贴近学生实际，还要重视情景渲染，即通过音乐、图片等手段帮助学生进入情境。上一案例连续两次想象，第一次教师通过范读把学生带入词所描写的氛围里，同时请学生闭上眼睛，静静地倾听，想象画面；第二次借助于乐曲让学生把想象的画面写下来，教师在一旁用生动的语言描述自己的想象，表面上是表达他自己的想象，实际上是引发学生的想象。两处想象紧密相连，又呈递进，妙不可言。

5. 朗读技巧的指导

所谓朗读的技巧是指为了准确地表达作品的思想内容和感情而对有声语言所进行的设计和处理。这些设计和处理包括语言的断和连（停顿），轻和重（重读），扬和抑（语调）。如什么地方该停顿、用怎样的语调、保持怎样的速度、轻读还是重读等。要使学生的朗读读到位，读出韵味来，教师势必要教给学生一些常用的朗读技巧，教会学生朗读的基本方法。

一般的规律是：犹豫、悲伤、沉静、慈祥、追思、向往等心态或者辽远广大、悠久深邃的句子应缓缓地读，焦急、迫切、兴奋、喜悦、紧张、热情豪爽、奔放、开朗、快乐等句子应疾读，谨慎、安慰、孤独无助、虚弱等句子应轻轻地读，庄重沉着、英勇顽强、批评责备等心态或者宏大辽阔、雄伟壮丽等气势应重读，害怕、胆怯、迷惑、猜测、试探等句子应虚读，夸赞、表扬、感动、敬佩、真挚、诚恳的句子应实读，恬然、寂寞、无聊、失望、灰心等句子应淡淡地读等等。这个规律性的东西要通过日久天长的指导使学生明确。对于低年级的小学生来说，只要能读出轻重音，处理好停顿，语速适中，声音响亮，能够读出不同人物角色的语言，就可以说学生已经基本掌握朗读的技巧了。从低年级开始对学生进行朗读技巧的指导，到了高年级学生做到有感情地朗读课文就轻车熟路了。

有感情朗读绝非不需要技能训练，但也绝不是枯燥、机械的纯技能训练。在小学的阅读教学中，朗读技能的训练应突出表现为对朗读技法的无意识训练。这里的无意识是指不刻意、机械地强调停顿、速度、轻重、升降的概念，而是通过范读示范、领读引领、比较、自悟等方法，让学生在潜移默化中得到朗读技能训练。一位教师教学《天上的街市》一课时是这样指导学生读课题的：

师：请同学们齐读课题。（生齐读）

师：读了课题，你有什么问题要问吗？

生：天上的街市是什么样的呀？

生：现在还有街市吗？

师：那就带着你们的好奇心，带着你们对天上街市的向往，读一下题目。（生齐读）

师：中心词是什么？

生：街市。

师：我们试着把"街市"重读一下，谁愿意来读？（生读）

师：请坐，就像她这样来读。（生齐读）

这位老师的问题在于牵强地通过技巧的指导帮助学生读好课题。而在学生还没有走进课文内容，没有体会到作者所要表达的情感时，人为地界定"向往"，又直接告诉学生"把'街市'重读一下"，学生也就只能牵强地读。下面这一案例则充分体现出了朗读技巧指导的巧妙：

师：真好，谁再来读一读《长相思》。其他同学听，特别注意听词句的中间她是怎么停顿的，读得是不是有板有眼，听清楚了吗？好，开始。（学生朗读）

师：真好，你们有没有注意到这名同学在读"身向榆关那畔行"的时候，哪个地方停顿了一下？

生：她在"身向榆关"的后面停顿了。

师：你有没有注意到她在读"夜升千帐灯"的时候哪个地方又停顿了一下？

生：她在"夜升"后面停顿了一下。

师：真好，你们都听出来了吗？对！这就叫读得有板有眼。我们一起读这两句词："身向榆关那畔行，夜升千帐灯。"预备起！（学生齐读）

师：再来一遍："身向榆关那畔行，夜升千帐灯。"（有感情地读）（学生齐读）

师：真好！同学们，读古代的诗词，我们不但要把它读正确，读得有节奏，还要尽可能读出它的味道来。比如"长相思"这个题目我们可以有许多读法，有的读"长相思"（语调平平），有"长"的味道吗？有"相思"的感觉吗？比如你这样念"长——相——思"（充满感情），有感觉吗？有味道吗？

生齐答：有味道，有感觉。

师：读词要争取读出这种感觉和味道，你们自己再试着读一读《长相思》，争取读出你的味道和感觉来，明白吗？好，按自己的节奏读。

6. 创设情境

我们发现许多课堂上学生是游离在文本之外的，即使读，也是一种语音、语调、语气的模仿，表面上抑扬顿挫，实际没有真正走进文本。解决这个问题，我想首先就是要创设一个与课文内容相符的情境，领着学生进入角色，与作者或者文本中的人物实现共鸣，这样才能有声有色地读好。

（1）图片创设。

下面是研究《一张美丽的红枫叶》一课教学时，一位老师前后两次教学片段的对比：

第一次：青蛙先生找到了一张美丽的红枫叶，要用它来做书签，这张红枫叶什么样啊？在课文中找出来读一读，读出红枫叶的可爱。（学生读时总是兴趣索然）

第二次：同学们，上节课我们细细地品读了《一张美丽的红枫叶》这篇课文的前五个自然段（出示美丽的红枫叶图片），看，这就是青蛙先生发现的那张美丽的红枫叶，多可爱啊！红枫叶飘落在青草地上，它有五个细小的"手指"，就像一个红润润的小巴掌，用它来做书签真是棒极了！（学生读书的兴致一下子被激发起来，读得有趣有味）

（2）表演创设。

依旧是《一张美丽的红枫叶》一课：

第一次：小青蛙没得到红枫叶只好回家，可傍晚时红枫叶又来到他家，这是怎么回事？我们继续来读14到22自然段。先指读，接着理解破折号的意思，最后再读这几句话，体会小青蛙高兴的心情。

第二次：（出示课文第16至20自然段）谁愿意读一读？

·前两个和后两个破折号意思一样吗？带上不同的语气读一读。

·小青蛙收到了这张新枫叶时心情是怎样的？（意在体会高兴、感激的心情）她会谢谢小蜥蜴。谁能来谢谢小蜥蜴？后面的两个破折号声音要拉长。我们大家一起来谢谢小蜥蜴吧。

第三次：多可爱的红枫叶呀！就这样随风飘走了，可是到了傍晚的时候，红枫叶又来到了青蛙先生的家（出示图片），听，是谁啊？请同学们表演一下接下来的故事。

·指导表演读。抓住重点词语"刚想"、"躲着"来帮助学生演好。

·重点范读"谢谢你——红枫叶！谢谢你——好心的小蜥蜴！"这两句话，体会朋友间的友善（引导学生发现标点符号的不同）。最后指名来表演，重点关注破折号的读法。

（3）语言创设。

这里以《鸟的天堂》为例，教师引导学生读课题：

师：（配乐解说）在广东有这样一个美丽的传说：相传四五百年前，在广东新会的天马村有一条小河，河中间有一个泥潭小岛，潮退外露，潮涨水淹。一天，一只仙鹤看中了这里宁静而优雅的环境，便衔来了一根榕树枝。说来奇怪，不久，榕树生长起来，枝繁叶茂，远看像一片浮动的绿洲。又一个美丽的清晨，这只仙鹤带来了数万只仙鹤，栖息在这棵榕树上。从此，每于清晨薄雾中，万千灵鸟鸣声呼唤，凌空翱翔，野趣盎然，形成南国一个奇观。

生：（齐读）鸟的天堂。

师：同学们，在你们的心中，什么样的地方才能称作"鸟的天堂"啊？

生：有茂密的树林、清清的湖水。

生：没有人伤害，很安全，鸟生活得美好、快乐的地方。

生：景色优美，舒适，依山傍水，丰衣足食。

师：是的，确实是个很美的地方。汪老师曾多次去过那里，每每置身于此地，都会深深陶醉，甚至迷恋，它静谧、优雅、和谐、安详。带着你的想象再读课题。

生：（美美地读）鸟的天堂。

这些语言的创设拉近了学生心灵和文本的距离，触发了学生情感的心弦，心动情发，学生就会不自觉地投入到读书的氛围里，读出课题的味道。

7. 引　读

即教师或用几段富有情感的过渡句式，或读某些句子，引着学生读下面的句子，用自己的示范引导学生诵读课文中的有关段落，达到理解内容、读好课文的目的。王崧舟老师教学《长相思》一课时便用到了引读：

师：谁来读《长相思》？在这里没有鸟语花香，没有亲人的絮絮关切，在这里有的只是——

（指名学生读课文）

师：在这里，没有皎洁的月光，没有在皎洁的月光下和妻子偎依在一起的那份温暖，那份幸福，在这里有的只是——

（指名学生再读课文）

师：孩子，听得出，你是用自己的心在读。在这里没有郊外的踏青，没有和孩子在一起的捉迷藏，没有杨柳依依，没有芳草青青，这里有的只是——

（学生齐读课文）

师：长相思啊长相思！山一程，水一程，程程都是长相思！风一更，雪一更，更更唤醒长相思！孩子们，闭上眼睛，想象画面，进入诗人身和心分离的世界，我们再一起读：长——相——思。

（学生齐读）

引读时，教师引的语言应丰富，且符合文本的需要，衔接顺畅自然，以情激情；有时需要手势和表情配合，提高引的作用；引前应做好铺垫，引后应延续情感，不可戛然而止。

8. 比 较

李吉林老师教学《桂林山水》时有这么一处：读"我看见过波澜壮阔的大海，欣赏过水平如镜的西湖，却从没看见过漓江这样的水"：

师：该怎么读呢？听老师的两种读法。

第一种：老师先用赞美的语调读，突出大海和西湖的美。

第二种：用轻缓的语气读大海和西湖的句子，然后强调"却从没看见过漓江这样的水"。

你们觉得哪一种恰当？

生：第二种。

这一片段，李老师通过两种不同的读法的比较来帮助学生体会句子表达的意思，进而把这句话读好。教学中还可以通过词语的增删、句式的变换，使学生在比较中获得一种思想的顿悟，体味原文的妙处，获得一种隽永的回味。但比读应集中在重点段落和关键语句上，尤其是那些牵一发而动全身的句子，或增或减，精心设计。比如窦桂梅老师在教学《秋天的怀念》一课时有这样一个非常精彩的片段：

师：母亲这"悄悄地"忍的细节被你发现了，感谢你给大家的启发。请任选一句读一读。（学生读，随机出示课件：

A. 母亲就悄悄地躲出去，在我看不见的地方偷偷地听着我的动静。

B. 当一切恢复沉寂，她又悄悄地进来，眼边红红的，看着我。

C. 她比我还敏感。她又悄悄地出去了。）

师：把"悄悄地"去掉，再读读上面的三句话，任意选择一句谈谈你的看法。

生：我谈第三句。因为母亲一说"跑"和"踩"，就会想到儿子的腿瘫痪了，不能走了，不能跑和踩了。所以，母亲"又悄悄地出去了"。"悄悄地"是说母亲在儿子面前说话特敏感。

生：这个"悄悄地"体现了对儿子的歉意，觉得自己怎么那么粗心，说话不注意呢？

生：这"悄悄地"也体现了对儿子的关心。

师：还能把关心再具体一点吗？

生：母亲对自己的话很敏感，说话那么小心，就是怕儿子伤心，她在儿子面前特别小心。

师：用个成语，那就是——

生：就是小心翼翼！

师：这是一位怎样的母亲啊！请你读读这句话，让我们跟着你体会母亲的小心翼翼。（生读。掌声）

生：我谈第二句。不用上"悄悄地"就体会不到母亲的苦心。她想让儿子尽情地发泄一下，就又悄悄地进来，这就更能体会到母亲非常耐心，不忍心打扰儿子。

生：的确，母亲出去了又回来，回来又出去，一遍又一遍，眼圈红红的，说明刚哭过，可是在儿子面前还要忍，一句话，就是为了儿子，也就是同学说的耐心无比。（生读得很慢）

生：我说第一句。"悄悄地"躲出去，又在看不见的地方偷偷地听动静。如果母亲不是"悄悄地"，就那么随便地出去，根本就体会不到母亲对儿子的理解和关心。

师：把关心再具体些，就是对儿子特别的——

生：无微不至，也就是特别细心。

师：是啊，她的心比针尖还细啊。把你的感受送进去再读。（生读得较轻）

师：母亲的脚步还是稍重了一些，再轻一点儿。（生读得很好。掌声）

师：你们真会读书呀！由于你（握住该学生的手）的启发，引领着大家体会到了母亲痛心中还要细心、耐心、小心，因此，这忍中透着的是看不见的爱。

9. 以讲促读

学生的理解和感受能力有限，教师要发挥平等中首席的作用，以讲促读，即以讲授带动朗读。通过讲授，学生领会课文丰富的内容，感受作品的情感脉搏，在此基础上进行朗读训练，使学生先内化后外发，情发于衷而形之于外。

师：是的，"我"何曾是轻离别呀！"我"是那样地重离别呀！但是

"我"身为康熙皇帝的一等侍卫，"我"重任在肩，"我"责任如山，"我"不得不离，不得不别啊！长相思，"我"的重离别，"我"的重重的离别，"我"的一切的一切，都已经化在了《长相思》中了。（学生有感情朗读《长相思》）

师：这就是为什么"我"身在征途却心系故园的原因所在，这就是为什么"我"的那个梦会破碎，"我"的那颗心会破碎的原因所在。为了"我"的壮志和理想，思念家乡的孤独和寂寞就这样化作了《长相思》。（教师出示"长相思"三个字，放音乐《怆》）

师：山一程，水一程，程程都是——（生齐说：长相思）风一更，雪一更，更更唤醒——（生齐说：长相思）爱故园，爱祖国，字字化作——（生齐说：长相思）

这个片段里，教师在高度概括前面学生发言的基础上又做了精练的讲解，帮助学生进一步理解作者的境遇，然后有感情地朗读全诗，体会长相思的意境和情感，不禁让我们叹为观止。

10. 抓标点符号

标点符号在文中的作用除了表示停顿之外，很大程度上还有提示语气、表达情感的作用。有时尽管是语句相近的句子，却由于所用标点符号的不同使得传达出的感情迥然不同。对此，应该注意引导学生把握这些标点符号传递出的情感信息，在朗读时注意情感的表达。

比如《一张美丽的红枫叶》一课的教学，教师先抓住了对话中的破折号，再引导学生体会人物的内心情感，体会其妙处，把这几句话读好。关于破折号，小学阶段一定要把握好一个度的问题，不要单独讲它的作用，只需体会一下即可。而体会，读是极好的办法。如省略号，一般都需读得意味深长、意犹未尽之意。读好了，也便知晓了它的用意。

《语文课程标准（2011年版）》在标点符号方面的要求是：

第一学段：认识课文中出现的常用标点符号。在阅读中体会句号、问号、感叹号所表达的不同语气。

第二学段：在理解语句的过程中，体会句号与逗号的不同用法，了解冒号、引号的一般用法。

第三学段：在理解课文的过程中体会顿号与逗号，分号与句号的不同用法。

11. 抓住人物的内心世界

一位教师教学《一张美丽的红枫叶》，在指导学生读关于"惋惜"的句子时，注意引导学生抓住此时小蜥蜴的心情和想法来把这个句子读好。只有体会了人物的内心世界，学生才会走近人物，有一种角色感，进而把文字读得有味道。再如《和时间赛跑》中，学生只有体会到儿时林清玄心中的那份害怕和说不出的味道的情绪时，才能更好地把相关的句段读好。孙世梅老师教学《秋天的怀念》时有这样一个片段：

师：同学们，我们看到的是史铁生的暴怒无常，看到的是他在砸，在摔，在捶，但我们看不到的是他的内心。谁能试着来体会一下他此刻的心情吗？暴怒无常的背后是什么？

生：暴怒无常的背后是难受、心情沉重、悲伤，觉得生活没有希望了。

师：你说出的正是史铁生此刻的感受。同学们，史铁生砸碎的、摔破的、捶毁的是什么呀？在他看来，生活变得怎样了？

生：生活对他已经没有意义了。

师：没有意义，没有希望了。同学们，就让我们把这样的体会融入到朗读当中，一起来读一读，体会一下这个 21 岁的年轻人此刻内心的悲观和绝望。

12. 资料引入

依据教学内容适当引入相关资料，包括文字资料、声像资料等，帮助学生理解课文，体会作者和作品的思想感情。如窦桂梅老师教学《圆明园的毁灭》时，有一处是让学生读"圆明园的毁灭是祖国文化史上不可估量的损失，也是世界文化史上不可估量的损失"，这时引入了一些资料：参与劫掠的人的回忆、侵略者糟蹋东西的情景和大火焚烧圆明园的录像。两个文字资料，一个视频资料，形象地再现了当年的情景，学生的感受怎能不喷薄而出？还有，她在教学《秋天的怀念》一课时也引入了一些资料帮助学生深情朗读：

师：越是懂得该怎样好好儿活，他就越是愧疚和自责啊！他是多么希望母亲能知道他已经越出了属于自己的路啊，获奖、成功已经不重要，重要的是自己在那看菊花的世界里，他找到了属于自己的人生之花。越是体会到这一点，他就深深地怀念着她啊，告诉她自己是怎么"好好活"的啊——

伴随哀伤抒情的音乐，让学生阅读文章片段——

片段1：摇着轮椅在园中慢慢走，又是雾罩的清晨，又是骄阳高悬的白昼，我只想着一件事：母亲已经不在了。在老柏树旁停下，在草地上在颓墙边停下，又是处处虫鸣的午后，又是鸟儿归巢的傍晚，我心里只默念着一句话：可是母亲已经不在了。把椅背放倒，躺下，似睡非睡挨到日没，坐起来，心神恍惚，呆呆地直坐到古祭坛上落满黑暗然后再渐渐浮起月光，心里才有点明白，母亲不能再来这园中找我了。——《我与地坛》

片段2：我有一个凄苦的梦……在梦里，我绝望地哭喊，心里怨她："我理解你的失望，我理解你的离开，但你总要捎个信儿来呀，你不知道，我们会牵挂你，不知道我们是多么想念你吗？"但就连这样的话也无从说给她，只知道她在很远的地方，并不知道她在哪儿。这个梦一再走进我的黑夜，驱之不去。——《有关庙的回忆》（师诵读此段。有的学生和听课教师啜泣……）

师：这个梦一直伴随了我33年，我只好在梦里念着她，在文字中写着她，在一个又一个秋天里，让妹妹陪着我，到北海去看——她！（端起书读）

生：又是秋天，妹妹推我去北海看了菊花。黄色的花淡雅，白色的花高洁，紫色的花热烈而深沉，泼泼洒洒，秋风中正开得烂漫……我俩在一块，要好好儿活。（全体学生深情朗读课文最后两段）

13. 角色换位

即通过"假如你就是文中的人物，你会想到什么？又会如何做？"等问题引导学生进行角色换位，体会人物的情感和文字所要表达的意思，进而把句段读好。如窦桂梅教学《再见了，亲人》时的教学片段：

师：现在你们就是志愿军，你想和谁告别就和谁告别。可以选择一段，也可以选择几句话，把你刚才的感情融进你们的朗读中，用你们的心歌颂他们。

生：小金花，不要哭了，擦干眼泪，再给我们唱一个《捣米谣》吧……（和小金花送别）

师：哪位是妈妈用生命救回的老王？请你来和小金花告别。

（一男生读，把文中的"老王"变成了"我"，真正进入角色）

师：是啊，听了你的安慰，小金花更坚强了。

生：大嫂，快回家休息吧，看您的孩子在您的背上……（和大嫂送别）

师：哪位是吃过大嫂挖的野菜的志愿军战士？请你来和大嫂送别。

生：（激动地）大嫂，大嫂！……

师：（放课件，大娘照片）看，这就是当年青年报上刊载的七十五岁的李大娘和战士张喜武挥泪告别的情景。回首往事，情更浓，意更浓，谁想和大娘告别？

生：（深情地）大娘，停住您送别的脚步吧！为了帮我们洗补衣服您已经几夜……

师：你的送别含着深情，可是年迈的大娘怎么忍心就此和亲人志愿军分别呢？我们只好请求她——谁来请求大娘？（生请求大娘，读得很动情）

师：就是这样请求，大娘也没有停下送别的脚步，送了一程又一程，我们只好恳求大娘——（生恳求大娘，尤其是"大娘"一词由慢到快的语气处理，很有味道）

师：可是，大娘的脚步仍然没有停住，为了让大娘回家休息，万般无奈，我们的战士只好哀求她——（生哀求大娘，有个学生连续强调了两次：大娘！大娘！）

师：你不断地哀求大娘，可大娘还是不回去。没有办法，我们只好以军人的口气命令她。谁来命令大娘？（生命令大娘，比如读"大娘"的语气很坚定）

师：命令中也有不忍，命令中也含着深情，是一种复杂的情感啊！谁再来试试？（生读出的感情很复杂，台下响起了掌声）

角色换位是教师常用的一种指导朗读的方法，运用时应注意符合学生生活体验，换得值，换得有必要。换位前要有铺垫，不让学生觉得突兀。换位后注意升华，避免为了换而换，也给学生的情感一个舒缓的出口。

孟子曰："事必有法，然后可成。"要帮助学生有感情地读，就要运用一些有效的方法和策略。以上是我们常用的一些行之指导朗读的方法。教师要在教学中总结和提炼更多有效的方法，并自觉地应用于自己的教学实践。

五、朗读指导需要注意哪些问题？

1. 尊重学生的感受——明确什么是有感情地朗读

"要读得有感情"是课堂中经常听到的一句话，但什么是"有感情"？这确实是一个模糊的说法。看下面这个教学片段：

师：你们刚才给我的启发怎么那么大呀！一下子让我觉得平常说的这个"有感情"怎么这么模糊！他有感情地读是这样，可那名同学的朗读是那样的。

生：有人声音细，有人声音粗，有人性格深沉，有人性格外向。

生：由于理解的角度不同，自然读出的味儿也就不同。

师：是啊，读书是个人的，在尊重别人的朗读的同时，我们也有自己的滋味，我们不再评价别人你读得"真有感情"啊。这"真有感情"应该说读得有特点，读得有个性，读得有自己的味道。（出示课件"读出韵味"）

窦桂梅老师的这一教学片段生动形象地演绎了什么是有感情地朗读——读出自己的理解，读出自己的体验，读出自己的韵味。《语文课程标准（2011 年版）》也特别强调：各学段关于朗读的目标中都要求"有感情地朗读"，这是指要让学生在朗读中通过品味语言体会作者及作品中的情感态度，学习用恰当的语气语调朗读，表现自己对作者及其作品情感态度的理解。朗读要提倡自然，要摒弃矫情做作的腔调。

2. 注意朗读的层次——不读熟课文就不讲课文

指导朗读应该体现层次性，把握读的步步深入。正确、流利、有感情地朗读课文就体现了朗读指导的渐进性。应在正确、流利的基础上有感情地朗读，不可越位，否则欲速则不达。比如王崧舟在教学《长相思》时，先让学生把词仔仔细细读四遍，读得字正腔圆、通顺，注意词句内容的停顿，然后指名读，检查学生是否读得正确，读得有板有眼，最后让学生读出味道来。这一过程可谓步步稳打，层层递进。

3. 年级不同，朗读重点也不同——体现训练的层次性

各学段的朗读要求不一样，朗读的侧重点也不一样。第一学段的朗读教学重在打好朗读基础，感悟基本的朗读技巧，培养语感。而二、三学段的阅读教学重在将朗读作为一种手段，通过朗读去理解、感悟文本内容，积累语言，表达情感。另外，教师要明确每次读的目的，对学生要有明确的要求。

一般来说，第二、三学段的朗读教学要重视培养学生的默读、略读、浏览能力，尤其是精读课文时，默读才能更好地让学生静下心来感悟和揣摩，读出个性化的体会。教学篇幅较长的课文，选择默读形式有利于加快阅读速度，提高阅读效率，实现长文短教的目的。而略读、浏览能力的培养对课外阅读是极为有效，极为必要的。

4. 朗读不是阅读教学的全部——朗读指导与理解课文紧密结合

毋庸置疑，朗读在阅读教学中有着不可替代的功能及其重要地位，于是有的老师认为语文课只要让学生一味地读，齐声读、自由读、男生读、女生读、小组读、个别读，只要读就可以了，不需做别的了。形式繁多的朗读充

斥了整个语文课堂，语文教学由一个极端走向了另一个极端。

指导学生有感情地朗读课文既是阅读教学的一个目标，又是帮助学生阅读的一种手段，在整个阅读教学过程中，朗读课文的确非常重要，但它不等于阅读教学的全部。从教学目标上讲，它只是目标之一，除此以外，还有许多重要的目标。如词句、段、篇的训练。从手段上讲，它只是手段之一，是在学生把握文章基本意思的基础上通过指导学生有感情地朗读来帮助他们加深、拓展对课文的理解。忽视阅读教学的其他任务，过分强调指导学生有感情地朗读课文的作用既窄化了阅读教学，又达不到有感情朗读的目的。我们应该让学生在理解中朗读，在朗读中理解，在感悟中朗读，在朗读中感悟，将作者的情感内化为自己的情感，进而真正提高学生的语文素养。事实上，只有学生真正理解并体会出文章的感情，与作者和文章中的人物情感产生共鸣，才能自觉地知道用什么感情、什么语气去朗读。

5. 尊重学生的朗读感受——允许不同，尊重差异

由于学生的生活基础、个性特征等差异，对课文的理解就会有不同的层次，所以当学生以朗读的方式表达自己的感受时也会有所不同。这一点我们教师应给予肯定，充分尊重学生从文中获得的不同感受。

叶圣陶先生说："语文课以读书为目的，教师若引导学生善于读，则功莫大焉。"我们应更多地关注阅读教学的读，科学地解读课文，深入研究读的方式和策略的有效性，培养学生良好的语感，进而提高阅读教学的效率。

构建导学教学模式，引领教学方式转变

农安县小学语文教学研究深邃、扎实且久远。在 1998 年县教学改革实验中，我们率先提出了双线并进教学模式，构建了课内、课外同步运行的大语文模式。2003 年进入基础教育课程改革后，我们在研读新课标、新教材的同时，着重在微观教学上开展了一系列探索，就如何提高识字、朗读、词语理解、习作指导与评改等方面的有效性上，提出了卓有成效的策略。从宏观构建到微观研究，体现了我县语文教研已向纵深发展。

但课程改革从均衡向内涵式发展的步伐，以及语文教学研究的发展趋势，尤其是学习热情和主动性的缺失，教师对过程与方法目标、语文学习高效长效等问题的忽视，更加促使我们转变思考角度，进入更深层次的学习策略的研究。教学模式作为在一定教学思想或教学理论指导下建立起来的较为稳定的教学活动结构框架和活动程序，引领教师尤其是农村教师把讲堂变成学堂，成为一项不可或缺的研究课题。为此，我们总结以往的先进经验，取精用宏，提出符合时代要求、师生实际和学生语文学习需求的小学语文导学教学模式，以学生语文学习活动为主线，开展语文学习策略的研究，提高语文教学效率，提升小学生的语文素养。

导学教学模式，即变教师讲为学生学，变教师问为导，改变问讲式课堂，重建教和学的方式，以学定教，为学而导，使学生爱学、会学语文，真正成为语文学习的主人，获取终身学习的兴趣与能力。

导学教学模式按照小学语文学科五大学习领域整体设计，在加强听说读写相互联系的基础上，针对每一领域的特点安排了符合学生实际需要的写字"看说写评"教学模式、阅读"四读"教学模式、表达"六步循环"教学模式和综合性学习"三环六步"教学模式。

写字"看说写评"教学模式

写字"看说写评"教学模式指引导学生写字要一看、二说、三写、四评，即先观察，后交流，再动笔写，最后评，从而帮助学生把字写得规范、端正、整洁，使他们获得写字的能力和方法，学会写字，增强对祖国语言文字的热爱之情。如图所示：

写字"看说写评"教学模式

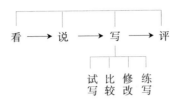

看 —→ 说 —→ 写 —→ 评

试 比 修 练
写 较 改 写

1. 看

生：仔细观察汉字，了解汉字的间架结构、大小比例、笔画位置等情况，尤其是认清每一部分在虚宫格中的占位、每个笔画的起止以及部件之间的穿插挪让，再认真想一想写这个字需要注意什么，找一找本课生字中有共同特点的字，或者与形近字进行观察比较。

师：指导学生观察汉字的方法，尤其是第一学段，要循序渐进地培养他们的观察能力；鼓励学生自己发现字的规律，感受汉字的形体美。

2. 说

生：与大家交流自己的观察所得，尤其是说一说写这个字时应注意什么，如重点笔画在虚宫格中的位置、易错的笔画等等，并认真倾听别人的意见。可以同桌之间说，再与大家说。

师：帮助学生规范表达汉字的相关名称，或肯定，或强调，或纠正，与学生一同发现汉字的特点，总结汉字规律，为写夯实基础。同时，有意识地指导学生的口语表达，引导学生的观察顺序和表达顺序。

3. 写

生：首先描摹书中虚宫格内的字，试写一两个，再与其他（如教材、同桌写的、老师范写的）字进行比较，发现异同，知道自己哪里写得好，哪里还有不足，最后修改自己的字，再练写。

师：充分发挥范写的作用。范写应在学生说之后，并根据学生的需求反复范写，引导学生掌握基本的书写技能；范字的选择应典型，重点是难字和易错字；一边范写，一边强调关键处，可以用不同颜色来区别；要重视和引导书空，比如范写时引导学生随着书空，不仅学写字，也帮助他们建立汉字的空间概念；关注写字卫生，重视对学生写字姿势的指导，养成良好的书写习惯；通过巡视发现问题，及时纠正；引导学生自己发现书写的优点，激发学生写字的主动性和积极性，在书写中体会汉字的优美；练写不求多，但要精而有效。

4. 评

生：同桌评、小组评等，通过不同形式的评提高写字兴趣，进而把字写好。评，可以在写之后，也可以根据实际需要在试写或修改之后进行，将评贯穿于写的全过程。

师：发现优点，表扬先进，鼓励后进，帮助学生建立写字的自信心，激发学生写字的愿望和兴趣；发现不足，加以改正；要善于发现学困生的点滴进步，高度重视他们的写字态度。评后，可以将写得突出的字展览。

使用此模式时，教师应重视虚宫格的作用。看、说、写、评各个环节都要充分利用虚宫格，引导学生观察笔画的起止位置、长短、走向等；要加强范写的水平，要精心准备，力求美观，真正给学生以示范；关注典型字，如重点字、易错字等，使学生通过典型字掌握基本的写字方法和技巧，避免对每个字平均使用力量；多多开展写字活动，如成立书法兴趣小组，定期开展活动；举行写字比赛、书法展览等；写字可以在阅读教学中进行，每个学段都要在每天的语文课中安排十分钟时间引导学生随堂练习，做到天天练，同时还要在日常书写中增强练字意识，讲究练字效果。

阅读"四读"教学模式

"四读"指初读感知、精读品悟、回读赏析和续读升华。通过"四读"引导学生从读中来，到读中去，在不同目的、不同角度和不同方式的读中了解（或理解）词语，读懂内容，学习阅读方法。如图所示：

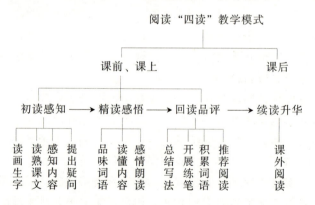

1. 初读感知

生：自读课文，圈画生字，借助汉语拼音及工具书读准字音，扫清字词障碍，标出自然段序号，把课文读得正确、流利；适时交流识字方法；交流读后的初步感受和印象，整体感知课文内容，提出不懂的问题；第三学段初步了解文章的表达顺序。

师：根据学情和年级不同，通过指名读、"开火车"读、比读、合作读、选读等方式检测学生读课文的情况，尤其关注带有生字生词的句子；适当把圈画生字、读熟课文安排在课前预习阶段，课上交流、质疑；应循序渐进地教给学生有效的符合实际的预习方法。

2. 精读品悟

生：细读课文，在具体语言环境中感知字形，理解字义，品位语言，开展字词训练；围绕重点句段，抓住关键词，针对疑难问题展开阅读，解决自己不懂的问题，与人交流阅读感受和体验，随文学习必要的语文知识，理解课文内容，揣摩和体会表达方法；有感情地朗读课文，体会情感，形成良好的语感。

师：把词语理解、感情朗读、内容解读和体会写法等语文学习活动有机融合，切忌各自为战和顾此失彼；精读的内容应是课文的重点段落，第二尤其第三学段应体现长文短教；要关注阅读方法的指导，用好课文这个例子，教规律，教方法，使学生学会阅读；要引导质疑，鼓励学生大胆提出自己不懂的问题，研读自己感兴趣的问题；第三学段要教会学生写批注，一边读一边写感想，写问题，写评价等，并尊重学生的感受和看法，开展多角度、有创意的阅读。

3. 回读赏评

生：回读全课，深化主题，加深理解；欣赏或背诵精彩片段，吸收语言精华，积累词语、佳句、美段；解析文章的表达特色，研究作者是如何围绕中心遣词造句、布局谋篇的，感悟其好处；根据例子进行小练笔，以写促读，以读促写，读写结合。

师：把握整体，梳理全课，帮助学生提升认识，并推荐与课文主题、作者、体裁等相关的阅读材料，推进阅读的深度和广度，安排符合学生实际需求的课后实践活动。

4. 续读升华

生：进行连续性的拓展阅读，即阅读与课文有关的文章，扩大阅读量；运用和巩固课文中学到的阅读方法，提高独立阅读能力；第二、三学段写读书笔记，与他人分享自己的读书心得，体验读书的乐趣和读书的重要性，养成良好的阅读习惯。

师：注重课外阅读的检查、交流与评价，引导学生制订读书计划，交流读书方法；每周安排一次阅读指导课或读书交流会，开展阅读交流、新书介绍和读法指导等活动；成立课外阅读小组，大力开展其他课外阅读活动。

使用此模式时，教师应注意以下几点：

第一，读的形式要多样，指导策略要合理。根据文本内容和学生的需求，注意采取恰当、有趣的读法，如自由读、推荐读、分角色读、齐读、表演读、配乐读等，重视各个学段学生默读能力的培养。第一学段以及古诗词、文言文教学，要把范读贯穿在各环节始终，随机在语音、语调、速度和感情等方面进行相机指导；读的时间要保证，切忌蜻蜓点水，要遵循读通、读熟、读懂的阅读过程；注意每次读都要有明确而清晰的要求，层层深入，拾级而上；注意采取联系上下文、抓重点词句、比较、联系生活实际、角色换位、引读、体会人物内心等方法，指导学生把课文读得有感情。

第二，把握学段、课时和文体需求。第一学段将读和识字紧密结合，读识同步，让学生在多次读文的过程中反复与生字见面，提高识字效率；第二、三学段将读和写紧密结合，时刻揣摩和体会文章的表达方法，如修辞、布局谋篇等。一般情况下，第一课时把重点放在初读感知上，把课文读得正确、流利；第二课时把重点放在精读重点句段上，围绕主题开展深入阅读。要以学情为主，合理分配课时内容，并尊重文本的特点，忌臃肿教学。另外，不同文体尤其是诗歌、散文、说明文等教学时，要根据各自的特点灵活运用此模式。

第三，合理提问，有效追问。设计好引领学生读书的问题，通过核心问题和关键问题让学生自主读书，自己寻求问题的答案，适时、有针对性地追问，切忌蜻蜓点水。一定要避免用烦琐的问题牵引学生阅读。重视引导学生提出不懂的问题，培养学生的质疑能力。选择课文精要部分（尤其是第二、三学段）阅读，其他部分略读，防止面面俱到。

第四，重视学法。包括预习的方法、识字的方法、理解词语的方法、读书方法等，尤其应重视引导学生体会文章的表达方法，不仅知道文章写了什么，还要体会文章是怎么写的。第二、三学段要把阅读和习作有机结合，找准它们的结合点，教学时或明或暗，明即在学习课文伊始便提出写法，以此为主线开展阅读活动，感悟作者是如何进行写作的；暗即潜移默化地随机进行写法的感悟。不同文体的阅读教学要呈现不同的学法，如古诗词、文言文教学，名著教学要注意引导学生借助课下注释、查阅工具书等方法，通过自己的努力读懂文意，重在感知古代语言的特点，激发学生课外阅读的兴趣和欲望；长文要重视略读、快速默读和浏览等。要加强学法的实际运用，逐步内化为学生的阅读能力。

第五，加强习惯的培养。阅读教学一定要注重习惯的培养，如边读边思考的习惯、独立查阅工具书的习惯（语文课要保证书桌上有字典或词典）、质疑问难探讨问题的习惯、写读书笔记的习惯等等。依据学段不同，关注不同的习惯培养。

表达"六步循环"教学模式

表达分为口语表达（即口语交际）和书面表达（即习作）。"六步循环"教学模式依据长春版小学语文教材的安排，将口语交际和习作整合，从整体上来看，它是指学生完成一篇习作所要经历的观、说、写、赏、改、用六个过程。"观"是观察，"说"是口语表达，"写"是书面表达，"赏"是欣赏，"改"是修正，"用"是展示，它们既层层递进，拾级而上，又滚动前行，螺旋上升，共同引导学生学会表达。如图所示：

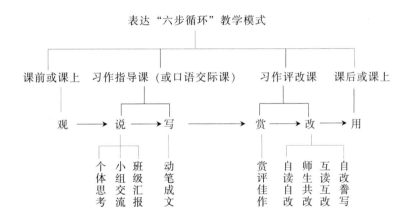

1. 观

生：表达前，学生根据表达主题的需求观察生活，体验生活，搜集生活信息；观看本组或学过的其他相关课文，整理它们的表达方法；整理与主题内容密切相关的素材，如古诗词、成语、名言警句、片段篇章等，多读多背，让积累为习作和交际服务（建议每个学生准备专门的摘抄本，第三学段要有读书笔记）。

师：打开课堂的局限，树立生活的表达观，淡化作文意识和交际意识，真正实现表达的本质和价值。应充分熟悉学生的生活，善于和及时捕捉学生生活中的亮点，将表达内容与学生生活紧密结合，尤其重视教给学生观察生活的方法，如拟定观察计划、写观察记录、写日记等。第二、三学段要求学生每周写不少于两篇日记，建立材料库，并定期开展日记交流活动。教师适当地参与学生的观察活动，与他们共同开展观察活动，并展示观察成果，引导学生逐步学会观察；根据表达主题开展相应的实践活动，为学生积累生活经验，创造表达素材。如果教材中的表达内容与学生生活实际不符，可以调整顺序或进行删改。

2. 说

无论习作指导还是口语交际，都可以包括说和写两部分。在时间分配上，习作指导课应留有时间写；口语交际课则完全以说为主，能写则写，提倡课后写。

按照学生习作心理的规律，表达是由内而外、由口头向书面过渡与转化的过程。实际教学中，老师往往单纯地把习作孤立起来，为了写作而写作，势必造成事倍功半的效果。习作指导课上，学生在个人独立思考的基础上与小组同学交流有关审题、立意、选材、构思等信息，再向全班同学汇报。在一系列思考与口语表达过程中相互启发，拓宽习作思路，学习习作方法，获得习作能力。

说是习作指导课的关键，教师应注意以下几点：

第一，激发习作兴趣。重视通过谈话、游戏、图画、表演、实验、文章、课前实践等方式激发学生的习作兴趣，帮助他们打开各种感官，萌发一份真实的情感和体验，进入表达的最佳状态，想说想写。关注学困生在习作课上的参与状态，充分调动他们的习作兴趣，使他们有话可说，易于动笔，乐于表达。

第二，倡导自由表达。多一些自由、开放，少一些束缚、限制，给学生提供宽松、民主的氛围，努力减轻他们的习作心理负担，使之内心产生积极的表达需要；注意引导学生从熟悉的生活中选择素材，紧密联系自己的生活实际，树立作文源于生活的意识；要以宽容、期待的目光去欣赏学生稚嫩的表达方式，不吝表扬，及时肯定，增强他们的自信心；适当尊重异议，允许学生发表不同的看法，甚至鼓励他们提出自己的不同意见。

第三，落实基本功训练。如引导学生学会审题，学会编写作文提纲等，尤其重视列作文提纲的训练，帮助学生在动笔之前先将材料进行整理，理清文章的顺序，培养学生合理安排和组织材料的能力。每次习作都要根据不同学段的要求，针对本班学生的习作状况，有计划地确定一两个习作训练点，力求精要有用，切忌泛泛而谈，实现习作训练的系统性和递进性，使学生通过多次习作实践反复练习，螺旋上升。

口语交际课的说侧重于交际，使学生在倾听和表达的过程中实现双向互动，学习交际，从而培养自己倾听、表达和应对的能力，以及文明和谐地进行人际交流的素养。要注意以下几点：

第一，说之前要重视交际情境的创设。在教师创设的交际情境中明确交际内容，了解交际的基本方法。教师要努力选择贴近生活的话题，善于运用各种手段来创设说话的情境，创造宽松的有利于互动的交际氛围，唤起学生对生活经验的回忆，有效地调动他们内在的情感体验，产生身临其境的感觉和参与互动的积极性；要善于教给学生基本的交际方法，可以放在互动前，也可以在学生互动过程中随机指导方法，还可以在互动之后总结方法；尝试引导学生写纲要，如把想说的观点写一写，作为交际的帮手。

第二，说的过程要努力实现双向互动。通过角色扮演、辩论等方式开展交际互动，掌握口语交际的基本技巧，形成口语交际的基本技能。教师要创造条件使学生由单向个体转化为不同的双向组合，并在有效的师生、生生互动中进行动态的口语交际训练，提高学生思维的敏捷性、条理性、深刻性和独创性；注意观察和倾听，及时发现学生互动交流中存在的共性问题，以便在全班交流时引导和点拨更加有的放矢；为学生提供示范，加以引导，让学生有法可依，提高口语表达能力；允许他们有不同的表达方式，有不同的观点意见，有不同的情绪体现；巧妙地把方法的指导穿插在互动交流过程中，使学生于无声处自然而然地领悟，受到启发；交际双方的角色要不断变换，形成言语的双向流动；要与学生平等相处，平等对话，不断肯定学生的进步，激励他们的信心；开展多元评价，口语交际的评价关注的是学生的语言是否清楚连贯，是否文明礼貌等。

3. 写

生：动笔成文，形成初稿。初稿要有意识地留出修改之处。口语交际说后的写按照不同学段的要求进行。第一学段写句子，写几句话；第二学段写一段或几段话；第三学段写一篇文章，比如将交际的感受、收获等写下来，将口语表达和书面表达紧密结合起来，说为写服务。

师：给学生充足的写的时间，提倡怎么说就怎么写，引导学生表达真情实感。第三学段强调习作要有一定的速度，要通过巡视发现学生写的问题，尤其要关注学困生，给予他们及时的指导和帮助，充分了解学生习作过程中遇到的共性、典型问题，为下一步的改夯实基础。

4. 赏

生：赏评佳作，一边赏一边评，赏评结合。通过赏评进一步明确习作要求和标准，学习他人的写作方法，拓展思维，吸纳经验。佳作，既可以是名篇，可以是本单元的课文、教师范文，也可以是学生中的优秀作文和句段，还可以是与习作密切结合的句子、名言警句等。

师：赏评，既可安排在写之前，也可以在写之后，或者写的前后各赏不同。放在写之前的赏，应防止学生简单模仿例文和牵强运用优美词句；应充分发挥小组合作的优势，组内展示优秀习作；教师课前要写下水文，亲身经历选材立意、布局谋篇的过程，通过动笔实践了解此次习作的重点和难点，合理确定训练点。赏，要注意整理本组课文的表达方法。

5. 改

初稿完成后，依据修改的标准，运用修改的方法和修改符号，通过各种不同形式的改逐步完善自己的作文，学会修改，进而在修改实践中提高习作能力。

生自读自改。学生写完作文后，先自己通过默读或朗读的方式读一读，改一改，发现习作中标点符号、错别字、语句不通等问题，把习作修改的优先权给自己，培养自我修改作文的习惯和能力，建立修改作文的意识。自改后交给教师。教师通过全部阅读、部分浏览等形式，一方面整理优点，发现佳作以及精美的句段；另外了解学生此次作文普遍存在的问题，以便评改课上有的放矢，保证评改的针对性和实效性。要善于发现学生每一处的成功修改，给予表扬，让他们体会自改成功后的喜悦。

师生共改。即师生共同修改一篇文章或一段文字，进一步明晰此次评改作文的标准和重点，学习修改方法。教师要注意选择典型作文解决典型问题，并针对问题，结合具体的实例来讲评指点，肯定成功之处，提出修改意见，引领学生把作文写得更好；注意调动全体学生实现全体参与，不要使共改环节成为教师和个别学生特别是与优等生局部交流的过程。

学生间互读互改。发现别人的不足引以为戒，发现优点，汲取精华，取人之长，补己之短，达到共同提高的目的。其形式有两人互改和多人互改等。两人交换修改，可以是自选式，即学生自愿结成"对子"；也可以是指定式，即由老师事先确定组合，形成帮教，也可以是打乱后评改匿名学生的作文。多人互改，如一生读，小组其他学生讨论着修改。同时，练习给同伴的习作写评语。建议把不同层次的习作互调互改，并提出不同的批改要求，尽最大限度让不同的学生都能在原有基础上有所进步。教师要在自读自改、师生共改及互读互改之后对学生的修改情况进行评价，使学生的改发挥作用，提高修改水平，进而写好作文。

自改誊写。在他人修改自己的作文，自己又修改了他人作文后，根据别人的批改意见重新审视和修改自己的文章。看看别人的意见自己是否能接受，可以试着写自己的看法，想一想怎么按照同伴的建议来完善自己的作文。自改后誊写，完成作文。最后，教师要对学生的作文进行把关，有问题的作文与有关学生进行个体间的沟通与交流，把握整体，关注个体，一同进步。

6. 用

生：把作文的草稿、修改稿、最后稿等全部装入"习作成长档案袋"中，在比较中体验习作的乐趣和修改的价值。根据习作内容的不同，充分发挥文章的用处，如写给他人的要读给他人听，让他人了解自己的所思所想所做，或召开交流会、投稿等等，体验习作的成就感。

师：帮助每个学生充分发挥"习作成长档案袋"的作用，摒弃为了完成任务而写、为了考试而写的传统习作思想，思考作文的目的和价值，尝试和探索如何让学生的作文作有所获。

综合性学习"三环六步"教学模式

"三环六步"指学生开展综合性学习活动的三个阶段及其中的六个步骤。通过这个过程将语文知识、听说读写活动、书本学习与实践活动紧密结合，培养学生策划、组织、协调和实施的能力。如图所示：

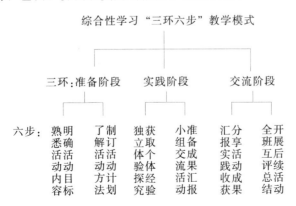

第一阶段：准备阶段——明确做什么和怎么做。

1. 熟悉活动内容，明确活动目标

生：熟悉本次综合学习活动的内容或主题，明确活动的预期目的，明确要做什么和为什么要做。

师：运用恰当的手段激发学生研究的欲望，提出主题；引导学生根据自己的生活经验、知识水平、爱好特长等选择感兴趣的话题，自由组合成研究小组。对于教材中不适于本校、本班实际的内容，要敢于替换，但要注意结合训练点进行。

2. 了解活动方法，制订活动计划

生：明确怎么做。活动计划，指个体计划或小组计划。活动方法，既包括综合学习活动的方法，如调查的方法，搜集和整理资料的方法，也包括语文学习的方法，如阅读的方法、写简单研究报告的方法等等。

师：指导学生制订活动计划，并根据计划帮助学生进行组内分工。第二阶段：实践阶段——开展学习活动，组内交流分享。

3. 独立体验探究，获取个体经验

生：依据活动计划，运用了解的相关活动方法开展学习活动，经历实践的过程。根据活动内容的不同，可以首先独立体验探究，开展查阅、搜集、调查、整理等语文学习活动，自主思考与实践，独立体验综合学习活动的过程，获得个人的经验和感受；也可以按照小组成员分工开展小组活动。

4. 小组交流活动，准备成果汇报

生：小组长利用相应时间组织本组成员分别汇报个体的收获、问题等，组内分享成果，统计、整理、筛选资料，合作整理活动成果，解决问题，同时确定向全班同学汇报的小组人员、方式、材料等。

师：在第二阶段，教师要及时了解学生遇到的困难以及需要，注意观察每一个学生在品德、能力、个性方面的发展，为他们提供信息，启发思路，补充知识，推荐方法和线索，引导质疑、探究和创新，给予及时、有效的指导与评价。

第三阶段：交流阶段——展示成果，反思评价，拓展延伸课题。

5. 汇报实践收获，分享活动成果

生：课上将综合学习活动的收获、成果与全班同学交流分享。

师：认真倾听，给予指导。根据实践活动内容和学生汇报形式的不同，教师扮演的角色不同，可以是完全的旁观者，把课堂让给学生，让他们尽情展示、分享；也可以分阶段或随机地参与进去，进行必要的引导、指导。

6. 全班互评总结，开展后续活动

师生共同对活动的准备、开展过程、学习方法以及体会感想等多个方面做小结，同时做好活动的评价，如自评、互评、师评、家长评等，综合考查各自参与活动的情况，对活动进行反思；开展后续活动，如办成果展、写活动的研究报告等等。

使用此模式时，教师应注意以下几点：

第一，激发兴趣。教师应在了解学生的基础和需要后，通过语言、音像、问题等方式激发学生已有的知识储备，调动他们参与活动的兴趣和欲望；紧紧围绕活动目标，采取灵活多样的方式，为学生创设展示自我的舞台，使他们兴趣盎然地交流学习活动成果，与大家分享活动的收获和感受；尊重和保护学生活动的自主性和积极性，适时鼓励，不求全责备；注意让每一个学生，尤其是缺乏自持、缺少自觉的学生参与到综合性学习中来。

第二，敢于放手。应引导学生自行设计和组织活动，或者在教师的帮助下最终由学生自主活动；重视学生主动积极的参与精神，注重学生探索和研究的过程，切忌将学生的活动蒙上教师的个体色彩，将学生的研究引向自己既定的结论；充分采取小组合作的学习方式，小组研究策划，做好分工，小组合作开展实践活动。

第三，与习作紧密结合。在综合性学习活动开展的各个阶段都应适当地引导学生以日记等方式写写心得、体会；提倡将活动主题与习作内容结合起来，使其为习作服务。

享受作文，并非难事

"作文难，作文难，作文课上不开颜。"作文对于某些学生来说是一个望而生畏的虫，对于某些教师来说也确实是永不磨灭的痛。问题出在哪里？作文指导不可推卸！

作文指导有广义、狭义之分。广义是指贯穿在语文教学中一般性的指导，狭义是指在作文课上的现场指导。现场指导又有作前指导和作后指导之别。作后指导其实就是我们平常说的作文讲评。

作 前 指 导

目前，作前指导有三个问题比较突出：一个是忽视指导，就教材讲教材，出示作文要求后，简单地领着学生审审题，然后马上让学生动笔，学生无所适从，不知道写些什么，更不知道怎么下笔写。一个是泛泛指导，这个说说那个说说，东抓一把西抓一把，缺乏有效的方法和手段，偏离学生生活和思想实际，费时多而收效低，费力不讨好，学生也不能形成一定的表达基本功。一个是给学生限制太多，作文的中心意思怎样定、该选什么材料，甚至于写几段、每一段写什么等，从作文命题、立意、选材、列提纲，教师一人包揽，学生只能按教师设计好的"图纸"砌砖，完全剥夺了学生习作的自主权。这样的圈圈一画，就像给学生穿上了紧身衣，到写的时候自然难以伸展拳脚。还有的教师，一到写作文时就给学生制造紧张的空气，给作文披上神秘的外衣。

诸多原因导致许多学生怕写作文，或老虎吃天，无从下口；或下笔千言，离题万里；或简单概括，记流水账。也有为数不少的教师怕教作文，感觉难以驾驭，往往煞费苦心却事倍功半。作前指导陷入一种尴尬的境地。

作前指导教学中出现的诸多问题集中反映出了一些教师对《语文课程标准（2011年版）》把握上的偏差，对小学生心理特点认识的局限，对作文训练方式理解上的苍白。

1. 对《语文课程标准（2011年版）》要求把握不准

《语文课程标准（2011年版）》明确提出"为学生的自主写作提供有利

条件和广阔空间"。第一学段提出"写自己想说的话，写想象中的事物"，第二学段提出"能不拘形式地写下自己的见闻、感受和想象，注意把自己觉得新奇有趣或印象最深、最受感动的内容写清楚"。"不拘形式"指的是对习作文体的淡化，只要学生能够顺畅地表达自己的思想感情，至于采取什么样的文体形式，记叙文也好，说明文也好，或者书信等，都不做机械刻板地规定。"写自己想说的话"，"写下自己的见闻、感受和想象"等则充分强调了学生的写作是自我体验，写的是有话可说的内容，提倡我手写我心，不拘束缚，有表达的自由。在第三学段提出"珍视个人的独特感受"，重在从学生的生活视野和感性经验中取题立意，引发真情实感。"减少对学生写作的束缚，鼓励自由表达和有创意的表达"。目前的习作指导明显要求过严，过紧，无论是命题、立意还是选材，都没有给学生充分松绑。

2. 对小学生心理特点认识不准

小学生正处于少年儿童阶段，生理、心理发育均未成熟，他们与成人在观察行为、思维方式、语言表达等方面都有很大差别。他们的思维正从形象思维向抽象思维过渡，往往不能像成人那样可以先理论后实践，也往往不能像成人那样具有较强的概括和归纳能力。他们对即时发生的事投入的关注和热情远比对往事的回忆多，他们不像成人那样有着长长的过去，善于和乐于去回忆往事。他们对事物的感知，对事件的认识，多源于感官和活动，而不像成人理性成分居多。前苏联的小学作文教学重视序列训练，普遍采用声像教材，用声、形、色多种刺激提高学生的认知能力；西方则多主张采用活动教学法，提倡分组式、开放式教学，组成立体交流形式，进行作文训练。这些作文教学方法有利于发挥学生个性特长，让学生更快地获取更多有益的信息。

与上述相比，我们的作文指导恰恰要求小学生以成人成熟的心理去审视社会现象、人际关系，以成人思考的方式去解释、分析和解决问题，以成人的语言去表述自己的见解、认识和思想。我们往往要求学生每篇作文都得表现一个明确而又深刻的中心。有些教师对学生作文有着一个普遍的程式化的要求——篇末点题，深化主题。

小学生写人记事类作文无非是回忆性作文和观察性作文两种。我们又偏偏青睐于回忆性作文，《记一件难忘的事》、《童年趣事》之类的作文题可以说是小学作文的经典题目，为一代又一代小学生所操练。殊不知，小学生最感兴趣的恰恰是刚发生在身边的事，是今天和他生活、学习、游戏在一起的人。

3. 对作文训练方式理解不准

作文是书面方式，有自由写作与规则写作之说。自由写作，即倡导学生用笔做心灵独白，与生命对话，可以没有固定的命题，不受体裁的局限，不论篇幅的长短，有啥说啥，有啥写啥。规则写作则要求学生在自由写作时必须掌握一定的审题立意、遣词造句、布局谋篇的规则，运用好写作的基本方法和技巧。自由写作和规则写作是学生作文缺一不可的两翼。作文教学应该两手抓，一手抓自由写作，一手抓规则写作。两手都要抓，两手都要硬，并要把两手有机地结合起来，自由而不放纵，规则而不呆板。

目前我们的规则写作过多，自由写作少。另外，规则写作忽视作文的基础训练，如怎样用词、造句、立意、构思、选材、谋篇，怎样写作文提纲，怎样修改等。这些作文的基本能力不具备，学生也就写不出具有个性的文章。

面对以上问题，我们应该怎样开展作前指导呢？如何使小学习作教学走出困境，使我们的学生"文思如泉涌"呢？首先积累很重要，第二是教师的精心指导。作文不是讲出来的，但必要的指导还是非常重要的。小学是少年形成作文能力的关键阶段，既是作文的起步阶段，也是为作文基本功打基础的阶段。无数的经验和教训告诉我们：如果忽视这一阶段的作文指导和训练，就会造成小学生作文的先天贫血。

那么指导什么？怎样指导？

学生写作文有三个重要方面，就是有写作动机，有东西可写，能够写出来。只有民主宽松的习作环境、平等愉悦的习作气氛、开放自主的习作内容，才能调动学生习作的兴趣，才能发挥学生的积极性与主动性，学生在习作过程中才能敢想，敢说，充分展示自我，体验习作的快乐。因此，作前指导应顺应学生作文的心理过程、心理特点，注重三个方面的工作。

第一，注重激发学生习作的兴趣，变要我写为我要写。

尽人皆知，兴趣是最好的老师，兴趣是作文最重要的内驱力。作前最重要的工作就是帮助学生排除写作过程中的心理障碍和认识上的障碍，鼓励他们树立写作的信心，培养他们写作的兴趣。总的思路是要淡化学生的作文意识，让学生在轻松愉快的氛围中畅所欲言，精神上处于一种自由放松的状态。在这种氛围中任想象驰骋，任感情激荡，任思路纵横，多种想法涌动，自然会激发学生的写作欲望。要让学生对写作感兴趣，就要用学生喜欢的方式引导他们。

1. 谈话激趣

即以轻松愉快的聊天式的谈话开始。

师：前些日子，老师讲课连续得了省、市级两个一等奖，知道老师听到得奖消息时的心情吗？

学生说自己的猜测。

师：别只说我，大家也都有过和老师相似的体验和感受，你们也来说说，是什么时候？什么事情呢？

学生简短地说自己成功的经历。

这个情境的创设就提供了与学生生活经历相似的话题，激活了他们的表达欲望和写作储备，使学生轻松自然地进入了思维状态。看似闲聊的交谈，看似平淡的开场白，教师轻松自然地引入习作内容，不留痕迹。

2. 游戏激趣

师1：在课间或体育课上，你们玩的类型比较多，我也知道有许多同学喜欢踢毽子，我们班谁的毽子踢得最棒？请他到前面来踢给大家看好吗？

找一个学生到前面踢毽子。

老师拿了一块大砖头立在讲台上，学生摸不着头脑，猜想老师的葫芦里究竟卖的什么药。

师2：今天，我们来个吹砖头比赛，看谁最先把砖头吹倒。

谜底揭穿，人人兴奋不已，各个跃跃欲试。一生到前面吹。

师2：请同学们注意，他吹砖头的姿势可优美了，想饱眼福的同学可千万别错过了机会。

游戏是学生乐此不疲的活动。在游戏中，学生的精神是欢乐的，思维是敏捷的，语言是流畅的，因此，可在作文前设计游戏，让学生在轻松快乐的环境里积极参与，并以此为内容进行写作。学生在玩中写，在写中玩，减少了对作文的恐惧。这样一来，不但调动了学生写作的兴趣，还使学生有了写作内容和写作热情。学生一边沉浸在刚才轻松快乐的游戏中，一边提笔不停地写起来，就不会为该写什么和怎么写而苦恼了。

3. 图画激趣

一位教师教学《说说心里话》这一作文课时为学生提供了三个话题，其中一个是漫画《爱与碍》。结果显示，学生对漫画特别感兴趣。另一位教师让学生练习写人，让学生先为同学、老师、家长或想象中的人物画一张像，画好了再写一写。这样把画画与习作结合起来，通过图画激发学生表达的兴趣，形式生动活泼，比较适合学生的心理特点，不但使作文不难，而且写起来有趣。

4．表演激趣

一位教师在教学《写身边的一个人》这一作文课时，有这样一个情节："老师前一段时间在外地学习了半年多，没有见到自己的孩子，心中很是想念她。五一到了，我的女儿坐火车来看我。谁来和我配合一下，演演我的女儿？大家要看我们表演的人物有什么特点，然后选准方法，在仔细观察之后进行细致描写。"师生表演，学生看得十分专注。

5．实验激趣

小学生的好奇心强，因此，设计课堂小实验既能为学生提供写作素材，激发写作兴趣，又能满足他们的好奇心，培养科学探索的精神。

一位教师上课时拿一个墨水瓶和一盒火柴放在讲台上，说："这瓶子我好久没用它了，今天要拿它装墨水，可是我拧不开盖子，请你们帮助我把它拧开，谁愿意？请举手。"一个大个子男同学上台拧，拧不开，垂头丧气地下去了。又请几个大个子男同学上台拧，还是拧不开。一个小个子女同学上台拧，大家冷语四起。只见她先抽出两根火柴划着，然后烘烤瓶盖，烘了一会儿后轻轻一拧，拧开了瓶盖。班上轰动了，老师问："她是怎么想出这个办法的？这说明了什么？她是在什么情况下上台去的？她上去时班上有哪些反应？"而后详细指导学生描述小女生拧盖的动作、神态。

6．文章激趣

一位教师教学作文课《我喜爱的一个小动物》时问学生："本单元我们学习了四篇有关小动物的课文，它们是《麻雀》、《猫》……你对哪种小动物印象最深？为什么？把你喜爱的课文片段读给大家听，并说说喜爱的理由。"从学生已经学过的文章入手，让他们感觉很亲切，自然而然地进入到了习作的状态。

7．课前实践激趣

课前开展一些活动，让学生据此写作文，学生也会兴趣盎然，愿意写，有内容可写。一位教师教学《放飞童年》的作文课时，课前师生同玩捉人游戏，了解父母的童年，收集所有带来美好回忆的小纪念品等等，使学生在这些活动中获取鲜活的作文材料，激发写作兴趣。

　　以上介绍了一些激发学生写作兴趣的基本方法，还有很多。例如，有一位语文教师在激发学生写作兴趣上动了不少脑筋，如让学生编童话故事，围绕有趣的活动安排写作，补图作文，听音响作文等等。不少同学写作文入了迷，经常额外写作文请老师批阅。结果这个班的学生对作文特别感兴趣，其水准大大超出同年级的同学。总之，作前指导必须关注学生习作的心理过程，千方百计地创设情境，提供机会，帮助学生打开感觉器官，通过他们的耳朵、眼睛、皮肤、心灵来感受世界，经历一个活动过程，萌发一份真实的情感，还作文训练以本来面目——在生活中体验作文，在活动中体验作文。在习作课堂上，教师应尽量与学生一起做游戏，一起讨论商量，一起辩论研究，甚至是共同开怀大笑、嬉戏欢闹……用亲切的语言、商量的口吻同学生侃侃而谈，让学生对写作感兴趣。学生的习作兴趣一旦被激发起来，感到如骨鲠在喉，不吐不快，他们的写作热情便会迸发出来，不可遏制。

　　第二，注重开拓学生的写作思路，变无话可说为思绪飞扬。

　　目前学生作文最大的问题就是无话可说，不知道写些什么，没有什么好词好句，几句几行就结束。他们不善于捕捉生活中发生的一些事，只要有一个同学说出一件事，其他同学也照葫芦画瓢。有一个调查，某班学生写作文《父母的爱》，第一个学生说生病时妈妈精心照顾，接着几个学生都这么说，最后的成文结果是：全班 44 个学生，28 个学生写大雨倾盆，头昏脑涨，住院了，妈妈照顾得无微不至；9 个学生写其他；7 个学生没有写完。其实，学生不是生活在真空中，他们有丰富的童年生活，观察过许多事物，经历了许多事情，产生过许多感想，但是为什么总是习惯于顺风跑呢？建议从以下三个方面入手：

　　1. 内容上——贴近学生实际

　　作前指导最重要的工作是打开学生的思路，不宜上来就讲写法，应使人人都找到想写、要写的内容，感到这次作文不是没有内容可写，而是有许多内容可写。什么样的内容学生能写，会写，喜欢写？就是来源于他们自己生活中的事。

　　《语文课程标准（2011 年版）》提出习作教学："应贴近学生实际，让学生易于动笔，乐于表达。"叶圣陶先生说："生活如泉源，文章如溪水，泉源丰富而不枯竭，溪水自然活泼地流个不歇。"生活是作文的不竭泉源。作前指导课必须要架设好与学生心灵对话的桥梁，再现生活情境，唤醒他们沉睡的记忆，打开记忆仓库的大门，把原始的生活片段激活为有用的习作素材，把"过去式"变为"现在式"，拓宽写作思路。

课前备好学生。在指导课之前，要精心备好学生，熟悉学生的生活，了解学生的心理需求，心中装有学生方方面面的不同材料。这样在课上学生才有表达的欲望，思路才能充分开阔，教师才能因势利导。应创造性地使用教材，教材中的作文练习与学生的实际相联系就写，远离学生实际的可以不写，或者根据作文要求进行拓展延伸，将它融入到学生的生活当中去，也可以在命题时给学生留有选择的余地。

课上提供"自助餐"。比如在指导《我熟悉的一个人》时，可以引导学生从家里、学校、上学放学路上、外出游玩等不同地点去考虑，从亲人、朋友、邻居、小伙伴、同学、老师等不同的关系去考虑，从接触的时间长短去考虑，从人物不同的性格特点和品质特点等方面去考虑等。这些提示如同自助餐摆在学生的面前，任其挑选，学生的习作思路自然就宽了，自然就不会为写什么而发愁了。

打开课堂的局限。提前将题目布置给学生，让学生根据题目的要求去观察生活，体验生活，逐步有所积累，然后写作。一位教师在上《放飞童年》这一作文课时，课前做了这样几项工作：精读三篇文章：《天窗》、《芦叶船》、《快乐足球赛》。略读一组作品：《捅马蜂窝》、《捉人》、《笔直走，转弯狗》、《一个美国少年的一天》、《窗边的小豆豆》、《父与子》。三个实践活动：师生同玩捉人游戏；做个小记者：了解父母的童年，收集所有带来美好回忆的小纪念品……使学生加深对生活的体验，把生活与作文联系在一起，大大丰富了作文的内涵。

帮助学生捕捉生活。小学生有意注意还处于萌芽阶段，往往缺乏主动观察与发现。教师要有一双慧眼，善于和及时捕捉学生生活中的亮点，主动挖掘生活中的习作资源，让他们有内容可写。比如结合节日写，引导学生把节日中的见闻和感受写下来。结合活动写，参加活动是每个学生最开心的事情，每学期学校都要组织学生开展一些丰富多彩的活动，活动结束之后要马上让学生动笔写一写。

总之，作文必须贴近生活，描绘生活。窗外的事、身边的人、眼中的景、人间的情，都可以成为而且应该成为学生习作的内容。要引导学生写自己鲜活的生活，抒发自己的真情实感。

2. 要求上——倡导自由表达

营造自由表达的氛围。习作指导课并不需要过多的条条框框，需要的是给学生营造贴近生活、喜闻乐见、童趣十足、宽松自由的习作环境，让学生不经意间就能产生写作的欲望，努力减轻学生的习作心理负担，使其内心产生积极地表达的需要。对小学生作文提出过高、过难、过急的要求，其结果往往有悖于我们的初衷，欲速则不达。"你想怎么说就怎么说"，"你想写什么就写什么"，给学生提供宽松、民主的土壤，鼓励学生写"放胆文"，让他们把文章写开，把思路写活，把笔头写顺，切身感受到写作文并不难。只有当学生能够真正自由表达时，内容才会宽泛，情绪才会高涨，才可能出现有创意的表达。

不轻易打断学生的话。允许学生用自己的语言来表达自己的意思，不要急于用所谓"规范化"的语言来强行加以修正，而是要因势利导，给学生充分的表达自由，顺着学生的思路和内容去导，多一些自由、开放，少一些束缚、限制。无论是作文的内容还是写法，千万不要用形式框死，使学生手足无措。狭窄的小道，学生只能艰难爬行，汗流浃背也不见其效；而宽阔的阳光大道，学生才能有暇观察路边自己感兴趣的事物。

对学生进行多侧面、多角度的训练。如现在很多学生在长期的训练中养成了文章开篇结尾必须点题一次，形成了思维僵化。针对这一情况，我们可以进行多侧面多角度的训练，比如结合命题，同一题目表现多种主题、多种材料反映同一主题、同一内容用多种表达形式等。学生可根据自身的实际情况选择其中一类，尽情发挥，有很大的自由。这样的作文方式能大大激发学生的自主意识和创新精神，使他们无拘无束地表达，毫无顾忌地写作。如下面这位教师的教学片段：

师：老师给大家带来一样东西（一个学生丁一的作息时间表），看看你能从中发现什么。

学生观察，从中发现老师上课拖堂现象严重，老师、家长晚上布置的作业很多，丁一十点半以后才休息。

师：大家思考一下老师拖堂的问题，对老师、同学有什么害处？怎么解决？

学生讨论害处：影响下一节课，影响休息，降低学习兴趣等。

师：老师现在是材料中的王老师，你提什么建议？怎么解决？

学生说。

师：我现在是丁一的妈妈，你怎么做？我是丁一，你们是丁一的同学，你们怎么对丁一说？

学生说。

师：你想从哪个角度去写？自己起个题目吧。

生："丁一，我告诉你"。

生："老师，我想对你说"。

生："妈妈，请理解我"。

……

师：体裁不限，请你想象写作。

3. 方式上——注重生生交流

小组合作交流。让学生和小组同学交流有关作文的选材、构思和体验，达到互相启发、集思广益的目的。因为每个学生的观察、经历和体验都不一样，一旦有一个学生带头谈开，就能使学生的思维活跃起来，引发大家的思考，谈出个人不同的丰富多彩的生活体验。

集体交流。就是在个体思考和小组交流的基础上开展全体学生参与的集中交流。在集体交流中，要注意几点：

（1）合理选取代表。教师在学生小组交流时就应捕捉学生作文中有代表性的问题，并选好例子，以便学生在交流之后能针对自己的作文有所收获，有所提高。泛泛地你说他说，不仅浪费时间，还往往收不到最佳的指导效果。每个层次的学生都要有，好的作文给其他学生以示范，让学生体验写作的快乐；有问题的作文借机指导，让其他学生引以为戒。

（2）及时肯定补充。《语文课程标准（2011年版）》对小学阶段作文的语言要求是"具体明确，文从字顺"。在集体交流时，我们没必要对学生的语言提出更多、更高的要求，只要学生的作文写真话，抒真情，表达出自己的真实想法，只要能用平平常常的语言把一件事、一种事物说明白，哪怕是一两句或一个片段，教师都要大加表扬，及时肯定，增强他们的自信心。允许学生用自己的眼睛去观察周围的世界，用自己的心灵去感受周围的世界，然后经自己的观察、感受所得形成语言文字。要以宽容期待的目光去欣赏学生稚嫩的表达方式，引导学生说真话，写真事，保护学生作文的"原生态"，在此基础上逐步引导学生走上规范化、正规化的作文轨道。

有一个说法是：小学生写作文不妨从"通俗唱法"，甚至从"卡拉OK"起步，不要一开始教作文就要求学生用正规的"美声唱法"。确实是，我们提出的要求越高，孩子就越会产生畏惧情绪，反而不会写作文。在小学阶段，我们不怕学生写的作文大同小异，不怕平淡无奇，甚至不怕错别字连篇，怕的是学生不敢写作文，压根不想写作文。只要学生有写作文的兴趣，能坚持自己主动写作文，总有一天会写出高水平的作文来。

（3）适当尊重异议。对同一种现象或同一个问题，不同的学生会有不同的理解，教师要适当尊重他们的理解，哪怕他们的意见不一定对，也要注意保护他们这种可贵的创新精神。

（4）尽量关注全体。集体交流时，一个学生说，听的不仅是老师，还应该有全体学生。不能使集体交流的过程成为老师和一个学生交流的"对对碰"的过程，应该有全体学生的广泛参与、倾听、补充、修改、评价。只有这样，才能达到资源共享、开拓学生思路的目的。

4．资源上——扩展必要信息

典型生动的范文。范文在学生写作中起着不可估量的作用。在作文指导课上适当地利用范文会收到事半功倍的效果。

什么时候拿范文呢？我认为要按需引入。提倡在学生需要的时候拿出范文，让学生通过比较仔细揣摩，真正感受到范文的魅力，从而对自己的习作有所触动。轻易不要上课就拿。范文有利于学生写作文时参照、揣摩，有所遵循，有所规范，但一上来就拿出范文，容易使学生机械模仿。我们提倡的是学生用自己的眼睛去看，用自己的头脑去想，对人对事都有自己独到的认识、体验和构思。同时不能过多地用范文示例，这很容易使学生形成对范文的盲目崇拜，认为自己经历的事没有范文上的"有意义"而不敢采用，自己的语言没有范文"规范"而不敢见诸笔端，自己的思路没有范文"有条理"而不敢打破其固有程序。这样，范文就束缚了学生的手脚，势必造成物极必反的效果。

有声有色地讲解。即充分发挥教师的语言艺术。一位教师教学《怎样写好自己》这篇习作时，开始有两个同学向大家介绍了自己，老师马上说："如果40多名同学都这样介绍，是很难记住每一个人的特点的。老师和大家一块学习一个方法，看看我怎样向大家介绍自己。"然后她出示一幅自己的画像。老师问："同学们看，我画的是什么呢？""一个人的脸。"学生说。"对，我画的是我自己，为什么把自己画成这个样子呢？因为我要让在场的这么多人记住我，介绍的时候肯定要夸张一些，但又要让人接受。我是这样介绍自己的：我这个人是世界上独一无二的。我是一个好奇的女孩……"老师介绍完自己，让学生也学着这种方法到前面介绍自己，把枯燥的作文训练巧妙地融合到有声有色的讲解中，使学生易于接受，并从中得到启发。

第三，注重习作基本功的训练，变无从下手为有章可循。

学生并不一定有一定的写作欲望就能把文章写好，而实际情况往往是这样：学生胸中有话，胸中有情，却不能用恰当的语言表达出来，因此适当的语言文字训练就必不可少。习作教学不仅要让学生有话想说，有话可说，还要让学生文通字顺，表达得规范，要通过习作指导使学生扎扎实实地掌握语言表达的基本功。

所谓的习作基本功，包括引导学生学会观察生活，学会审题，学会给文章起个好标题，学会开头和结尾，学会编写作文提纲，学会把人物写生动，学会巧立文章的主题，学会把一件事写具体，学会修改病句，学会巧用比喻等。要根据不同学段学生的特点，有计划地指导学生掌握书面表达的基本功。第一学段重点进行想象性写话和童话体写话。比如根据故事开头写童话，模仿已有故事的结构写童话等。第二学段最佳的习作训练形式是观察作文，如写小动物，人物动作、外貌、对话描写，周围环境描写，完整地记叙一件事等。第三学段习作训练形式从观察作文转向实用型作文，如读后感、建议书等。教师要将一些必要的作文方法教给学生，比如写观察作文，就要让学生掌握多角度、有顺序、分主次的观察方法。写文章需要好的开头和结尾，要教给学生精彩开头的方法，如开门见山地点题；巧妙引用，吸引读者；倒叙结构，布疑设悬等。精彩的结尾：自然性结尾、引用式结尾、点中心结尾、含蓄性结尾等。又如作文的题目很重要，告诉学生我们平时最常用的两种拟题方法，一个是以内容为题，一个是以中心为题。要想让作文的题目更好，必须要做到巧妙、新颖、有趣、优美等。

每一次作文指导要突出一两个重点，不要求面面俱到，应少而精，并做到瞻前顾后，即关注以往和考虑今后，确定一个最佳的训练重点，切忌泛泛而谈。作文训练是一项长期的工作，我们不能期望一节课得到多大的实效，要循序渐进，稳扎稳打。

作 后 指 导

作后指导主要是让学生参与评改。放手让学生参与作文评改的全过程不仅可以让教师从繁重的作文评改当中解放出来，更重要的是使学生修改习作的内驱力明显增强，变要我改为我要改。在这一过程中，我们应坚持六个关注，以最大限度地发挥作文评改的效益，提高习作教学质量。

1. 关注评改兴趣，避免枯燥乏味

兴趣是人们积极探究某种事物的认识倾向。稳定的兴趣对于克服学习中的困难，顺利完成学习任务是大有裨益的。

首先应引导学生明确评改的意义。对于有的学生来讲，他们不愿意将自己的文章被别人阅读，甚至写评语。而有些学生的写作水平确实不高，他们有思想顾虑，怕自己的文章会让批改的人笑话，所以也不愿意进行互改。针对这种现状，教师应向学生阐明互评作文的意义，转变学生的观念，纠正学生认识上的误区，解除顾虑，激起他们互评的热情。取得学生的支持就等于成功了一半。教师可以寓教于乐，通过给学生讲关于评改方面的故事来帮助他们认识到评改的重要性。例如用白居易"旧句时时改，无妨悦性情"的诗句告诉学生文章常改常新的道理；用王安石"拈断数茎须"，才得"春风又绿江南岸"千古名句的经验，让学生懂得只有精心修改，才会写出精美佳作。

努力创造出愉悦的评改环境，让师生在轻松愉悦的讨论、探究、欣赏中达到评改的目的。学生初学修改时往往感到枯燥、乏味与艰难，那么就需要教师注重环境的创设，让学生觉得有趣，有意思。比如说可以让他们人人都来当教师，激发他们自主修改的兴趣，培养修改作文的良好习惯和意识，以便提高修改的能力，最终提高作文水平。为了调动更多同学自主修改的积极性，教师还可采用两次打分法、多次打分法，鼓励大家多改，改好。在作文评改过程中应牢固树立"没有差生，只有差异"的观念，要因人而异，对起点高的学生提出高要求，对起点低的学生要求自然应该低一些，确立不同的评价标准，以保护学生习作的情感和态度。

2. 关注评改方法，避免无所适从

让学生参与评改绝非放任自流，教师应给予必要的扶助，否则收效甚微。学生能评得恰当，改得正确，还需教师加强指导，教给方法。"授人以鱼，不如授人以渔"，教给学生具体的修改方法，就好比交给了学生点石成金的指头、捕获猎物的猎枪，学生能独立地去捕获猎物，获取知识的金山，从而在评改过程中举一反三，触类旁通。

批改作文的方法一般有批、改、增、删、调、换等手段和一整套通用的修改符号，用以对习作中用字遣词、语法逻辑、构篇立意等方面的错误或不当、不准确之处的修改。结合学生习作的特点和写作要求，可以提出一些带有启发性的批语及符号，让学生参考使用。初次训练时，给学生做示范修改，指导学生通过一遍一遍地读发现、修改那些读起来拗口、听起来别扭的地方，即多字、漏字、错别字、标点用错、文不切题、人称混乱、东拉西扯、词不达意、内容空洞、语意不连贯、句子不完整等毛病，让学生亲眼看到批改作文的全过程，了解教师每一处修改的目的，懂得批改作文的具体方法。在评改过程中一定要使学生养成动笔圈、画、写的习惯。慢慢地，由开始的牵着走到扶着走，最后可以放开走了。经历了这几个阶段，学生基本上能做到自主地修改内容，斟酌词句，润色修辞。

3. 关注评改重点，避免泛泛而谈

作文评改的过程实际上是第二次作文指导的过程。学生围绕作文训练重点进行习作，习作之后再围绕这个训练重点进行反馈。

应该说，学生的作文肯定是达不到老师满意的，问题是客观存在的。这些问题涉及词句、布局、中心等等。但如果在40分钟内想解决所有的问题是非常不现实的，而很多教师往往就此产生了评改无效的错误意识。问题出在哪里？我想就是泛泛而评改，求大求全，这个问题也想评改，那个问题也舍不得丢弃。其实在评改的过程中，我们应紧紧抓住一篇作文的训练重点，这个重点可以根据教材或教师安排的训练要求确定，也可以是学生作文中存在的突出问题或者共性问题。

4. 关注相互交流，避免单兵作战

评改固然离不开教师的引导，但更重要的是让每个学生成为评改的主体，让他们在参与评改的过程中学会发现自我，教育自我，提升自我，从而完成自我的激励与超越。因此，在评改过程中，教师要为每一名学生创造并提供实践的机会，让学生参与评改，学会评改。

在实践每个环节的过程中，应多要求学生相互交流批改作文的心得，交流评改意见。比如共同互改的过程要关注提出修改意见的学生与其他学生之间的意见交流，注意作者和评改者之间的交流。不是改完了就可以了，也不是怎样改都可以。批改者和被改者应该说说为什么这样批改，有哪些需要改进的，或是你认为哪些地方修改得不好。通过这种面对面的交流，被改学生就找到了修改的方向，对提高写作水平是十分明显的；对批改的学生来说，也知道了被改者的写作思路和意图，有时还可能有巨大的发现，对提高批改能力也是十分有用的。当然，可以让学生自由交流，两个人或者多个人各抒己见，共同提高批改能力，学习与人沟通、交流。

作文评改的过程应该是作文分享、共同评改、共同进步的过程。学生对自己批改后的作文以及被他人批改过的作文，或多或少都有不同程度的收获和看法，这正是教师培养学生批改作文能力所要达到的目的。

5. 关注表扬激励，避免伤害自尊

赏识无疑是激发学生习作欲望，提高学生习作能力的良药。小学生，无论就其观察事物的视角还是理解事物的方式，都与成人大不相同。但他们的视角和方式未必就是错的，未必就无可取之处，恰恰相反，有时他们的视角和方式表现出一种成人无法企及的天真和曼妙，独特和创意，就像孩童的图画和字迹一样，只是我们这些成人尚无法窥见其中的奥妙罢了。所以，评改时一定要最大限度地发现学生习作中的优点。评改是以解决学生作文中的典型问题为目的，绝不是以批评学生、指责习作缺点为宗旨。在作文评改中，无论是教师还是学生都应以亲切的口吻、磋商性的语言与别人交流、讨论，尽可能地发现别人习作中的闪光点，并满怀激情地加以肯定和赞美，让学生享受成功的喜悦，最大限度地激发习作者的创作欲望。

这其中，教师的评语起到了很重要的激励作用。应少改多就，遵从学生的原意，改在紧要处，把改的主动权还给学生。以往，教师的评语通常容易带有居高临下的意味，这种权威命令式的评语不容易唤起学生对作文的积极情感。要善于用欣赏的眼光看待学生的作文，用"放大镜"寻找学生习作中的亮点，哪怕是一个比喻用得切当，一个词语用得准确，一个标点用得巧妙，都应该赞赏，以利调动学生写作的积极性，使学生体会到成功的喜悦，增强写作的信心，提高写作的兴趣，促使学生想写，愿写，多写。千万不能求全责备，千万不能使他们害怕。

学生的作文如果被老师改得面目全非，一眼望去，只见"红"不见"黑"，在一定程度上会让学生觉得自己的作文一无是处，伤害了他们的自尊心，使他们丧失写好作文的信心。评语应是带有评价性质的读后感，是一种设身处地的真实体验。它应该成为师生之间心灵沟通的桥梁，成为放飞学生心灵的草坪。

6. 关注评改时间，避免蜻蜓点水

一节课短短40分钟，我们不能过多地期望学生到底通过评改使自己的作文有多大的进步。评改，重在帮助学生建立修改作文的意识，养成习惯，获得修改的方法，从而提高自改的能力和作文水平。所以，不要为了形式而形式，无论是共同改还是互改，都要保证时间，哪怕一节课就用来共同评改一篇文章。没有充足的时间，学生修改只能走过场，流于形式。

作文评改只是作文教学中的一种方法，到底有多大的成效由教师的教学能力决定，更由学生的学习能力决定，或者还由其他方面的因素来决定。在实践过程中，可能某些过程或者理念出现了一些问题，让我们对评改的目的和价值有所动摇，但从长远目标来看，评改方法的掌握、评改能力的形成绝非一日之功，而是一项常抓不懈的工程。只要我们坚信这样做是对的，是符合作文教学规律的，是为学生实实在在着想的，是提高本班作文质量的必要途径和方法，就要坚持实践，坚持反思，不断解决其间的问题，寻找症结和对策，而不能半途而废。

《语文课程标准（2011 年版）》明确提出：重视引导学生在自我修改和互相修改的过程中提高写作能力。我国著名教育家叶圣陶先生也早就指出："学生作文老师改，跟老师命题学生做一样，学生处于被动地位，假如着重培养学生自己改的能力，教师只给些引导和指点，让学生自己去思考，去决定，学生不就处于主动地位了吗？养成了自改的能力，这是终生受用的。"让学生参与评改是作后指导的重中之重，更是提高学生作文水平不可或缺的环节。

此文写到此处，心里非但不轻松，反而倍感沉重。这样做，作文的问题便解决了吗？记得一位美国学者在《朗读手册》中写道："最好的作文辅导老师是课外读物。"于永正老师说："小学生学语文要有积累的意识，口袋里没有钱花什么？先存钱后花钱。"由此，以上如此长篇表达我对作文教学的想法，以及写起来简单而实则不易的"享受作文，并非难事"都显得缺乏底气。

还请您耐心地接着读……

为文而积，为文而累

——将积累与习作有效结合

"胸藏万汇凭吞吐，笔有千钧任翕张"；"处处留心皆选题，时时厚积而薄发"；"巧妇难为无米之炊"，对于积累在写作中的作用，古今名家还有许许多多十分精辟的见解和成功典例，积累在学生习作中确乎有着举足轻重的作用。

目前，我们使用的教材在丰富学生积累方面做了诸多安排，广大教师对学生的积累也给予了较多关注，学生的语言积累较以往相比厚重多了，呈现出大好趋势。但学生的作文状况依旧不容乐观，多数孩子习作内容空洞，言之无物，词汇贫瘠，语言匮乏，构思单一……学生苦于没有材料而言，没有词汇去写，没有丰富的语言来表达自己的思想情感。作文本是有血有肉、五味俱全的东西，而到了学生手里成了一杯白开水，品来让人觉得平淡、乏味。这不能不引起我们反躬自省，为什么学生积累了那么多的好词好句好段好篇，仍然觉得不知怎么写？是积累得还不够，还是学生不会运用？抑或其他？

《语文课程标准（2011 年版）》中关于积累的表述有多处，而涉及积累与习作的，第二学段提出"尝试在习作中运用自己平时积累的语言材料，特别是有新鲜感的词句"，第三学段提出"积累习作素材"；在评价建议里提到"要引导学生通过观察、调查、访谈、阅读等途径，运用多种方法搜集材料"，如此等等，都充分说明了课程标准重视积累与习作的密切结合。习作需要积累，积累的目的在于运用，不会运用的积累再多，也只能是一潭死水。

反思我们的习作教学会发现积累与习作比较脱节，学生积累库中与习作内容有关的储备并不丰富，一味盲目地加强背诵，运用上置若罔闻，导致动笔时无米下炊（这里的"米"不仅仅指内容，还有词语和表达方法）。所以，我提出为文而积，为文而累，让积累与习作同步进行，让积累为习作服务，以提高积累的针对性和实效性，进而提高学生的习作水平。

叶圣陶先生明确指出："小学生今天作某一篇文，其实就是综合地表现他今天以前知识、思想、语言等方面的积累。"这句话说明学生作文构思动笔前的功夫是靠平时准备积累的。平时疏于积累，等到写作时才来抱佛脚，自然是绞尽脑汁也枉然。那么，我们如何帮助学生准备好这些知识、思想、语言呢？

基本模式上，建立板块（甚至整册）教学意识，即在进行整组教学内容时首先研读习作内容，认真解读习作要求，把握习作训练点以及学生在写这一作文时的困难和障碍，明确学生需要哪些帮助。根据习作训练点，针对学生的需要引导学生积累，再到课堂上运用，即课前研读习作—帮助学生积累—课堂引导运用。

一、课前——研读习作，有效积累

这里大致有三个问题需要思考：

（一）从哪些渠道引导学生积累？

大体上可分为教材内和教材外两大方面：

1. 教材内

教材中收录了许多文质兼美的文章，具体、形象地为学生习作提供了优美的语言及表达的方法，应适时借鉴。要注重把课文与习作相结合，即把课文学好，指导学生不但要读懂，而且要读透，要把优美的词句段，尤其是表达特色烂熟于胸。要常常和学生共同分析作家的文章为什么写得好，与学生一起深入探讨文章中有没有更多的写作闪光点，哪些地方值得借鉴……这样才能从读中学到一些写作知识，具体解决自己怎么写的问题。课文就是个例子，充分抓住这个例子，教给学生读写知识，为我所用。教材中推荐的优美句段、古诗词等，更要让学生熟记于心。

2. 教材外

特级教师于漪老师说："教语文，忽视生活活水，忽视引导学生对生活观察、认识、体验、积蓄、实践，抓住课内一小块，放弃课外一大块，那无疑是沙上建塔，底气极差，虽然煞费苦心，但终难见效。"语文学习的功夫在课外，其中作文水平的提高更是如此。教材外资源既广阔又灵活，是语文学习不可丢弃的一方圣地。教材外积累，一方面是发挥学生的主观能动性，引导学生自己去搜集，去获得，将一些与本次习作有关的美词佳句、精彩片段等及时写在摘抄本上，丰富语言素材。另一方面是向学生推荐与习作内容有关的优美词句、阅读文章等，为学生提供帮助。

（二）学生需要积累些什么？

积累的内容是多方面的，我们可以初步概括为三个方面：

1. 建立词汇库

一位教师让学生写《植树的过程》一文，上课前让学生积累：

带上工具，拿着树苗，分工合作，选好地点

第一步，第二步……响应号召，绿化，造福子孙

前人栽树，后人乘凉；利在当代，功在千秋

然后引导学生理解并鼓励运用几个词汇为自己的文章增色。这样一对一的做法，即此次作文可能用到哪些词汇就提供哪些，对提高学生习作水平最有效。学生写作文时，每到精彩处，往往会因为积累的薄弱而语塞。语言是学生作文的基本材料，如果没有一定的语言积累，是不可能写出好作文的。只有积累丰富的词汇，掌握词句的恰当用法，才能在写作时做到厚积薄发。每次习作之前，我们要根据习作需要引导学生搜集、摘抄和背诵相关词汇。另外，当学生遇到困难时，教师要发挥主导作用，向学生推荐相关词汇，帮助学生归纳整理，充实语言仓库，这样作文就会相对轻松。

2. 建立素材库

教师要求每一个学生都备有一个作文材料库。首先是作文题材的分类，分为个人空间、班级你我、校园见闻、至爱亲情、社会感悟五大类。分好类后，把材料的梗概用简短的语言进行浓缩、概括。每当学生写一类作文时，认真审题后就会联想自己的材料库，动笔时再进行重组加工，就成了一篇好文章。

积累不但是词汇的积累，还要有生活、知识等多方面的积累。老舍先生曾说："你要仔细观察身边的老王或老李是什么性格，有哪些特征，随时注意，随时记下来。这样的记录很重要，它能锻炼你文字的表达能力。……要天天记，养成习惯。刮一阵风，你记下来，下一阵雨，你也记下来，因为不知道哪一天，你的作品中需要描写一阵风或一阵雨，你如果没有这样的积累，就写不丰富。"材料是文章的血肉。学生缺少及时记录下来的习惯，每到作文时就会搜肠刮肚，或者胡编，或者抄袭。我们要引导学生加强材料方面的积累。教学中，有新意的想法有时会一闪而过，但如果及时把那些思维的火花用文字积淀下来，长期坚持，便能成为宝贵的积蓄。习作时，让学生回忆或者整理相关材料，进行加工润色，写出的文章也就有血有肉了。

3. 建立思想库

生活是五彩缤纷的，每个学生都是鲜活的个体，他们每天都用自己稚嫩、敏感的心灵体验、感悟着生活，只不过他们不善于思考。我们平时要引

导学生遇事多问问为什么、是什么、怎么样，还应要求他们随时把思维的火花、思索的结论记录下来。长期坚持下来，会使学生养成爱思考、勤思考的习惯，这对于他们写作文是大有裨益的。

（三）如何引导学生积累？

在进行一篇习作之前，教师应该开展哪些相应的积累活动呢？归结起来可以有三个方面：

1. 摘抄背诵，积累词汇

在摘抄的基础上要求学生背诵，丰富学生的词汇库。一位教师在博客里写道：

要想提高学生的习作水平，就必须增加学生的语言积累。于是，我除了让学生记住课文里的好词佳句以外，还让学生大量阅读课外书籍，并要求学生在读的过程中做到"不动笔墨不读书"，要求每人准备一本专门用来摘录好词好句好段的笔记本，对一些名言、古诗词、儿童诗歌能熟读成诵，学习运用。为了提高学生自觉积累的兴趣和积极性，加深他们对语言本身及其应用的印象，我还积极开展一些有趣有益的活动，如古诗背诵大比拼、读书笔记展示、文学知识竞赛、成语接龙等。

背诵是学习语言的基础。搜集来的名篇佳作、名言警句以及成语、歇后语等，在阅读欣赏之后要反复吟诵，朗朗上口，达到熟读成诵，到写作时，就能整句整段引用、模仿或迁移，成为锦上添花的写作材料。尤其是教材中要求背诵的词语段落应及时督促学生背诵。背诵多了，词汇自然就丰富了，写作时自会左右逢源。

除了摘抄背诵，还要引导学生做读书笔记。很多学生读书往往囫囵吞枣，不求甚解，这样下去，即使读再多的书，也是走马观花，收效不大。古人说"牢记不如淡墨"，写读书笔记具有积累和表达功能，是提高学生阅读的有效措施。

一位老师这样说道：

书海无边，博览群山固然重要，但精读一些课外书，读了做些笔记，把一些重要事件、观点、道理、格言、情节、精彩文段、词语等记录下来显得更重要。比较有效的方法是做读书卡片，一件事、一个观点、一段美文……做成一个卡片，然后编出顺序（音序或笔画或其他顺序）、目录，这些卡片用一个精美的盒子装起来，逐渐丰富，不断运用，犹如"百宝箱"。人人都做这么一个终身受用的"百宝箱",写作时遇到适合的题目便拿些"宝"出来充实作文,或因某些"宝"受到启发,牵动文思,你的笔就会挥动不停,文辞滚滚,文采飞扬,哪里还会为"无米之炊"而发愁呢?

2. 读写结合,积累写法

关于读写结合,我有个观点是加大作文密度。数学能课课练、日日练,作文为什么不能?当然,要注意两点:(1)加大密度并不是违背规律,恰恰相反,应循序渐进,由易到难,重点反复,难点强化;(2)加大密度并不是加重负担,必须冲破传统的教学思路,从烦琐的精批细改中走出来。可以口头与书面结合,片段与成文结合,大作与小作结合,自由作与统一作结合,可以分步练、集中练,不拘一格。学生在不断仿照优秀文本的过程中运用语言,既激活了自身的语言积淀,又吸收了他人的新鲜语汇。通过反复练笔,不断强化积累行为,长期坚持,就会形成积累习惯,必将带来"读书破万卷,下笔如有神"的写作境界。

3. 实践,积累素材

小学生作文的材料应该是自己的生活经历和感受。但有经历和感受的可以加工润色,没有的呢?那就应该在课前根据习作内容的需要引导学生关注自己熟悉的儿童生活,比如丰富多彩的学校生活、有趣的班队活动、各种竞赛、日常交往中发生的一些有意思的小事等。事实上,学生每天都在有意无意地积累着素材,不管是肤浅而又零碎的,还是生动有趣充满个性的,只是不能够记录下来,因此要使学生随手记写,记下自己的所见、所闻、所感,养成多看、多听、多想、多感、多写的好习惯。日记的内容自由选择,篇幅可长可短,关键是要我口说我心,我手写我口,使自己的材料仓库丰富多彩,等到写作时一个个素材呼之欲出。

二、课上——调动积累,引导运用

只重视引导学生积累而不与运用结合起来,那积累也可能是空欢喜。有的教师不是没有让学生积累,而是不知怎么引导运用。这里需要注意三点:

1. 帮助归纳

一位老师在教学《"奶奶,你吃吧!"》这一作文课时,为学生归纳如下:

A. 词汇类:

小心翼翼地切开西瓜、双手端着、恭恭敬敬、鹤发童颜、传统美德、尊老爱幼。

亲情是一个人善心、爱心和良心的综合表现。孝敬父母、尊敬长辈是做人的本分，是天经地义的美德，也是各种品德形成的前提，因而历来受到人们的称赞。

关于孝敬的古诗词：谁言寸草心，报得三春晖。——孟郊

《劝报亲恩篇》：好饭先尽爹娘用，好衣先尽爹娘穿。

"孝敬"的儿歌：人人从我做起来，中国礼仪代代传；孔融让梨敬父母，黄香暖被教育人；中国礼仪不能忘，争做礼仪小标兵。

B. 故事类：

《新三字经》里有一句：能温席，小黄香，爱父母，意深长。其中提到的小黄香是汉代湖北省人，因孝敬长辈而名留千古。他九岁时不幸丧母，小小年纪便懂得孝敬父亲。每当夏天炎热时，他就把父亲睡的枕席扇凉，赶走蚊子，放好帐子，让父亲能睡得舒服；在寒冷的冬天，床席冰冷如铁，他就先睡在父亲的床席上，用自己的体温把被子暖热，再请父亲睡到温暖的床上。小黄香不仅以孝心闻名，而且刻苦勤奋，博学多才，当时有"天下无双"、"江夏黄童"的赞誉。

在平时的生活中，学生与人交际时的语言和材料是比较丰富鲜活的，然而每到作文时这些语言都不翼而飞了。因此，在作文课堂教学中，教师就要充当起提醒者的角色，帮助学生挖掘、提炼和归纳出那些潜藏、积蓄在自己内心深处的资源。同时，学生的能力毕竟有限，教师要提供各种帮助，将一些与习作有关的好词好句等通过各种方式提供给学生。

2. 鼓励运用

我们平时总是要求学生写文章时用词要生动，文句要优美，但这样的生动、优美实在是太抽象了。不妨将这些抽象空洞的说教换成具体的操作要求，如要求学生在作文中用上以前学过的成语、名言、警句、古诗词等，而且用得尽量多一点，再多一点，越多越好，并鼓励学生只要与表述的意思稍微有点像的就尽可能用上去。

学生写了一阵，我找了几个同学（好的多一些，差的少一些），读了他们写好的一部分，学生评价：写得好的同学把平时积累的词句用上了，而写得不好的同学主要是语言平淡、干瘪。学生在同学的评价提醒中很快明白了：把平时积累的相关好词句用上，习作会富有活力。最后，学生的习作质量相当高，就连平时习作下不了笔的同学也能写几句了。（摘自《小学语文教学》）

教师的引导方向非常重要，通过评价时的表扬、赞赏能使学生认识到运用平日积累的好处，增强学生运用积累的意识，培养学生运用积累的习惯和能力。

3. 合理引导

不能为了用而用，太牵强了就歪曲了词汇本身的含义，也达不到引导学生写真事抒真情的目的，所以，必要的引导还是要有的。当学生习作中的词语用得极不恰当时，老师要给予巧妙的提示，告诉学生这样的词语是什么意思，这里应该用哪些词语更恰当，这样也同时培养了学生理解词句的能力。

总之，习作教学前引导学生不断地"积跬步"，通过长期的、大量的、有意义的积累，使作文增添亮丽的色彩，提高作文水平。

三、注意两个问题，把握好两个度

一个是关于小学生习作的标准。《语文课程标准（2011年版）》关于小学生习作的标准是"能具体明确、文从字顺地表述自己的意思"。而我们如果一味地要求学生运用一些积累的语言，可能造成孩子生搬硬套，导致作文缺乏真情实感，甚至产生对习作的另一种恐惧和反感。引导学生针对习作内容进行积累，不是积累必须为了用，或者习作必须运用那些优美词句或古诗词等。把握好要求的度，只可引导，不可强求。从某种程度上说，只要孩子文从字顺地表达了自己的真情实感，我们就应该给予认可和鼓励。

另一个是关于积累的目的。积累是为了运用，不是完全为了习作。我们强调积累与习作的有效结合是为了提高学生的习作水平，使学生厚积能够薄发。把握好积累的度，积累与习作既需交叉行进，又要平行并举。应根据《语文课程标准（2011年版）》有关积累量和内容的要求，紧密结合教材的内容，相应地开展扩展阅读，背诵优美诗句篇章，积累语言材料，以丰富学生的语文素养，为学生的可持续发展打下良好的基础。

小学生阅读行动计划

帮助学生大量阅读是一件正事大事，是语文教师不可推卸的责任，是学校语文教学乃至整个教学工作的重中之重。一所学校文化氛围的形成，教师专业成长的助推，学生各学科学习质量、心智、人格等方面的提高等，都要依赖于阅读。自 2012 年暑期，我着手实施小学生阅读行动计划。目前，此项工作正在运行中。

"先开枪，再瞄准"，我们先向小学生推荐阅读文章和书目，再进行每册教材的板块备课，进而逐步推进和完善小学生阅读，也以此牵动教师阅读。

我们要拯救阅读，让师生重拾抚卷闻墨香的语文学习生活。

（一）推荐阅读文章

推荐阅读文章，即每册每篇课文都向教师推荐 3—5 篇课文之外的文章，和课文一道达成教学目标，扩大学生阅读量。这是一项繁杂且高难度的任务，均由名师工作室成员和省、市、县骨干教师形成团队来共同完成。整整一年的寒、暑假，他们利用休息时间各处寻索，删繁就简，形成了 1—6 年级共 12 册教材所有课文的推荐阅读文章，总计 666784 字。

以长春版五年级上册第 3 板块的《跌倒》为例：

【推荐之一】

礁　石

艾　青

一个浪，一个浪

无休止地扑过来

每一个浪都在它脚下

被打成碎沫，散开……

它的脸上和身上

像刀砍过的一样

但它依然站在那里

含着微笑，看着海洋……

　　推荐理由：读了这首小诗，那在风浪狂涛中巍然屹立的礁石让人想到的是一个人、一个民族、一个国家百折不挠、万难不屈的斗争精神。这就是象征手法的妙处。原来，生活中有些事情比较复杂但又有深刻意义，不是三言两语所能讲得清楚，有时又是不便明说的，此时便可运用象征的手法，通过某一形象表现出深远的含意，让人既能体会到事物的意义，又能体味到文章语言的深刻与美好。此诗短小精练，适合学生体会课文的表达手法并积累运用。

　　使用建议：教学中出示此诗，请学生诵读并说一说仿佛看到了什么，进而谈谈这首诗运用的表达方法，进一步体会象征的妙处。建议学生背诵积累。

　　【推荐之二】花语象征

　　康乃馨：慈祥、温馨、真挚

　　雏菊：娇小玲珑、精灵可爱

　　太阳菊：热情、活力

　　鸢尾：热情、适应性强

　　勿忘我：友谊万岁、永远思念

　　满天星：配角，但不可缺

　　金百合：艳丽、高贵中显纯洁

　　白百合：纯洁

　　红掌：热情、热心、热血

　　马蹄莲：纯洁、幸福、清秀

　　向日葵：你很出色

　　推荐理由：有的花是学生生活中可见的，有的可能在阅读中有所知。每种花都被人们赋予了一种含意，使人产生由此及彼的联想，耐人寻味。因为来自于生活，所以学生可能会有更深的感受，能更好地体会象征手法的作用。

　　使用建议：可以在课堂教学中随机出示，也可以课后阅读并积累。

　　【推荐之三】

跌倒了也要笑（节选）

　　跌倒也要笑，是苦中作乐的顽强精神，是不屈不挠的人生态度。具有这样的可贵品质，早晚会走出低谷，再创辉煌，即便壮志未酬，也会虽败犹荣，虽死犹生。从古到今这样的例子不胜枚举。

当年，曹操兵败赤壁，80 万大军被扫荡一空，身边只有数骑。逃亡路上，将士都心情沮丧，无精打采，曹操却谈笑风生，似乎是在凯旋。他的乐观情绪感染了周围的人，行进速度明显加快，不久便脱离险境，回到魏地。后来重整旗鼓，卷土重来，也没要太长时间。

苏东坡因乌台诗案被贬谪，这一跤让他跌得"鼻青脸肿"，惨不忍睹，先贬黄州，又贬颖州、惠阳，最远贬到海南儋州，这是仅比满门抄斩罪轻一等的处罚。面对人生低谷，超强的乐观精神救了他，东坡放言："百年须笑三万六千场，一日一笑，此生快哉！"于是，黄州城外赤壁山前开怀一笑，《赤壁赋》、《后赤壁赋》和《念奴娇·赤壁怀古》等千古名作便横空出世，奠定了他文化伟人的历史地位。

曾有人说，三个苹果改变了世界：一个苹果诱惑了夏娃，一个苹果砸中了牛顿，还有一个苹果在乔布斯手中，这个苹果被咬去一口，是他多年遭受苦难的隐喻。创业、跌倒，再创业、再跌倒，经过十几年的打拼，乔布斯终于有了自己的公司和产品。可是，他的手下居然发动"政变"，把他从自己的公司扫地出门。跌了这样的大跟头，乔布斯不过淡然一笑，又开始重新创业。不久，机会来了，他原来的公司终于看到了他的价值，又请他回去主持大局。从此，乔布斯便如鱼得水，大显身手，事业一路高歌，奇迹接连出现，他的产品影响了整个世界。

《菜根谭》说得好："得意时论地谈天，俱是水底捞月；拂意时吞冰啮雪，才为火内栽莲。"就是说，作为一个修行人，处处顺境，就得不到真实修行；必须要在逆境中才能够有所成就。作为一个创业人，不经失败，不跌跟头，没有跌倒也要笑的精神，也不会真正成熟。只有在跌倒的时候仍然能够直面南天，能够仰天长笑，才能成为一个真正的强者，才能成为一个成功者。

推荐理由：此文写的几个人物很有代表性，文中也不乏表达深刻、引人深思的句子，与课文所表达的意思大体相同，可以帮助学生面对挫折和困难，做一个真正的强者。

使用建议：课堂教学中可以节选一段话请学生阅读，比如苏东坡、曹操这些学生耳熟能详的人物，了解他们是如何面对挫折的。其余部分可以课后阅读。对于文中自己感触颇深的句子，建议学生积累背诵。

推荐阅读文章主要是为了做课文学习的辅助，练习和巩固读法或写法，扩大阅读量，改变以往就课文讲课文、学后不练、阅读量不足的现状。不同的推荐文章作用不同，具体作用的发挥由教师、学生及课文的不同而定。

如果做练习和巩固读法或写法之用，应坚持用课文学方法，用推荐文章练手的思路，通过课文阅读举一反三，或举三反一，即通过学习一篇课文或者通过几篇课文的学习（比如一个板块的几篇课文放在一起阅读）来获得基本的方法，然后借助与课文内容相联系的推荐阅读文章加以练习和巩固。如果做课文学习的辅助，即帮助学生理解课文，要随机引入课堂教学中或者课前阅读，比如关于课文背景的介绍、原文的介绍以及同主题内容的介绍等等。如果是为了扩大阅读量，建议课后让学生自行阅读即可，有的可以积累背诵，丰富学生的语言库。

在选用阅读文章时，既应尊重推荐人的劳动成果，也要注意如果不适用，可以放弃另选。同时，对于阅读能力强的学生，可以篇篇阅读；阅读能力一般或较差的，选一篇读，或选片段读。尊重学生的差异，保证每人都读有所值，读有所获。提倡精读精练，不做统一要求。事实上，在课外（指课文之外）阅读这一问题上，到任何时候都不能一刀切。

推荐文章，不是要求篇篇用篇篇读，而是择优而用；不是仅限于推荐的，而是允许用其他；不是都放在课后读，而是主要用于课内，由课内带课内，再适当带课外。推荐多篇文章的目的在于教老师更多的选择机会，保证不同基础的师生都有文章可选可读。

（二）推荐阅读书目

《语文课程标准（2011 年版）》在课外阅读量上做了具体规定，第一学段不少于 5 万字，第二学段不少于 40 万字，第三学段不少于 100 万字，并在附录 2 "关于课外读物的建议" 部分推介了一些书目。依据这些要求，针对农村小学实际状况，我向各年级推荐 "必读书目" 和 "选读书目"，本着 "慢起步，稳发展" 的原则，每学期只推荐 50 本基础书目。

以各年级下册为例：

小学生阅读行动计划各年级下册推荐阅读书目

年级	书 目			
	必 读	选 读		
		文学类	科学类	人文类
一年级下学期	《蝴蝶·豌豆花——中国经典童诗》（冰心、叶圣陶、金波等）《动物王国大探秘》（[英]茉莉亚·布鲁斯/文，兰·杰克逊/图）	《百岁童谣》（山曼）《我想去看海（不一样的卡梅拉）》[法]约里波瓦《曹操上学了》、《千人啦啦队》（段立欣）	《濒临危机的动物（第一次发现）》（[法]雨果/绘）	《三字经·千字文·弟子规》（郝光明、罗荣海、王军丽）
二年级下学期	《中国神话故事》（聂作平）《木偶奇遇记》（[意大利]卡洛·科洛迪）	《寻找快活林》（杨红樱）《月光下的肚肚狼》（冰波）		
三年级下学期	《中国古今寓言》《让孩子着迷的77×2个经典科学游戏》（[日]后藤道夫）	《千家诗》（谢枋德、王相）《三毛流浪记》（张乐平）《不好玩的未来》、《预言日记本》（段立欣）	《100个神奇的实验》（[德]安提亚·赛安艾克·冯格）	《成语故事》（李新武）《书的故事》（[苏联]伊林）
四年级下学期	《红岩》（罗广斌、杨益言）《讲给孩子的中国地理》（刘兴诗）	《武松打虎》（刘继卣）《舒克贝塔航空公司》（郑渊洁）《丁丁历险记》（[比利时]埃尔热）	《我的第一本科学漫画书》（[韩]洪在彻等）	《孩子的美德书》[美]威廉J.本内特）
五年级下学期	《快乐王子集》（[英]王尔德）《孔子的故事》（李长之）《奇妙的数王国》（李毓佩）	《笠翁对韵》（李渔）《毛泽东诗词》《我的妈妈是精灵》（陈丹燕）《绘本聊斋》（蒲松龄著，马兰、王育生等改编）	《叶永烈讲述科学家故事100个》（叶永烈）《森林报》[苏联]维·比安基	《我们的母亲叫中国》（苏叔阳）《老子说·庄子说》（蔡志忠）《居里夫人的故事》（[英]杜尔利）
六年级下学期	《昆虫记》[法]法布尔）《三国演义（青少版）》《听见颜色的女孩》[美]莎朗·德蕾珀	《寄小读者》（冰心）《狼王梦》（沈石溪）《汤姆·索亚历险记》[美]马克·吐温）《哈利波特与魔法石》（[英]罗琳）《钢铁是怎样炼成的》（[俄]奥斯特洛夫斯基）	《万物简史（少儿版）》（[英]布莱森）	《贝多芬传（青少版）》

这些书目的选用主要遵循以下原则：

第一，汲取和借鉴。

首先落实课程标准要求。如课标提出要读安徒生童话、格林童话、《稻草人》、《宝葫芦的秘密》、《伊索寓言》等，于是把它们放在相应的年级里。同时，在汲取以往经验的基础上借鉴了人教社和新教育发起的《中国小学生基础阅读书目导读手册》。该手册推荐 100 种书目，都是经过广泛调查，在不同地区的多所学校进行试读，召开专家论证和咨询会，得到社会各界广泛支持的基础上提出来的。除此，也借鉴了省市名校的推荐书目以及窦桂梅老师的推荐书目。应该说，他们以及一直倡导和推动阅读的许多名师的实践成果是我们的宝贵财富。这为我在浩瀚的书海里找寻好书提供了重要的保证，少走弯路，让这份推荐阅读书目也更有底气地说：好书不都在这里，但这里都是好书中的好书。

在必读书目的数量上，我充分征求广大教师的意见，仍然坚持一至四年级各两本，五、六年级各三本。虽然对于阅读能力强的学生来说远远不能满足他们的需要，但为了照顾整体，兼顾每一个学生，而且阅读行动刚刚起步，所以目前仍旧保持这个数量。对于读有余力的学生，教师要大力鼓励他们阅读每一本选读书，那些都是书海里的精品。

同时，考虑到有些书目无法明确哪个年级阅读最合适，各校学生的实际阅读能力也参差不齐，所以我按照第一、二、三学段来安排选读书目，避免绝对化，增强普适性。选读的量比较大，是着眼于增大其选择性。

第二，兼容和同步。

这是指阅读书目和教材内容的紧密结合，即让推荐书目尤其是必读书目和板块主题（或板块相关内容）整合，增强读书的必要性，和语文教学齐步走，帮助教师提高教学效率，让书籍的阅读成为教师教学的帮手，而不是负担。主要有几个结合点：

（1）和板块主题结合。比如四年级下册，针对"绿的世界"、"名园·水乡"、"诗人的足迹"等板块安排了《讲给孩子的中国地理》（刘兴诗）一书，这必将有助于学生了解我们辽阔广大的祖国，激发他们对祖国山水的热爱之情以及努力学习的远大志向。针对"读书趣话"这一板块，安排了《书的故事》、《三毛流浪记》等书。

（2）和某些课文结合。如五年级上册教材有《高尚的行为》一文，所以必读书目安排了亚米契斯的《爱的教育》；有《骑在白鹅的背上》两篇课文，所以必读书目安排了拉格洛芙的《尼尔斯骑鹅旅行记》。五年级下册，针对《快乐王子（一）》和《快乐王子（二）》两篇课文，安排了《快乐王子集》；针对《论语》四则，安排了《孔子的故事》，也为六年级继续学习《论语》做好铺垫。六年级上册教材中有"《西游记》与《水浒传》"这一板块，所以必读书目安排了阅读这两部名著。六年级下册针对《用奇谋孔明借箭（节选）》一课安排了《三国演义》（青少版）。关于此名著阅读，只需简要涉猎即可，旨为学习课文提供帮助，也为学生与初中接轨打下基础，不建议高难度的名著阅读。

（3）和表达内容结合。比如三年级下册针对"走进科学"这一板块，尤其是本板块表达《我们的实验》，安排了《让孩子着迷的 77×2 个经典科学游戏》一书。阅读此书，可以帮助学生丰富科学知识，扩大阅读量，产生好奇心、创造欲等，还可以为此次表达提供多种资源，减轻作文教学的难度，使学生有东西可写，有兴趣做游戏，一举多得。

（4）和综合学习活动结合。比如一年级下册，针对综合学习活动《动物天地》安排了《动物王国大探秘》，这也符合其他板块内容的学习。四年级下册，针对综合学习活动《走进红岩》安排了必读书目《红岩》。阅读此书是开展好此次综合学习的保障。另外《中国神话故事》在上学期作为一年级的必读书目，但要求是注音版。而下学期，由于二年级教材有"神话"这一板块，课后习题有"找故事，讲一讲"，为了提高教学质量，此次强调读聂作平的《中国神话故事》一书，又提高了一个层次和要求。

第三，扩大和强化。

即打破以往多数在故事类书籍上做文章的做法，扩大书目的外延，尤其关注其他学科的阅读，强化对学生价值观的帮助。比如安排了数学方面的书籍《奇妙的数王国》。另外，把人类最重要的爱、坚强、乐观、自信、爱国、尊重、宽容等品质通过书籍带给学生，比如六年级下册的必读书目《听见颜色的孩子》，三、四年级的选读书目《孩子的美德书》，五、六年级的选读书目《我们的母亲叫中国》。同时将《老子说·庄子说》、《千家诗》、《笠翁对韵》等传统经典纳入其中，尤其是将《孔子的故事》作为五年级的必读书目，帮助学生了解孔子的故事，为学习《论语》以及初中的语文学习夯实基础。

由此，推荐书目范围已大大丰盈，力争实现语文学科作为基础学科的功能。苏霍姆林斯基曾经在《给教师的建议》里提到，"阅读是对学习困难学生进行智育教育的重要手段。学生学习越感到困难，他在脑力劳动中遇到的困难越多，他就越需要多阅读：正像敏感度差的照相底片需要较长时间的曝光一样，学习成绩差的学生的头脑也需要科学知识之光给以更鲜明、更长久的照耀。不要靠补课，而要靠阅读、阅读、再阅读。"阅读，我们不仅要把目光放在提高学生的语文水平上，更要放在提高学生的智力水平，激发学生对学习的强烈兴趣，尤其是培养学生良好的价值观和文化信念上，给学生一个与好书为伴的小学生涯。

推荐阅读文章也好，书目也罢，本意都是推荐，目的是推动学校大力开展学生阅读活动，扩大学生阅读量，让他们多读书，读好书。但到底哪些是好书，哪些是孩子们真正喜欢读的书，还需要我们共同的实践验证。世界上的好书不胜枚举，也不是此推荐所能涵盖的。总之，要先带领学生读进去，正如于永正所说："对于学生的读书，不要太相信诱导，仅仅靠诱导是无法形成阅读兴趣的。一开始总要强迫，在老师的要求下开始阅读，逐渐读进去，有了收获，尝到了甜头，才可能有兴趣。"

（三）板块备课

学生的阅读文章有了，书目有了，他们何时读？怎么读？制约小学生阅读行动深入实施的因素有哪些？……沿着这样一个路径，我又陷入了思考。

都拿到课外（或校外）读？前提应是学生已掌握了一定的阅读方法，且有浓厚的阅读兴趣，另外家长能够帮助和指导学生阅读。反过来看我们的学生，不读书的暂且不提，读书的也多数囫囵吞枣，不得章法。农村家庭也有其独有的特点，家长对学生阅读重视程度不够，经济条件也有限，尤其是阅读指导无法实现（或与城市比相去甚远）。由此看，不能把课外阅读的事完全推到课外尤其是校外去。

课堂上读？语文课时有限，教材里的教学内容繁多……受多种因素影响，语文教师囿于课文内容烦琐分析，课堂上经常出现大量的提问和讲解，教学目标也多。语文课时用于课文教学还不够足，哪里有时间在课堂上进行课文之外的阅读？但从理性的角度看，我们的语文课堂真的不能适时满足学生除课文之外的阅读需要吗？反过来说，即便要求学生在课堂上读，怎么读？老师如何指导？读完之后做什么？……

这样看来，如果不能解决课堂阅读教学的问题，不能使学生掌握阅读的方法，推荐阅读文章和推荐书目大抵形同虚设，或者说无法保证阅读的质量。

那么，课堂阅读教学的症结在哪里？

第一，教材解读不到位。现行教材的主题编排方式要求教师必须超越单篇课文的隔断，回到一个整体性的视野中来整合各部分设计教学。但多数教师往往只见树木不见森林，只限于对单个文本的细枝末节的分析，缺少板块以及整册教材的整合意识，缺少年级之间的前后衔接，即同一板块内容之间和不同板块之间不能有效地互补和连接，学生看不到语文学习这个整体。用活教材，灵活调用各种资源，解读语文学习内容本身的整体性、系统性、内在的层次性，在许多教师的能力和视野范畴内还远远不能实现。

第二，目标确定较多。许多教师刻意地体现目标的三维，哪个也舍不得丢弃，结果导致课堂教学目标一大堆，教学时平均使用力量，缺乏核心目标，这是阅读教学一个比较突显的问题。意大利经济学家帕累托认为，在任何一组东西中，最重要的只占其中一小部分，约20％，其余80％尽管是多数，却是次要的。这给我们一个启示，即应把主要精力花在解决主要问题、抓主要项目上，纲举目张。目标的确定亦如此。减少目标，抓主要目标，不就能节省出时间用于其他阅读了吗？

第三，关注点的偏离。即对学生主体的关注还远远不够。阅读教学中，教师更多的是从主观的、自我理解的角度出发，关注问题的提出、学生回答问题的程度、环节的过度与教学的顺畅、自身的表现等，把课堂当秀场，却很少去关注学生应该学什么，怎么学，学到哪里会出现困难和障碍，作为教师应如何提供帮助，学生学得是否愉悦，是否都在原有基础上得到提高，等等。总之，我们的阅读课堂更多的还是教堂，而非学堂，不能根据学生的阅读需要来上课，教学的起点不能契合他们的起点。仅凭教师自己的想当然，又如何能给学生一个广阔的阅读天地？学生又如何能获得更多的阅读方法，从而实现自能读书？

"'打包'板块，明晰板块学习主题，减少板块内每部分内容的教学目标，帮助学生初步掌握阅读的基本方法，在实践中学习和运用语文"这一想法在与同事及几所基层学校业务领导和骨干教师的不断交流和论证中日趋成熟。

说干就干，于是，自2013年3月开始，我组织各级骨干教师形成名师团队，开始了板块备课活动。主要解决三个问题：

（1）改变阅读教学只学课文不进行拓展阅读的传统习惯，尽量为学生创造课堂阅读的时间和机会，不把课外阅读这件事寄望于课堂之外尤其是校外。每个板块另外安排一节课外阅读课，开展阅读指导、阅读交流等活动，满足学生的阅读需求。

（2）打破以往单篇课文的备课方式，明晰板块和课文及其他教学内容的目标，明确语文教学方向，提高备课质量。"工欲善其事，必先利其器"，备课这一环节不过关，就无法向40分钟要质量。

（3）调整学生学的方式和教师教的方式，科学实施教学，推进导学教学模式，把握语文教学思路，提高小学生语文素养。

以五年级上册第三板块为例：

板块目标解读表

板块	五年级上册第三板块
板块内容	本板块包括三篇课文《有的人——纪念鲁迅有感》、《跌倒》、《高尚的行为》，一次表达《为他（她）"话"像》和一次综合学习活动《关注身边的人》。
人文主题	做人。
学习主题	体会对比、象征、衬托等表现手法对刻画人物和表达情感的作用，并学习运用。
学习主题确定的依据	1. 教材特点 　　本板块的全部内容都与人有关。第一篇课文采用对比的手法颂扬了鲁迅战斗而伟大的一生，第二篇课文采用象征的手法写了人要正确面对挫折，第三篇课文采用衬托的手法刻画了勇敢侠义的卡罗纳、懦弱可怜的科罗西等人物形象。表达是写印象深刻的人，综合学习活动是通过观察、搜集等实践活动来了解不同行业、不同年龄的千千万万的人。 　　综上，本板块的核心是表达写人，三篇课文从不同角度表现人，综合学习活动有助于学生写好此次作文。因此，学习主题定位在运用上，即借鉴课文的表现手法，借助综合学习活动，来尝试几种表现手法的运用，在此基础上启发学生如何做人。 　　2. 课程标准学段目标 　　与本板块相关的有："体会作者的思想感情，初步领悟文章的基本表达方法"；"阅读诗歌，大体把握诗意，想象诗歌描述的情境，体会作品的情感。受到优秀作品的感染和激励，向往和追求美好的理想"；"阅读叙事性作品，了解事件梗概，能简单描述自己印象最深的场景、人物、细节，说出自己的喜爱、憎恶、崇敬、向往、同情等感受"；"扩大阅读量"；"养成留心观察周围事物的习惯，写简单的纪实作文，根据内容的需要分段表述，珍视自己独特的感受"等。针对本板块的特点和学生需求，把学习主题指向"初步领悟文章的基本表达方法"，即写法上。 　　3. 与其他板块的连接 　　第四板块"往事难忘"、第五板块"走进童话"、第八板块"挚爱亲情"等都涉及了人物的动作、神态、语言等方面，所以本板块把着重点放在对比、象征、衬托等表现手法上。各板块重点不同，前后相连，通力合作。

课型	题目	目标
精读	《关注身边的人》、《有的人》（2课时）	第一课时： 1. 介绍本板块内容。布置综合学习活动"关注身边的人"的主题任务，提供给学生基本的活动工具，提出相关要求。 2. 正确、流利地朗读课文《有的人》，认识4个生字，会写6个字，初步了解课文大意。 第二课时： 1. 有感情地朗读课文，理解"呵"、"俯下"、"不朽"、"摔垮"等词语背后的意思，体会作品情感，受到感染和激励。 2. 了解文章对比的表现手法，体会这种写法对凸显人物的重要作用。 3. 拓展阅读《某人》，并指导学生小练笔。

（续表）

分解到每部分的任务和目标（原11课时，统整后为9课时）	略读	《跌倒》（1课时）	1. 认识1个生字，会写2个字。 2. 有感情地朗读课文，大体把握诗意：遇到困难和挫折要勇敢站起来。 3. 了解课文象征的表现手法并体会其作用。拓展阅读《礁石》，并指导学生小练笔。
	精读	《高尚的行为》（2课时）	第一课时： 1. 认识12个生字，会写7个字。 2. 正确、流利地朗读课文，初步了解文章主要内容，理清文章层次。 第二课时： 1. 抓住"祈求"、"变本加厉"、"卑鄙"、"宽恕"等重点词语和重点段落，理解课文内容，体会卡罗纳等几个人物的心理活动。 2. 了解衬托手法在本文中的运用。 3. 推荐阅读《爱的教育》。
	课外阅读	《爱的教育》阅读指导（1课时）	1. 激发学生阅读这本名著的兴趣。 2. 选取重点章节指导阅读。
	表达与综合学习活动	二者整合。先开展"关注身边的人"的活动，然后进行表达《为他（她）"话"像》（3课时）	第一课时：分组汇报综合学习活动成果，通过交流了解不同人物有不同的特点和内心世界。 第二课时：运用本板块所学的描写人物的方法写自己近段关注的印象深刻的人。 第三课时：采取自改、互改等办法修改习作，进行习作评点，完成此次作文。

　　每部分教学内容均以导学表呈现，突出教学方式的改变。以《跌倒》一课为例（其中设计意图略）：

课题	跌倒		设计人：卢少璞	指导者：吴云海
教材解读	课文是一首清丽、短小、富有哲理的现代诗，以跌倒为主题，借助对事物的描写引发读者思考当人生面对困难、处于逆境的时候应当怎样面对，从而启发人们明白要学会勇敢坚强，要学会站起来坚持奋斗。 　　全诗两个小节，第一小节以风、云、太阳为例，说明事物都有好坏两个方面，为后面表现诗歌的主题做了很好的铺垫。第二小节直接以不再害怕跌倒为核心思想，表达诗歌的中心。这首诗运用了象征的表现手法，以跌倒的比喻义贯穿始终，表现主题。 　　课文短小，意思也不难理解，只有一个要求认识的生字，因此作为略读。			
学情分析	经历了第二学段的学习，升入小学五年级的学生能够对一篇文章的内容有一个基本的把握，课文又很短小，意思明了，所以对了解课文大意不成问题。但他们对象征写作手法接触较少，在以往的学习中也并没有明确提出来，所以在理解上会有一定的难度。			

（续表）

课时教学目标	1. 有感情地诵读课文，领悟"跌倒"的含义，知道跌到了要勇敢地站起来。 2. 初步了解象征的表现手法，体会其好处。 3. 拓展阅读《礁石》，进一步体会象征手法，写一写自己的诗《跌倒》。		
教学重点、难点	重点：领悟"跌倒"的深刻含义。 难点：初步了解象征的表现手法，体会其好处。		
教学准备	师	准备一篇拓展阅读《礁石》，做 PPT 课件以及背景音乐。	

教学准备	生	1. 读三遍课文，不懂的词语查词典； 2. 认识生字"谧"，写一写"滋润"； 3. 尝试填写《学习单》：

谁跌倒了	它跌倒的意思	跌倒的结果

导学流程	学生活动	教师活动
	·简单了解作者 ·读文或听读	一、检测课前读书情况 1. 板书课题，简介作者。 2. 指导学生把课文读得正确、流利。 ·指名读课文，关注生字词是否能读准，节奏是否能读好，适当范读。 ·随机了解对"静谧"一词意思的推想。 二、理解文意，体会写法 师：一般地，一篇文章要表现的大致有三个问题：写了什么？为什么写？怎样写的？有的问题很容易就能知道，有的问题要细细地品味才行。
	·拿出自己的学习单，和小组同学交流一下，然后汇报给大家 ·默读第二小节，用关联词语把全诗统整起来 ·读课题，联系全诗，体会"跌	1. 解决前两个问题：写了什么？为什么写？（作者要告诉我们什么） (1) 交流学习单。 ·交流的过程中引导学生抓住关键词，并读出相关的语句。 师小结：作者写的是三种自然景物，它们的跌倒其实代表了一种改变或消失，看似很可惜，但是结果都转化成另外一种更美的景致。 (2) 默读第二小节，明白作者要告诉我们什么。 ·用"因为……所以……"的句式把这首诗读一遍。 师小结：解决这个问题，我们要抓住"所以"这个关键词，抓关键词是理解课文的一种好方法。 2. 初步体会"跌倒"的象征意义。 ·回头读课题：你觉得"跌倒"仅仅是指摔倒吗？它还可以指什么？"用最美丽的身姿站起来"又指什么呢？ 师小结：读着读着，我们就从"跌倒"中体会到了，读着读着我们就从"用最美丽的身姿站起来"中体会到了，而这些才是作者最终要告诉我们的。看来对于一些关键词我们不仅要关注词语的表面意思，还要关注它背后的含义。

（续表）

导学流程	倒"背后的含义 · 反复读第二小节，读懂诗人的意思 · 读《蒲松龄落第撰巨著》，和课文比较不同 · 读《礁石》，体会象征手法的作用	· 引读第二小节，师说前面，请学生接读第二小节： 就让我们以作者的口吻告诉大家—— 请你轻声地把这种体会告诉自己—— 让我们把自己的这种体会再告诉别人—— 3. 解决第三个问题：作者是怎样写的？ 研究作者是怎样写的，这个问题稍难，老师帮帮大家。 · 出示课外阅读《蒲松龄落第撰巨著》 自读，这篇小文章写了什么？这个小故事要告诉我们什么？这个小故事是怎样写的？ 师：与《跌倒》这首小诗进行对比：《跌倒》这首小诗同样要告诉我们这样一点，但是作者写人的困难、挫折了吗？写遇到困难要勇敢、坚强了吗？作者把这些看似深奥的道理通过一些很常见的自然界景物的变化就表现出来了。像这样把一些抽象的道理用具体的、直观的事物或现象来表现，就是象征。以后的语文学习中，我们还会慢慢接触到。 三、拓展阅读，进行仿写 1. 出示推荐阅读文章《礁石》。 交流：这首小诗写的是什么？你觉得作者要告诉我们什么？作者直接告诉我们了吗？这是什么写法？ 2. 仿写，运用象征手法来写诗。 出示：
	· 仿写全诗	<div align="center">跌　　倒</div><div align="center">作者（　　）</div>_____，跌倒了 才有了_____ _____，跌倒了 才有了_____ _____，跌倒了 才有了_____ 所以 让我们不再害怕跌倒 让我们在跌倒时 用最美丽的姿势 站起来
	· 把自己的诗读给大家听	· 学生练写 · 交流评价（几名） · 展示其他诗作（课件音乐） 板书设计： 跌倒 { 困难 挫折 磨难…… 站起来 { 坚强 勇敢 乐观…… } 象征

通过所有成员的辛勤劳动，板块备课活动已初战告捷，但小学生阅读行动计划工作还远远没有完结。今后还会根据实际需要开展相应的活动，尤其是在问题解决和经验分享方面。

我们的行动还在继续，我们需要在实践的过程中不断完善。

我们的力量也还不够强大，但每个人都在不懈地努力。

很喜欢中国教育报《他们因推广阅读而改变明天》一文中的一段话：

> 一本书加一本书，
> 改变着一个孩子；
> 一个人加一个人，
> 改变着一所学校。
> 一所学校加一所学校，
> 改变着中国的教育。
> 这些四处奔忙的阅读推广人，
> 使越来越多的人看到了经典书籍之于自己、之于孩子的重要性。
> 让好书浸润孩子的心灵，
> 某种意义上也在改变着中国的明天。

我是吉林省第一批小学语文名师工作室的成员。2011 年 10 月，工作室计划开展一次教学交流活动，后来名为"吉林市小学作文教学高峰论坛"。活动前夕，工作室主持人在网上要求成员主动报名上课。我见大家都不言语，于是写下："你们如果不上，那我可上了，呵呵。"诚然，这主要出于支持主持人工作。

意料之外，几天后，主持人打电话让我报课。那一刻，心里蛮犹豫的。给学生上课是我的弱项，着实冒险。后来我笑道："假如课上得失败，真是把脸丢到吉林市去了。"

但放弃磨炼和成长的机会非我本性。而且我也在想，即便失败又如何呢？最后的受益者还是我。我决定大胆实践，于是有了下面这堂课，以及在备课、上课后的点滴感悟。

可喜的是，此课于 2012 年 10 月被评为吉林省基础教育课程与教学资源库首批优秀教学课例。

从生活中来，到生活中去
——《画里有"话"》习作指导课教学设计

【教材简析】

《画里有"话"》是长春版小学语文五年级上册第五板块的一次表达。教材主要呈现了四幅漫画，分别是"慈父"、"溺爱"、"耍赖"和"早有预防"。它们既各自独立存在，又表达了一个观点：从父母的角度看，既不要溺爱孩子而满足孩子的要求，包办代替，也不能过于严厉，导致孩子行为的胆怯。作为孩子，不能向父母提出不合理的要求，不能耍无赖，恃宠而骄。面对父母的娇惯或严厉管束，要提出自己的合理想法，学会与父母沟通。本次表达属于书面表达，主要是帮助学生学写漫画作文，并使学生受到良好的价值观教育。

【学情分析】

五年级小学生对看图写话、写生活中的事、写感受等并不陌生，都有过相关的练笔和积累，这是写此次漫画作文良好的基础，也是采取片段连接策略的前提。但他们以往习惯于看图创编故事，另外对此次漫画主题来说，他们缺少观察和思考生活的能力和视角，缺少对自我行为和他人行为的一种反思。在多数学生看来，父母的溺爱是天经地义的，是孩子应该享受的，他们意识不到不当的家庭教育给个人成长、家庭和社会所带来的危害。这是此次习作指导课着力关注的一个方面。

【设计理念】

创造性使用教材，落实生活作文理念，即超越课堂，超越教材，密切作文与生活的联系，提高习作教学的生活化，培养学生在生活里学语文、用语文的意识和能力，使学生"懂得写作是为了自我表达和与人交流"。

实施片段连接，建立习作策略，即引领学生在读懂漫画、联系生活和漫谈感受的基础上，通过连接策略体会写漫画作文与图画作文的不同，从而抓住漫画幽默和讽刺的特点，学会写漫画作文，享受漫画带来的视觉感受和思维乐趣。

【教学资源开发】

课外有许多反映家庭教育方式不当的漫画，以及相关的文章和生活里的事例，这些都是本课教学不可多得的资源，所以课前请学生开展观察、搜集和整理活动。教师也准备两篇阅读文（即范文）和三幅漫画，一篇是教师自写，另一篇则来自学生，力图从不同角度、不同思路来启发学生，发挥资源的作用。

【教学方法设计】

以自主学习法为主，以过程教学法为辅，即充分调动和激发学生自主习作的兴趣，通过写三个片段使他们经历写漫画作文的几个基本过程。教师采取连接策略，提供多种思路图，帮助学生穿线，使学生将围绕一个主题而写的三个片段连接成文，整理和发展他们的思维，体验习作行云流水般的快乐。

教学目标：

1. 读懂漫画，明确漫画所要表达的观点；联系生活实际发表自己对漫画的看法，体会作者的用意；了解怎样写漫画作文，根据需求学习画作文思路图。

2. 积累和巩固通过抓题目，观察人物动作、神态等读懂漫画的方法；在连续写三个片段的过程中体会连段成篇的方法。

3. 要懂得正确对待父母的溺爱，不恃宠而骄，学习与父母沟通。

教学流程：

（一）了解预习，交流漫画

1. 课前预习自评

出示自评卡，请学生汇报。

自评卡：
- 是否阅读了教材中的四幅漫画；
- 是否观察了类似的生活现象；
- 是否搜集了相关的漫画和文章。

【设计意图：《语文课程标准（2011年版）》明确提出要使学生"养成良好的语文学习习惯"。预习，是其中重要一项。此环节既可以实现预习有要求，有检查，有建议，而且重点是使接下来的课堂教学活动充分建立在学生已有的知识和经验基础上，实现以学定教。】

2．漫画交流与分享

（1）师：说起观察啊，它可是语文学习尤其是写文章的一项法宝。那么通过这几天的观察，你们是否发现了这样一些生活现象？漫画家看到了，把它们画了下来。

出示两幅课外同主题漫画，让学生体验漫画的幽默和讽刺，激发阅读漫画的兴趣和欲望。

【设计意图：从生活现象入手，激发学生阅读漫画的兴趣，引导学生观察生活，积累习作素材，并懂得漫画家正是由于善于观察生活现象，才有了这些妙趣横生而又富有讽刺意味的漫画。】

（2）出示教材中的漫画，选择第二幅漫画，找两名学生说说这幅漫画画了什么。

（3）师：把你搜集到的漫画与小组同学交流，说一说它们的主要内容。

【设计意图：选择重点漫画说图意，再与小组同学说搜集到的漫画图意。循序渐进地说漫画，为下一步写做好铺垫。】

（二）过三关，写评改同步

1．第一关：写漫画

（1）进入第一关，请学生任意选择其中一幅漫画（可以是教材中的，也可以是课外自己搜集的），在第一张习作卡上用一段精练的话写出这幅漫画的内容。出示自写提示：

- 建议开头：漫画《×××》画的是……

·注意漫画的题目，观察人物的动作、神态，猜想人物的内心世界。

·写完后自己读两遍。

（2）学生动笔写，教师巡视，发现问题随机指导。

（3）找一名学生读，其他学生放下笔认真倾听，然后评改（围绕是否写清楚了）。

2．第二关：写生活

（1）师：漫画家真的很了不起，他们用一双善于观察的眼睛，用手中的笔将生活里的发现画了下来。你们呢？你看到这样的漫画，是否想起了生活中的一些事或一些人呢？和小组同学说一说。

（2）进入第二关，请学生把知道的人和事用一段话写在第二张卡片上。出示自写提示：

·要使这件事和第一关中所写漫画表达的意思一致。

·写完后自己读两遍。

学生动笔写，教师巡视，随机指导。

师：看到你们写的，我真是深有感触。是啊，生活当中这样的事不胜枚举，你们看到了，听到了，观察到了，真好。我们一定要养成留心观察周围事物的习惯。

3．第三关：写感受

（1）师：此时此刻，我对一件事情很好奇：如果让漫画中的故事发展下去，或者生活里父母溺爱孩子、孩子要赖等事发展下去，结果会怎样呢？结合你们课前搜集的资料，大家来做一次推想。

【设计意图：推想，是课程标准对第三学段阅读教学的要求。语文教学要实现各个领域的整合，针对这几幅漫画的特点要求学生推想，既能使学生认识到溺爱的后果，让学生受到内心的触动，又可以训练学生的推想能力。】

（2）出示课前搜集的两个体现溺爱危害的故事，与学生一同默读。

（3）师：此时此刻，你想写点什么？请你拿起笔，把你的想法原原本本地写在第三张卡片上。出示自选超市：

·写写感受。

·写写观点。

·写给自己（或父母，或别的孩子……）的一段话。

·写完后自己读两遍。

（4）角色互换。

师：老师就是天下父母，写给父母的同学把你的话读给我听。（再换：老师是孩子）

（三）研究思路，实施连接

1. 师生同整理，提出问题

师：同学们，写到这，我想大家应该一同整理一下刚才我们都写了什么。（随机板书）还可以写别的话，但我们暂时写这些。那么怎样把它们连成文章呢？你来研究研究。出示自写提示：

· 保证段落之间的意思连贯。

· 起个合适的题目。

· 还可填入其他内容。

2. 动笔成文，以需施教

学生动笔，教师观察学生情况。如果发现有困难的同学，向他们发信封，请他阅读里面的文章和思路图，并试着画画自己的思路图。

【设计意图：对于部分优等学生，他们已经不需要具体指导，直接可以连段成篇，那么鼓励这部分学生自由表达。对于那些对布局谋篇还较欠缺的学困生，则通过下发信封里的阅读文（即范文）帮助他们开拓思路，实现真正的以需施教，因材施教。】

3. 共同欣赏

师：一笔一纸写汉字，几行几段成文章。真好！请一名同学读你的文章。

交流：他的行文思路是怎样的？你们有怎样不同的观点？

总结：大家的思路有所不同，但只要文从字顺，自己想得通，别人听得懂，就不失为一篇好文章，因为写作文是为了自我表达和与人交流。

（四）总结全课，拓展延伸

1. 师：今天你们一边闯关，一边和老师一起研究了一个重要的话题：写漫画作文。漫画作文不是普通的看图作文，因为大凡漫画都具有引人开怀、发人深思、启人心智的特点，所以写这个主题的作文要联系生活里的事例，加入自己的思考和启示。（完成板书）读懂了画里的"话"，我们才会增长智慧。

2. 师：课后，请你们认真修改自己的文章，先默读或朗读，一边读一边改，再和同学互相改一改，最后读给你们的父母或者你希望听到的人听，让他们懂得你的想法。最后，我祝福你们享受父母真正的爱，祝福你们的家庭更加温馨，祝福你们健康而茁壮地成长。

【设计意图：开课时从生活中引出本课话题，此时结尾再提生活，体现作文从生活中来又到生活中去的思想，使学生体会文字的妙处。在经历自改互改的基础上，把自己的想法与他人交流，实现写作是为了表达思想和与人交流的目的。】

在吉林市小学语文习作教学高峰论坛上，我执教了一节作文课。普遍地说，教研员"下水"是件较为冒险的事，我也曾担心过失败。但经历是宝贵的财富，无论得失，我都赚了。

"教而不研则浅，研而不教则空"，要做就做一名眼高手高的教研员，就如于永正老师那样。这在我看来，是何等的幸福！

附：

备 课 札 记

躬身求之，才得以成

想起刚从师范毕业时教初中语文，也常写范文，但那已是很久远的事了。今天再来写一写漫画作文，甚感生涩，于窗前停伫半晌，不知如何下笔。

暂试之。

儿子月考成绩下来了，呈下降趋势。爸爸调侃道："你这名次和我车牌号相似了。"然后又不咸不淡地指责了他几句。儿子默默无语，自顾去写作业了。尽管看上去无所谓的样子，但我知道他心里是有压力的，从考试结束时我便发觉了，尤其是第一科成绩出来，他每天晚上学习的时间无限延长，也悄悄地早起做题。由此，我并没责怪他，只告诉他要把考试当作检验学习效率的过程，当成检验自己学科薄弱点的工具，所以考不好反而是好事。

是啊，批评和打骂都不是上策。

我想起刚刚看过的一幅漫画，题目叫"早有预防"。画的是一个小男孩考试打了2分，因为担心父亲责打，于是找来一根长长的木棍，把考试卷拴在木棍的一头，自己握着另一头递给父亲，远远地呆立着不敢说话。他看上去胆怯极了，眼睛似乎不敢看父亲，只在心里暗暗地祈祷：千万别骂我，更别打我。他的身体稍稍向前倾，似乎在准备着随时躲掉，以逃避父亲的拳头。父亲也在呆呆地看着试卷上的分数，不知他此时是怎样的想法。一副眼镜，一个书架，一张报纸，看上去他也该是一位博学的人。

通过小男孩的行为不难断定这位父亲在平日里一定很是严格，尤其对待孩子的学习要求高，致使孩子考不好试便担心父亲打骂，才想出这个令人啼笑皆非的办法。早有预防，预防的是父亲的批评甚至是暴打，但木棍，拉开的是父子之间的亲情。

斥责和打骂只能换来孩子的排斥和远离。

论语里有句话叫："过而不改，是谓过矣。"意思是有了错误而不改正，这便真叫错误了。我们希望漫画中的父亲能够改过自新，与孩子建立起和谐温暖的父子关系，让我们看到一份浓浓的相亲相爱的父子情。

这样写下来，确实发现了一些写漫画作文的门道，比如不需对漫画做较多文字的长篇累赘，自己的观点要明确。此漫画在引人发笑的同时更加侧重于发人深思，那么引发自己的哪些思考，这一点要写清。还有，由于每个人思考问题的角度不同，思路也不尽相同。比如今天恰好儿子月考有问题，于是我从此切入。当然，最常见的写法是从漫画内容开始，想必孩子们多数如此。

这次亲自备课对我的触动极大。想指导学生写好作文，自己要亲自写一写；想指导教师上好课，也要自己亲自备一备。躬身求之，才得以成。

恋上你，课

从试教学校回来，感慨良多。

急切之心溢于言表。如果说原来还自我感觉良好，此时更希望从旁观者的角度看看到底如何。回到家便打开电脑，放入优盘，开始回看自己的录像课。有开心微笑，也有深深思考。

之所以开心，是因为我并不在意当时所在学校听课老师的评价，只看重自我感受，从自己的角度审视这节课——着实没想到会如此令自己满意。与学生交流亲切自如，教态和蔼可亲。虽然没备熟课，但语言还较为流畅，有板有眼。学生自始至终跟随着我的眼神和语言，获得了如何真正读懂漫画和写漫画作文的技巧——这是我自己喜欢的情感课堂、扎实课堂。

反复观看，问题依然存在：只顾微笑，缺少与作文内容情境相符的丰富表情，例如溺爱给人带来危害时的凝重感。只顾扎实，忽视 40 分钟课堂的时间限制，整整超时了 6 分钟。只顾尊重，忽视课堂环节的节奏感，教学机智还较缺乏。只顾引领，忽视突出教学难点的突破。尽管最大限度照顾所有学生，尤其是充分调动不举手的孩子，但参与面仍然不尽如人意。后来爱人说："你说的话太多了。"我想是的，有时担心学生听得不够明白，会重复，会强调。

儿子放学刚打开房门，我便大声告诉他我讲课成功了，并孩子似的在客厅里手舞足蹈。不过他丝毫没受到感染，木然地说："我不惊讶，那是一定的。"我诧异。他说："你这么努力，怎么会不成功呢?"儿子只看到我在时间上的占有，却不知我的软肋。扪心自问，给老师讲培训课还比较驾轻就熟，给学生上课，我的确与名师相差甚远。

但因为有了此次尝试，心里也有了底气。

还想讲，恋上你。

理念与实践融合

——吉林市作文教学活动纪行（节选）

"纪行"之"行"为旅行。此行我非单纯意义上的自然风景之旅行，而是精神之旅行。精神之意义重大，有三：

一曰学习。学习的内容很多，这里以课堂教学为主。听吉林市安博达惠学校的一节作文课，感受到他们作为私立培训学校的作文教学特色，比如重视直观的习作方法的习得，不绕弯子，即先给方法后观察动笔。即便不能窥一斑而知全貌，但他们重视作文方法教学这一点是毋庸置疑的，让学生先有法，再依法而行。这恰恰是我们有时忽略的，我们也重视指导点或者训练点，但这个点往往教师知，学生模糊，或者习惯于笼统宏观，有时为了淡化习作意识而淡化，淡化的结果是学生不成文——习作教学的确需要在遵循学生表达规律和需要的基础上进行方法的序列化教学。听吉林市教育学院隋红军老师的《人类的朋友》，很让人耳目一新。他着眼于不同年级对写动物的不同要求，着眼于培养学生的审题能力，着眼于训练学生的作文思维，使他们在比较中明确内容和思路。同时，他很重视发挥范文的示范、引领作用，范文不是简单呈现，而是引导学生细心阅读，彼此交流，再从中受益。这些都令人不得不折服于他作为市级教研人士对教材的深入解读和整体把握的功夫，这恰恰也是我们容易疏忽的一点。纵观这两节课，关于范文的重视可见一斑，唯一不同的是，第一节课先播放录像，再阅读描写此录像的片段范文，分享他人经验，最后观察动笔。第二节课是先布置主题作文再范文，且是多个范文，从不同角度，从满足不同学生的需求出发。无论前后，都体现了他们在习作课上将阅读和习作结合的理念和行为。

二曰体验。指我自身体验了一次从教研员给老师上培训课向老师给学生上课的角色转换。

其一，经历了不同思路的转换。备课的过程只是短短三五天，但几个思路不断地碰撞和调整，却仿佛经历了一年半载。这让我切身体会到：学生的作文基础不同，教学（包括流程、指导点、说写时间分配等）也一定有所不同。这也恰是借班上作文课的最难之处吧。课前我去班级了解学生预习情况，蓦地发现他们的现状超出我的预想。于是又临时调整思路，另安排了两个环节。即便如此，也无法使教学充分建立在他们已有的基础上，这是这节课最大的遗憾。

其二，经历了从理念到实践的转换。实则，我是希望实践自己多年来的习作教学理念。就《画里有"话"》来说，在践行课标对第三学段习作要求的基础上，想使学生经历一个主动建构的表达过程，历经课前预习（读教材、观察生活、搜集资料）、说写改评相融、课后运用的习作教学模式，训练学生的习作思维，使他们明确写漫画作文与写普通图画作文的不同，达到会写漫画作文的目的。同时，突破教材局限，建立写生活作文的思路，从生活中来，到生活中去，从而解决作文是为了啥的问题。关于范文，如何既发挥范文的作用，又使学生不照葫芦画瓢，我的想法是将"范文"修正为"阅读文"，淡化示范，强化读写结合。关注差异，可以下笔成文的学生不给阅读文，可以通过自己的努力达到成文的也不给，而对于那些写作有困难的学生及时提供阅读文和思路图。实施师生同写策略，即学生写的同时我也写（课前和课中相结合）……这些内容听课老师未必观察和体会得到，倘使不能，那定然是我的问题，比如各环节的时间安排得不合理，导致重点不突出；比如对学生个体的指导不够，忽视对不参与交流和表达的学生的关注等。课堂教学总是遗憾的艺术，无论如何，我有了这样一次一生难忘的体验，幸福溢满心田。

其三，经历了由忐忑到欣慰的转换。挑战的激情有，但忐忑更有。主持人对会议的高度重视和精心组织，一些国培、省培学员们对我课的期待，等等，都使我担心失败得无法交代。好在，刚从台上下课回到座位，主持人便笑靥如花地连说："很好很好。"坐在我前面的工作室成员隋红军、王金福见我回到座位，也纷纷转头说好，这都让我很感动，是对我最温暖的鼓励。金福说："当你站在讲台的时候就超越了自己，你的理念和底蕴都能折射出来。"

三曰反思。说起反思，朋友们都说我谦虚。其实不然，对习作教学而言，还有许多问题需要破解。对于我的职业生涯来说，还有很长一段路要走。比如：如何将习作指导充分建立在学生已有基础上，把他们已有的经验和知识当作鲜活的课程资源？如何更有效地帮助学生主动建构，彻底改变教师一味地指导，学生亦步亦趋地跟随？阅读文的利用应该把握到一个怎样的程度？如何在淡化习作意识的同时帮助学生掌握习作方法？除了说后写改、边说边写改等思路，还有哪些方法需要尝试和探索？等等。对我的课而言，如何突出指导点即重点部分，是将三个段落的教学时间压缩，还是重新调整全局，前者势必导致学生的段落问题不能解决，参与面减少；后者也势必对原有思路做大手术。如果开展一次探究性习作如何？对吉林市一实验的学生来说一定非常适合，遗憾的是我因为试讲时的不顺而推翻了这个思路。反思还在继续……

理念与实践既相濡以沫又难免有隔阂之异。将理念有效付诸实践，还需要走一条很长的路。今后我将不断地让理念根植于头脑引领行为，用不间歇的实践和体验检验理念。这条路尽管艰难，却是我们的责任。想起老子曾说的话："合抱之木，生于毫末；九层之台，起于垒土；千里之行，始于足下。"在所有教研人的努力下，我们有理由相信这一"足下"的力量。

记下这个日子：2011年10月27日，于吉林市。

吉林省开展阅读策略的研究是极早的，具体何时，我无法知晓，但早在2011年末，省教育学院小教部的领导便组织省内10位名师成立了阅读策略研究团队。后来因为需要又有几人加入。我们的工作群叫"策略先行别动队"，响亮而有先驱之意。2012年，在全国第九届青年教师阅读教学观摩活动中，吉林省的课《不留余地的狼》就采用了预测策略，在全国引起了强烈的反响，好评如潮。

阅读策略，目前省里提出十多种，包括预测策略、提问策略、图像化策略、摘要策略、统整策略、连接策略、默读策略等。团队中每人承担一种，其中我负责统整策略。以下两篇设计均是统整策略在阅读教学中的初步尝试。它们还没经历过反复的教学实践，只是设计雏形。

《小蓝裙的故事》片段教学设计

设计内容：《小蓝裙的故事》（长春版四年级下册"美好的向往"板块第一课）

课文片段：

学期结束时，有位小女孩得奖，老师就做了一件小蓝裙子送给了她。小女孩很高兴地跑回家，把小蓝裙拿给妈妈看，妈妈鼓励她穿起来。但穿起来以后，却怎么看怎么不对劲儿。原来小女孩浑身脏兮兮的，与小蓝裙不很协调。

于是妈妈替小女孩梳洗，换上干净的衬衫。"哇！好一个美丽的小公主！"她像变了一个人似的。小女孩和妈妈都高兴极了。

过了一会儿，妈妈又觉得不对劲儿，原来家里也脏兮兮的一团糟，与穿着小蓝裙的漂亮女儿不协调。于是母女俩立刻动手打扫起来，一个下午的工夫，家里就焕然一新了。

傍晚，爸爸回家，一进门就急着往外走，以为走错门了。

第二天爸爸上班时，看到家里的庭院杂草丛生，与屋里的环境很不协调，于是决定请假在家，整理庭院，粉刷房屋。三天后，一栋漂亮的房屋就出现在他们居住的街道上。

邻居们看到了这样的房子，不禁对自己住的地方感到不对劲儿了。于是，一个月后，一条整齐清洁的街道就出现在这个小镇上了。

教学目标：抓关键词"协调"进行课文主旨的统整，帮助学生深入体会"协调"、"焕然一新"等词语的意思，体会人们对美好生活的向往和追求美好生活的态度。

教学时间：20分钟

教学流程：

1. 出示学习工具，引导自主、合作学习

要求：默读这一课文片段，思考小蓝裙引起几次不协调的现象，试着填写下表。

次数	什么和什么不协调（关键词）	做法（关键词）	结果（关键词）	统整自然段大意
第一次				
第二次				
第三次				
第四次				
课文主旨				

学习过程：

A. 自读自写，教师巡视了解情况。

B. 同桌交流，互相启发。

C. 全班汇报。

·呈现学生中有代表性的表格，看关键词是否代表大意。

·借助关键词统整几次不协调的意思。

D. 动笔书写

将几个意思进行合并润色，统整成课文大意。请学生在本子上写一写。

E. 集中交流

选取有代表性的句子集中交流，帮助学生把课文大意梳理得连贯、完整、通顺。

F. 回读课文，补充课文大意。

2. 形成课文主旨

A. 说一说：你认为课文要告诉我们什么？说说你读课文后的收获和感悟。

B. 连一连：把课文大意统整在一起，形成课文主旨。请学生读自己统整后的课文主旨。

C. 找一找：联系实际说一说生活中有哪些不协调的现象。

【案例说明：此片段的统整策略教学与通常采取的以概括自然段意思为主的方法不同，是用文中的重点词语"协调"进行的，再借助表格这一学习工具，紧紧抓住关键词，帮助学生摘取各个部分的大意，在此基础上统整课文的主旨。学生的认知是通过他们自己的努力形成的，而不是教师的反复提问，更非课文内容的烦琐分析。更重要的是，他们在自主、合作的学习过程中逐渐掌握抓关键词、统整课文主旨的语文学习方法，这对今后的语文学习是大有裨益的。】

《金色的脚印》教学设计

设计内容：《金色的脚印》（人教版六年级上册第 24 课）

文本解读及统整策略的条件：

《金色的脚印》是人教版义务教育课程标准实验教科书六年级上册第 24 课，是一篇感人至深的人与动物之间的传奇故事。课文以主人公正太郎的观察视角为明线，用老狐狸夫妻俩设"调虎离山"之计营救小狐狸和老狐狸"虎穴"做窝、喂养、营救小狐狸两个具体的事例体现了老狐狸爱子情深，展现了动物之间生死相依的浓浓亲情，歌颂了爱的力量。同时，课文也以正太郎与狐狸一家日益亲近的情感及行为变化为暗线，赞美了人与动物之间互相信任、互相帮助、和谐相处的美好关系，表达了作者的创作意图：大自然是人和动物的共同家园，人类要和动物和谐相处，这样世界才更加美好。

选择本文进行统整策略的训练，主要考虑到文本的特点，即段落较多，对于学生来说想理清层次、掌握课文内容实属不易。利用统整策略可以有效帮助学生阅读，体会作者布局谋篇的妙处。当然，文章共有 24 个自然段，也给统整提出了挑战。

学生先备知识和经验：

（1）六年级学生预习能力、独立阅读能力较好，识字较多，课堂中可以直接触及教学内容。

（2）学生在五年级下册学过《金色的鱼钩》，对帮助学生理解本文主旨有一定的积极作用。

（3）六年级学生对于连接策略、摘要策略和图像化策略等都会有所涉猎，作为小学阶段的最后一个年级，本课教学对这些阅读策略做一次统整。

教学时间：1 课时（40 分钟）

教学目标：

1. 通过统整、连接、摘要、图像化等阅读策略帮助学生快速、完整地把握课文主旨，明白大自然是人和动物的共同家园，人类要和动物和谐相处，这样世界才更加美好的道理。

2. 培养学生思维的概括性和深刻性。

教学准备：

预习单：

（1）读两遍课文，第一遍朗读，所用时间（　　　），课文共有（　　　）个自然段，请标记出来。

（2）第二遍默读，所用时间（　　　），文中写了（　　　）个人物。

（3）浏览课文，记录文中表示时间的词语：（　　　　　　　　　　　）。

（4）浏览课文，试着填写。

从第（　　　）自然段到第（　　　）自然段是一件事，从第（　　　）自然段到第（　　　）自然段是一件事，从第（　　　）自然段到第（　　　）自然段是一件事。

课文（　　　）部分写老狐狸为了救小狐狸做的事，（　　　）部分写它们和正太郎之间的关系发生的变化。

教学流程：

1. 借助预习单概览全文

出示预习单，老师了解一下学生的预习情况，和大家一起填一填。

在以下问题上要稍作逗留：

（1）文中写了几个人物？追问：你认为谁是故事的重要人物？（正太郎、狐狸父母）

（2）文中表示时间的词语有哪些？追问：你认为从课文描述的事件上看，哪几个时间词语是最重要的，需要我们关注？（这天半夜、这天中午、一天）

（3）课文写了几件事？追问：重要的时间词语提炼出来了，几件事也自然清晰。下面我们就围绕这三件事来重点读。请学生随文标记出重点事件1、重点事件2、重点事件3。

【设计意图：借助预习单，启动先备知识，并通过追问帮助学生明确课文的主要人物和主要事件。这里要特别鼓励那些读得认真的，以及把事情的层次简要提炼出来的同学。并正确对待不同意见，此时的不同意见正是下一步实施统整的有利资源。文章的段落很多，不可能每一个自然段都概括段意再统整，为此，针对六年级学生的实际阅读能力，通过事件来合并段落，再关注重点事件，即重点部分通过统整策略来概括段意，最后合并整合成文章主要内容。这里也采用了取主舍次法。对写了几件事的文章，要先分清事件的主次，然后根据主要事件来概括文章的主要内容。】

2. 分部分摘要和统整

先从老狐狸为了救小狐狸所做的事入手：

（1）读重点事件1部分（从第4自然段到第7自然段）

下发学习单，先自己填，然后小组合作交流，最后小组代表汇报。

自然段	摘要（删除不重要的信息、词语归纳、润饰等）	本段大意
第4自然段	这天半夜，秋田狗汪汪地叫着，正太郎被惊醒了。爸爸、妈妈都睡得十分香甜。正太郎悄悄地爬起来，睁大眼睛看着仓房那边。只见一只大狐狸正冲着秋田狗大摇大摆地走过来，它嘴里叼着一只哆哆嗦嗦的鸡。	一只大狐狸叼着一只鸡冲着秋田狗走过来。
第5自然段	秋田狗猛地扑过去，老狐狸迅速转身逃跑了。秋田狗向黑暗中追去。不大工夫，狗叫声就远了。	
第6自然段	这时，另一只老狐狸悄悄地出现了。小狐狸一见老狐狸，就不停地哼叫着，用鼻子蹭着老狐狸的身子。它想跟老狐狸走，但是，刚迈出两三步就被铁链拽住了。这样反复了两次，老狐狸才发现了铁链。它用牙齿拼命地咬，好长时间才明白过来这样做是徒劳的，就卧在地上给小狐狸喂奶。	
第7自然段	不知什么时候，把狗引出去的狐狸爸爸又回来了。它脖子挺得直直的，为它们放哨。过了一会儿，狐狸爸爸发出了警惕的叫声。狐狸妈妈只好从孩子身旁走开。两只老狐狸又回头看了看，就消失在黑暗的树林里。	
统整段落大意		

（2）读重点事件2部分（从第11自然段到第17自然段）

自然段	摘要（删除不重要的信息、词语归纳、润饰等）	本段大意
第11自然段	这天中午，正太郎漫不经心地走到小狐狸的窝旁，忽然听见喀嚓一声。周围什么也没有，湿漉漉的地面上，却分明印着狐狸的脚印。	
第12自然段	"哈哈！居然敢在白天来，可真够大胆啊！"正太郎忽然又明白了狐狸在白天出现的缘故，"对啦，狗在白天是拴着的呀！"	
第13自然段	可是，它们怎么逃得那么快呢？刚听见一点声响就无影无踪了！	
第14自然段	正太郎探头往地板下面看时，不禁吓了一跳。四只闪着青光的眼睛正直勾勾地盯着他。那正是小狐狸的父母。它们瞪了正太郎一会儿，就悄悄地攀着从地板底下通向上面房间的砖块，爬到镶着地炉的地方，不见了。	

（续表）

第15自然段	老狐狸在地板下面做了窝！	
第16自然段	正太郎发现两只老狐狸跟以前相比，毛色黯淡，可能是由于惦记小狐狸，明显地消瘦了。	
第17自然段	正太郎真想替小狐狸解开铁链子。就在这时，老狐狸开始做一件不寻常的工作，让他打消了这个念头：老狐狸觉察到无论如何也咬不断那铁链，就咬那根拴铁链的木桩。正太郎想，让老狐狸用自己的力量救出小狐狸，可能更好一些。	
统整段落大意		

【设计意图：采用整体分割法，即写了几件事的文章，把事情一件一件分割开，把叙述同一内容的各个自然段合并为一个逻辑段。这样既节省了概括每个段落摘要的时间，也符合六年级学生的阅读特点。这一部分充分发挥了学生的独立阅读能力和小组合作学习能力。教师大胆放手，尊重学生，允许他们通过自己的能力和同伴的帮助完成摘要任务，而不做摘要的具体指导。】

再从老狐狸和和正太郎之间的关系发生的变化入手：

（1）用直线画出文中描写关系发生变化的段落，并用图式表达出来：

提示学法：

抓关键词。比如第三自然段的"可怜"、"早点给老狐狸解开铁链子"、"投送食物"、"熟悉"、"泪水就不由得涌上眼眶"、"急忙"、"急了"、"跑去"、"要了回来，和爸爸一起到山谷里把它放了"等。

正太郎

画图像。介入图像化阅读策略，通过画图把正太郎的情感变化表示出来。如右图：

【设计意图：图像化阅读策略的介入既增强了统整这部分的兴趣，又能够清晰地表达出正太郎与狐狸一家的变化。这也是对学生进行统整的训练，打破段落界限，通过浏览快速找寻关于主题的句段。】

（2）统整这部分的大意。

3. 全文统整

（1）出示以上学习的三部分的大意，进行全文统整。

比较合并：

老狐狸夫妻俩设"调虎离山"之计营救小狐狸。

老狐狸"虎穴"做窝，喂养、营救小狐狸。

正太郎与狐狸一家日益亲近。

串联统整为全文大意：课文写了老狐狸夫妻俩设"调虎离山"之计营救小狐狸，老狐狸"虎穴"做窝，喂养、营救小狐狸，以及正太郎与狐狸一家日益亲近，最后把小狐狸放走的故事。

（2）回读课文，看是否有丢下的信息，可以补充。

【设计意图：经过整体分割，原来 24 个自然段到最后整理出 3 个段意，再对此进行统整，课文内容显得清晰可见，学生统整的难度也大大降低。】

4. 理清文章主旨

（1）统整主旨。

讨论：课文写了什么？作者要告诉我们什么？你从中体会到了什么？

联系五年级下册学过的《金色的鱼钩》，你认为本课文题"金色的脚印"包含着怎样的意思？

【设计意图：调动学生已有知识，实现连接策略，帮助学生从此到彼，提高理解深度。】

（2）各抒己见。

你想对文中的几个人物说点什么？请写几句话，表达自己的感受。

【设计意图：让学生动笔写一写，静静思考，用自己的文字和课文的人物做一次交流，深化对课文主旨的体会和理解。】

（3）推荐阅读相关文章和书目。

【设计意图：请学生从文本中跳出来，开展拓展性阅读，一方面借课文增大阅读量，另外举一反三，进行统整练习，提高学生的独立阅读能力。】

第二辑

师　　培

◎教师培训是教研的基础工程。教师教学素质直接影响和制约着教研的进程和质量。

◎不要把职业倦怠归责于教师本身，他们其实非常可爱。

◎参与式培训是教师培训未来的发展趋势，它把教师当作活生生的有思想的人。

◎一直喜欢和习惯将我的"报告"称为"上课"。为"课"，便有生的主体参与，便有师生之间的交流互动，也便有诸多新生成的感悟乃至问题。

◎我的培训课在给人以当头棒喝、醍醐灌顶方面还欠缺，只需无人溜走，无人闲谈，大家都在积极地思考中，生发提升自己的愿望，就是我最大的满足。下一个拔节，大概在未来的十年中吧。

一路走来……

我的师培之路大体分为四个阶段。

第一阶段：循规蹈矩，不越雷池。

2007年以前的研培很简单：召开教研会，确定主题，写好讲稿，到台上一坐就不动。不过我是不念稿子的，而是都变成自己的话说给老师听。我认为培训就是培训者和参与者对话的过程。这个对话，在那时虽然参与者没有机会言语，但我在与他们的眼神对话，他们听得懂不懂，听得是否专注，是否会有疑问等等，我都能读出来。于是也养成了一个习惯，就是喜欢在培训时看着老师的眼睛讲。有时激发我的灵感、热情，有时引发我的反思，对当时当地说过的话的反思。

此种培训历时多年，就那么坐着，就那么讲。老师们也认为这是合乎情理的，培训嘛，就是这个样子的——直到目前为止，许多老师仍是这样认为。一如上课，许多老师骨子里就认为要多讲，不讲学生就不会，学生只有听，学习就是认真听老师上课。

人活着总是有许多传统的思想和行为根深蒂固，不学习，不见识，尤其是不实践，就会困于这束缚里不能自拔。我现在也偶尔会想：倘使不是2007年走出去实践，如今我仍然会原地踏步。

讲座其实很好，有它自身的优势。但从建构主义理论的角度看，学习不是由教师把知识简单地传授给学生，而是由学生自己建构知识的过程。学生不是简单被动地接收信息，而是主动地建构知识的意义，这种建构是无法由他人代替的。这个道理对学生学习来说是科学的，教师学习亦然。想想，我们无论做教师还是培训者，经常会有这样的感触：我们精心备课，费尽口舌，讲得好，讲得细，学生或教师也认为听懂了，对我们的讲大加赞赏，但一到实际中去，不是不会运用，就是运用不好，尤其是培训，教授培训、校长培训、教研员培训……最后教师还是不太会讲课，抑或课讲得好的教师实则凤毛麟角。

这个阶段的讲座对我的磨炼是"信口开河"。我的基层老师们说"从来看不到王老师照稿讲"。说实话，最开始当然也是要写出稿子来的，然后一段一段地熟悉默记，看的次数多了，待讲时就很容易不看稿子。我写文章极少看别人的资料,这个习惯一直到现在。只是按照自己的思路写,怎么想的就怎么写。于是,脱稿也便容易了。时间久了,不写稿子只理清个层次,也能较好把握。这一经历给我后来的参与式培训夯实了基础。

第二阶段:蹑手蹑脚,艰难爬行。

自 2007 年末开始,我便陆续承担省培、国培任务。记忆犹新的是做教师访谈,陆陆续续做过九次,每次三小时。九次,足以让我切入骨髓的反思和重整完善,也足以让我热爱和痴迷。后来,终于在临近结束时,我提笔一气呵成,写下《且访且思,拾级而上——我的访谈故事》这一长文。

2013 年,我受长春市教育学院教育系邀请,与该系两位教授共同开发录制"长春市基础教育课程改革十年反思"系列访谈课程《聚焦课改,课堂教学反思》专题片。在此过程中,无论是修改稿子,抑或排练、录像时,我都表现出了比较笃定、严谨的态度,这都归功于对教师访谈培训的亲身体验和历练。无此,面对几个录像机会紧张,面对对话者会拘谨,那不是访谈应该有的情形。经历即财富,它在你需要时会如汩汩溪水奔涌而来,让你兴奋,让你欣慰。

但时至今日,我仍不敢说自己再做访谈会驾轻就熟,这里有太多的学问和讲究,是我心虽向往而不能企及的。但对它,我有着割舍不掉的情感。

第三阶段:抬头挺胸,大胆创新。

2010 年,我开始参加"国培计划"项目,成为"吉林省'国培计划'培训教学专家库"的一员。当年做吉林省"国培计划"2010 年小学语文班的教学指导教师,2011 年做吉林省国培远程培训项目专家,2012 年做吉林省"国培计划"小学语文班的班主任。三年国培中,我分别在国培小学语文班培训 11 次,每次三个小时。同时期,省培也不间断,分别为省骨干小学语文班,省骨干中学语文、数学、历史等学科班,四平盲校,东北师大广州秀全中学高三教师高级研修班,西藏地区小学英语班,东北师大大学生,山西太原 38、47 中骨干教师等培训班做培训几十次。

这段时间,无论是语文学科,还是其他学科,我都充分利用这个舞台,大胆地实践着参与式培训。比如在国培小学语文班,我做过课堂观察、主题辩课、同课异构、课例研究等,着实过瘾。

在个别研究和实践的同时,我也不忘依据培训主题的需要将它们整合。比如做中学,是将课例研究、同课异构和主题辩课三者合一。在 2012 年国培小语班上,我更是大胆尝试,组织两个班的学员各自开展了一次主题行动研究,使老师们将主题学习、磨课、实践课、主题研讨等有机地结合起来。

总之，只要能提高他们的学习效果，帮助他们将学习和实践紧密相连，我便饶有兴致地做。他们需要，就是我的动力。

我苦思冥想，要琢磨点新花样，搞些创意，希望与众不同，上出自己的风格，因为教学是一门富有创造性的实践艺术。

第四阶段：急需充电，丰富实践

无论怎样的培训内容和形式，最终的效果都要反映在教师的教育教学中，尤其是课堂实践中。最终的目的，都是要促进教师教学实践能力的提升，增强教师专业成长的动力。那么从这个角度说，我不禁陷入深思——我的尝试和探索到底为他们做了什么？达成了哪些目标？他们现在如何？将来怎样？……

另外，学然后知不足，随着思考和实践的增多，我越来越惶恐，觉得关于培训的知识缺少系统的学习，好像还很懵懂。因此，不断采取各种方式开展学习和提升，大量开展丰富多彩的培训实践活动，尤其是在本地，这是我目前的主要任务。

对教师培训的情感，我真的无以言表。它，已深深植入我的职业生命里，成为最不可或缺的一分子。在我看来，一名优秀的教研员，不仅要执着于研究，不断提升自己的学科研究水平，更要想办法把这些研究成果转化为老师们的教学实践，为他们所用。将研究和培训作为教研员职业生活里的两条时而并行时而交叉的路。

这是我一生的职业追求！

且访且思，拾级而上

——我的访谈故事

"访谈"，本文指教师访谈式培训。教师访谈式培训是教师参与式培训方法中的一种，是通过引导式的谈话，力图使教师投入到培训活动中，都有表达和交流的机会，在对话中分享经验，并产生新的思想和认识，从而实现主动建构、推动实践、自我提升的一种培训方式。

撰写我的访谈故事，是回想和叙述从接触访谈到实践访谈的经历的过程，也是总结经验和思索问题的过程，更是反躬内省和展望未来的过程。

一、"原来培训还可以这样搞"——访谈的体验期

1. 初见——一份新奇一份盼

让时间倒转回到 2007 年的 11 月，记忆的长河久久地驻足于全省小学语文教研员培训班上。日程表中赫然有一门课程《教研员访谈——今天我们怎样做教研员》，主讲人为吉林省教育学院继续教育办公室宋海英主任。说实话，对于今天我们怎样做教研员这个话题，我并不太感兴趣。算来自己应是一个老教研员了，也时常思考如何做一名优秀的教研员，尤其是 2003 年进入课改之后，时常思考应怎样适应课改及教师培训的需要。而反复地细读"访谈"这个词，便感到特别新奇了。访谈？电视里常见，两个人面对面，一个主持人询问，一个被访者回答，我们作为听者获取相关信息，问完了，说完了，访谈也就结束了。那么，教研员访谈，访谈作为一种培训方式，怎么访谈？访谈什么？一直习惯了参与学习时的安静状态，一本一笔，听一听，记一记，与己有关思索一下，与己无关偶尔溜溜号。此次，我以及我的所有同行又会以怎样的状态参与学习？培训可以这样搞？

宛如久旱的小草渴望甘霖，我在耐心而又急切地等待着这次访谈的出现。

2. 初投——一份碰撞一份喜

访谈开始了。宋主任首先简要介绍了访谈，她说这是访谈式教研的尝试，访谈式教研是运用访谈法对教师做指导的一种教研形式。访谈强调的是指导者与教师之间的思想碰撞，强调通过对话了解教师的所思所想，在准确

探究教师的内心活动，充分了解他们的教育观念和教育特点的基础上对其进行反思性引导。访谈式教研可以促进教师的自主反思，帮助教师不断转变教育观念，提升教师教学实践。她在教给我们一种教研方式吗？难道不是一种培训方式吗？我的脑子里也产生了矛盾和碰撞。

出于对访谈的新奇和关注，自己理所当然地全力投入其中。当宋主任提出找一个打字快的老师做现场记录时，我主动请缨，用电脑记录了整个访谈过程。同时在交流过程中两次抢麦克风发言，在100多位参与者中可以两次发言，实属不易了。一方面我本是习惯于表达的人，另外真的不希望看到中途冷场，所以每每一人发言完毕，主持人等待有人举手之时，我便又举手。

整个访谈活动忙碌而充盈，对我而言，感受有三：

其一，增长了自信，促进了学习——没什么准备我也可以说得很好，面对这类场合我也可以泰然自若。同时这是对我所学专业的一个挑战，因为我回答的问题是关乎语文素养的，大家都不谈，我来谈，虽然一时说得并不全面，不过抛砖引玉之效还是有的。还记得当时的惭愧，对课标解读得还不透彻，忽然发现，原来如此之多的同行竟然不知语文素养的界定，我们真的需要学习啊！

其二，愉悦了内心，丰富了体验——在培训现场也可以有机会表达自己的感受，有机会说话，这在参加上级培训活动中还属第一次。我一直是一个信守居里夫人"永远坐前排"的人，积极主动，不太喜欢退缩，恰好访谈给了我表达的机会，我也可以在会场手拿麦克风畅所欲言。因为要记录所有人的发言，所以我不能多说，但那份欢喜和满足让我觉得三个小时仿佛在眨眼的工夫便逝去一般。

其三，交流了思想，增进了了解——倾听许多同行的发言，前排就坐的，下面自由发言的，这在平时是一种奢望。给我印象较深的，一个是汽车厂的同行，平时大家缺少业务上的联系和沟通，彼此并不甚了解对方的业务水平，听她讲述北京市王能智的故事，深感自己的闭塞，内心是惭愧的。另一个是吉林市的同行，记得她说自己是培训班里最"年轻"的一个，因为才仅有半年左右的教研员经历，同时是最幸运的一个，因为刚上任就有这样规模的培训。很羡慕和敬重她丰富的实践经验，也很喜欢她课堂上的状态。除此给我印象深刻的还有那位白山市的男老师，很有朝气和魄力，思维独特，与我们做久了教研员的人考虑问题的角度颇为不同，让我眼前豁然一亮。他的声音很有磁性，我忽然觉得我也应该学习朗读的技巧。

最难忘怀又时时效仿的是主持人与我们形如一家的融洽氛围。她深邃的语言、真切的期待、善良的笑容……尤其是当坐在前排的被访者中出现一个长相与台下同行非常相似的人，宋主任那忍俊不禁又开怀的笑啊，更是久久地浮现在我的眼前。培训，在那一时刻是那么有趣、幸福而又让人受益。这是多么令人留恋的一次经历啊，至今难以忘怀——培训，可以这样搞。

3. 初想——一份思考一份缘

三个小时的培训，主持人没有过多地讲话，但那的确是教研员培训班上甚至我参加过的所有培训中最难忘的一个专题学习。想想以往参培结束后，本子一边放，少有重翻重读，许多学习所记随着时间而流逝。记得我曾说过："参加工作以来，有过大大小小的许多培训和学习的经历，但细究，真正受益尤其是能够改变自己工作方式乃至生活状态的，微乎其微。"那么，由此我想：到底什么样的培训才是最有意义的？所以积极投入，所以潜心思考，后来我这样解释：我与访谈本来就有一份不解之缘。那次，我们就定了这份缘。

二、"我也可以访谈？"——访谈的承担期

再让时间倒转回到 2009 年的 7 月。在这中间两年里，我除了在省小学语文教研员培训班上做过 1 个小时左右的《小学语文课堂观察与诊断》培训，还在小学农村语文骨干教师省级培训班上做《工欲善其事，必先利其器——小学语文教师的备课与说课》培训。这两次培训反响甚好，甚至有的老师说学习效果要超出一些教授、专家和领导的培训，让我大出意外。

这既给了我足够的信心和勇气，也使我不断地思考怎样的培训才是有效的，才是受老师们欢迎的，才是可以被大家接受和实践的。为何那些大家们厚重的资源、丰厚的语言和极具感染的人格魅力等不能全部吸引教师持久的注意力，反而是如此普通的我的讲话受到普遍关注呢？他们关注的是什么？我关注的又是什么？有什么需要互补？又有什么是我所缺乏的？

我又深感卑微。越是走出去，越是感到自身的浅白。这正应了孔子说的"学，然后知不足；教，然后知困"。学习之后，才知道自己的缺点；教学以后，才知道自己的知识贫乏，所以，我的学习和反思与培训同进，且培且思，且思且学。

我更是困惑的。那时自感在小城，无论我怎样有意义地思考以及憧憬，都没有用武之地，即没有施展的条件和环境。我不想成为众矢之的，这无法言说。

不过，那时的思考只是限于培训的内容而已，却少在培训的方式上突破。访谈，对我来说似乎遥不可及，就像观赏高山之巅的鲜花，它在独自开放，我惊喜于它的存在，希望摘取它，但力不从心……

恰好此时，宋海英主任给我一个任务，让我做一次访谈培训，主题是"做最受学生欢迎的老师"，我起名为"教师访谈"。我一直不知她当时是如何做出让我做访谈的决定，也不知她现在对我的评价是什么。总之，我心里满满的都是对她的感激，感激她在事业茫然之时给我提供了一个提升的平台，让我这样一个始终敬业如一的教研员可以不放弃思考，不放弃进取，不放弃对教育的一份热爱。

没有忐忑，没有惶恐，没有无措，只有感激。我至今仍在说：是出于被信任的感激，我毅然接下这个被许多人认为是"胆子真大"、"冒险"的任务。我以一种初生牛犊不怕虎的勇气投入到备课中。

脑海里立即浮现出参与过的唯一一次教研员访谈的情景。宋主任请每个小组派一名老师坐在前排，面向全体，而她站立于前面主持。以前排老师为主，其他人为辅，一起回答着访谈的十个问题。大家的参与热情不错，时间过得很快，问题好像没回答完，主持人结尾，访谈结束。

我也可以访谈？像宋主任那样？一定特别有趣，也一定让参与的老师们感受颇深，就像我当年一样。但我的思考远不如她的深刻而广泛，所以当时我请她给我一些建议和指导，但每每试探地征求她的意见时，她总希望我自己思考和探索，一切都让我自己说了算。她说："不怕问题，问题暴露越多越好，有利于我们进一步研究访谈。"我暗想：我是研究的模子了，就像我请基层老师上研讨课一样。这样想，还颇兴奋和荣耀。

至今很遗憾，最初我和宋主任的 QQ 聊天，都已随着电脑的重做系统而丢失。不然，那该是怎样值得回忆的过往呢！而如今，我只能让一颗感恩的心回到当初，回忆她对我的点滴帮助。

是金子总会发光的，只是这金子得有人发现，也得有展示金子发光的平台。如果我大言不惭地说自己是金子，那么是她发现并给了我平台。

感激她那般放手，允许我这样一个刚刚对访谈开始思考的雏儿妄自尝试；感激她在我尝试的起初始终鼓励着，放心着，也期待着。我想，我定是不要辜负了这份浓浓的信任才好啊！

感激中，开始了备课；信心百倍中，开始了备课——因为脑海中觉得这只是在仿照她的那次教研员访谈，根据我的主题稍做修改，再加入我自己的思考而已。

三、"一课多备，没有最好，只有更好"——访谈的实践期

在 2009 年 8 月至 2010 年 8 月一年的时间里，我共开展了九次教师访谈，主题均为"做最受学生欢迎的老师"，参与者分别是两期省骨干语文班，一期省骨干数学、英语、品生品社班，两期农村骨干教师语文班，两期农村骨干教师数学班，两期农村薄弱学科英语班。

"访谈是参与式方法中最基本的一种方法，但也是最难掌握的一项技能。"历经多次实践，我深深体会到了这句话的含意。许多事情设想简单，做起来实属不易，尤其是"上课"。"课"是我给教师访谈培训的定义。专题讲座，讲什么，怎么讲，讲到何时，基本上是预设。而教师访谈，除了必要的预设，其间有太多的生成和意外。预设与生成又是不同的，因为每次面对的对象不同，学科也有所不同。每个人都是一个丰富的世界，每个班都是多个世界的共同体。虽同课，但需要多备。多备是想推陈出新，自我超越，是想从不同角度产生碰撞，进而汲取经验。"世间任何事物要想朝前运动，事物之间必须产生摩擦，只有在不断地摩擦、矛盾、碰撞中，才能促使事物发展。"备课，也同样是。

没有最好，只有更好。化茧成蝶的过程是艰辛的，但花间飞舞的情景是美丽的，令人期许。我愿做一只化茧成蝶的蛹儿。当我华丽转身成为一名"课"的执教者时，我相信：一切皆有可能。这也是对今后访谈实践的自我鼓励。

此部分按照简要回放—经验汇总—问题思考三个层面来写：

（一）简要回放

回顾九次开展教师访谈的经历，大概可分四个重要阶段：

1．70 分——初次实践，草草收兵

2009 年 8 月初，省骨干数学、英语、品生品社班，第一次访谈。

备这次课，精神上很轻松，因为有宋主任的先试。把 2007 年她的 PPT 找出来，再用心钻研自己的专题，精心地设置了 12 个问题，访谈的形式不变，即每个小组选一名代表到台上就座，访谈以他们为主，以台下人为辅。不同的地方也有，比如开场播放了一首歌曲《老师，我想你了》，目的是创设情境，从而引入访谈主题；比如由我对教师培训的认识直接切入访谈，引用肖川"骨干教师培训所注重的，不应该是一招一式，不应该是教学的技能、教学的模式，而主要应该是教育的理想、教育的信念、教育的境界、教育的追求，是不断地去唤醒、激活和弘扬存在于每一个教师心中的'教育的

智慧'和'教育的点金术'"一句，来使大家初步了解教师访谈的意义；比如采取边访谈边总结的方式，一个问题一解决，宁可舍弃问题也要尽量避免虎头蛇尾；比如结合主题的特点，中途播放一首诗歌诵读《孩子，对不起——一个老师的心语》，创设情感浓厚、真实自然的氛围，使人获得心灵感应及深刻反思；比如设置了电影片段，尝试音像案例解读；比如最后安排整理环节，将所有的访谈问题做一次完整的回顾，并提出简要的希望和推荐一些书目，等等。

访谈的体验期为我亲自尝试访谈做了极其深厚的铺垫和思考的媒介，使我在开展访谈实践的起步时，便拥有了一个雏儿难得的自信，从容地站在高高的讲台上，微笑着，应对着，侃侃而讲着。

不过说"侃侃"似乎并不恰当，因为当访谈临近第六个问题时，我发现时间距离培训结束只有半个多小时。问题刚刚要过半，怎么办？省里培训与自己平常对基层学校的培训不同，不能迟到，也不可延长。无奈之下，只好匆匆而过进入总结阶段，快刀斩乱麻般，我的话像从簸箕里倒出的豆子一样，急切而杂乱。第一次访谈草草收尾。

回顾第一次访谈的"失利"，主要源自一份担心，教师们却还给我一份惊喜。担心的是冷场，唯恐无人发言，于是抱着问题宁可多也不能少的想法，试想：一旦没有人发言，场面如何调控？不多设计点问题怎么是好？不仅如此，我为这次访谈足足准备了近三万字的文稿，前后大约80多个典型案例，目的都是丰富访谈内容，与教师产生更多的对话交流，防止我"词穷"。而实践过后，才蓦地感触到：访谈现场生成的东西不一而足，不是我想说什么就有机会说。

所谓惊喜，是因为教师的积极参与。走下讲台，我由衷地对宋主任说："我发现了，给老师阳光，他们就可以灿烂。"每一个老师的内心都有丰富鲜活的经验和感受，只要给他们一次机会、一点时间、一些等待，何愁无人发言？

第一次访谈，是我的一场失落。我给自己打了70分，60分源自教师的反响，大家对这种新型的培训方式很新奇，也很赞誉。一位老师说："王老师，第一次尝试能做到这样已经不易了，有问题是正常的，我们喜欢这样的培训，希望以后有机会还能参加您的访谈。"5分是打给自己的勇气，一位颇有成就的同行说："你的胆子也真够大的了。"最后5分打给自己的临场表现，虽然仓促，但还算从容。

"做一次好的访谈是比较困难的，需要长期实践的积累和艰苦的思索。

作为初学者，不必对自己过于苛刻。"一位吉林市颇有经验的老师如是说。是啊，只要努力，我相信可以做得更好。在后来的日志中我写下："深入思考，重新调整，取其精华，去其糟粕，再迎挑战！"如果没有这种闯劲，就没有多次用心地备课，就没有多次不惧失败地尝试，就没有多次课后反复地思考，当然也就没有这篇零散但来自真实实践的总结。

2. 90分——二次实践，首次告捷

2009年8月中旬，省骨干语文班，第二次访谈。

有了第一次尝试，再备课，知道哪里需要调整和注意了。经历是财富。一个人的成长，必须要经历一个实践的过程。闭门造车，出门也不一定合辙。

此次与第一次相比，除了汲取一些经过验证效果较好的部分，又有了三个大的改动：一个是削减了访谈问题，从12个减到5个。问题本身也大换血，降低难度，增加广度。一个是改变原来一边谈一边总结的思路，为访谈后一同讲，前半部分用于访谈，中间休息，后半部分用于我的总结，加强板块的整合。一个是访谈形式的改变，如果将上次称为封闭式访谈，即9位老师在台上发言，其他人倾听，我在台上主持，那么此次属半开放式访谈，即自己走到台下，完全置于老师们中间，不固定发言者，机会对每个人都是公平的，目的是给老师更多表达和交流的机会。

这三处改动使我更加从容地把握和调控时间，也更多地关注了大多数教师。整个访谈不是我和几个人的舞台，而是全体参与者包括我共同成长的平台。于是，老师参与的热情高涨，主动举手发言，争先恐后，纷纷表达自己的观点，描述自己的实践体会，主动建构自己的新经验，甚至辩论，或者提出自己不解的问题。而我，没有了第一次的匆忙。我穿梭于就座的140位骨干教师中间，微笑着传递麦克风，鼓励、表扬、追问……随着结束时真诚的浓浓的掌声，我知道没有辜负努力。

这次访谈，我打了90分。主要源于现场的氛围、老师们的参与热情、时间的安排，乃至我的临场表现，可以说是访谈的首次告捷。可是回头想来，两个角色定位的问题仍令人困顿。一个是培训者的定位。教师是课堂教学的组织者、引领者和促进者，那么培训者呢？也应如此。这次访谈，我更多关注了我的顺畅，关注了我的指导，孤立地灌输，越俎代庖，我实际上成了访谈的操纵者，成了固定答案的发布者。第二是学员的定位，"学习者积极参与的学习是最好的学习"。参与学习活动是学习的前提条件。学生是，老师作为学习者也同样是。因此，参加学习的老师才是培训的主人，他们的困惑、经历、体验才是访谈最根本、最重要、最宝贵的资源。而作为我这个培训者，如何为他们提供更多的思考、交流的平台，激发他们参与培训的积极性，促进他们自身专业的成长？

访谈式培训的目的到底何在？访谈只是一种方式，这种方式有利于调动参培老师的学习积极性，有利于调动他们的思考，有利于创设宽松、愉悦、热烈的培训氛围……但它只是一种方式，方式的选择必须为内容服务，也必须以培训的目的为宗旨。那么，"做最受学生欢迎的老师"的访谈目标又是什么？我力求追本溯源。

第二次访谈后的思考比第一次更深入，更广泛，这源于扎实的实践。思考必须历经实践的检验，实践是检验真理的唯一标准。

3．92分——三次实践，信心倍增

2009年10、11月，吉林省农村小学数学、语文骨干班，连续四次访谈。

访谈过后的日志里写过这样一段话："前两次访谈，每个问题之后我需要说什么，如何过渡，如何总结，如何指导每个老师的发言等，心里是有数的。这次却有几处几秒钟的卡壳现象，但反馈很好，出乎我的意料。"当我走到一直聆听我上课的宋主任面前时，她说："几次访谈，这次效果最好。"原来，几次访谈，我只关注了自己的临场表现，看重他人对我的评价，忽视了老师们的参与程度和学习自省效度，而这，是访谈式培训的关键。这就如一些骨干老师上课一样，课后会问我"我表现得如何"等类似问题，却不曾有人问我"我的学生课堂学习效果如何"。

自此以后，我真正把教师访谈当作"课"来备，彻底摒弃以往较多关注讲的倾向。既然是"课"，首先要有目标。为此，我确定了《做最受学生欢迎的老师》教师访谈的三维目标：

之一，使老师明确什么样的老师最受学生的欢迎，怎样才能成为学生最受欢迎的老师；

之二，通过访谈使老师最大限度地参与到学习活动中来，都有表达和交流的机会，在对话与分享中产生新的思想和认识，并勇于提出自己工作实践中的问题；

之三，使老师喜欢学习，喜欢参与，喜欢反思，进而提高他们改变现状的能力和信心。

同时确定"三度"，即温度、广度与深度。一切以老师为中心，由关注自己的教到关注老师的学。温度，就是让老师喜欢访谈，专心访谈，三个小时的活动，既不要过冷也不要过热，要有温度。广度，是要使老师有的谈，都能谈，内容要丰满，要致力于开阔老师的视野，要广，不能仅限于一部分人，要面向大多数甚至全部。深度，指要使老师谈得好，不能只图热闹，要有内蕴，厚重，不浮躁，让他们真正有所收获。

围绕着三维目标和"三度"，这个阶段的访谈主要在三个方面做了调整：

其一，将第二次访谈的五个问题减为三个，而且选择了新的内容，建立三个板块，即"百家争鸣"、"换位思考"、"自我叩问"。百家争鸣，即观看一个电影片段（一位音乐老师与学生交流的一个场面），思考片段中的老师是否会受到学生的欢迎，为什么，你认为今天的小学生最欢迎什么样的老师。换位思考，即请大家站在学生的角度对自己说一句话，并说明理由或讲个案例。自我叩问，即阅读案例，思考关于自身提升的问题：你进步了吗？你是如何进步的？以后打算怎样取得更大的进步？

其二，仍然沿袭第一次访谈的形式，即谈完一个问题做一次总结整理，这样，有问题随时解决，有思考随时交流，增强访谈的针对性和有效性，使指导与访谈不脱节。

其三，设置了心语卡和自评表，其中"心语卡"关注老师对此次教师访谈的希冀，"自评表"关注老师对自我的评价，帮助老师将专题学习与自身实践紧密地结合起来，让他们自己动手做一些练习，以获得专题思考的直接经验。

可以说，从第四次实践开始，我开展教师访谈的内质发生了许多根本性的改变。比如我更加关注老师的经验交流，给他们思考的时间并认真倾听和追问，与自己的预设有机整合；比如更加重视老师的心得，在"换位思考"板块中，我将每一个小组的发言都打到电脑里，成为PPT的一部分；比如加强我专业引领的说服力，录制了农村、城市部分小学生对电影片段的意见，放给现场的老师看，从而引发更多深入的思考；比如更多地引入名家名句，提高专业引领的权威性，避免我冗长地讲话；比如关注与其他培训方式的综合，如看图说话，等等。我进入了底气十足、神采飞扬的精神状态，效果较以往有所提升，老师们表现异常积极，完全打破了组的界限，自由表达，相互交流，取长补短，许多观点随着交流的过程不断展开，尤其是他们在学习中主动思考，积极构建，令人惊喜。

这一阶段，我初步明确了开展教师访谈的几个主要因素：愉悦、民主的访谈情境是基础，开放精深的问题是核心，适当合理的判断和追问是关键，必要有效的小组交流是前提，简约而不简单的专业引领和人格熏染是保证。

同时，也切实寻求到了一种有效培训的备课思路，那就是备目标，备内容，备形式，备过程，以学定教，以学定培。

4. 0 分——潜心思索，关注成长

2010 年 7 月末 8 月初，省骨干小学语文班，农村小学英语 1、2 班，连续三次访谈。

"今天，当我再次写下上课前的感受时，已不想预定什么分数，更不会给自己多大压力，好像这些都不重要。重要的是，如何在每一次尝试中让我与老师们都能有所收获，有所触动。我们的成长比分数更重要。"这是其中一次访谈后日志中的一句话。是啊，一个人的成长是多么有意义的事。而促进成长的是我们的每一次经历和体验。

新一年的访谈，我赋予了它更多新的变化，可以说是又一个全新的版本。主要在几处做了调整：

第一，精简问题，由原来的三个缩减为两个，板块为"换位思考"和"自我叩问"。专业引领部分也由原来的 15 个变成 10 个，即将前 10 个有机整合。

第二，加入小组质疑、解疑环节，了解教师对这个专题学习的问题和期望，确定他们的学习目标。

第三，加入推荐阅读，关注后续学习，帮助教师获取更多丰富的经验和体会。我放眼于培训之外，推荐给教师一些书籍、视频等资料。根据不同学科的需求推荐不同的书目，使这个专题具有普遍意义，更具有通识的性质。

第四，更多地讲述自己的故事，通过自身专业成长之路及平日的所作所为向大家呈现一个我的独特的世界，提升专业引领的感染力。

这个阶段的访谈常常给我带来惊喜。南关区进修学校的李萍老师是我特别敬重的一位同行，也一直暗学她朴实深邃的表达风格。她作为语文班的一个学员，结束后对我说："你的访谈式培训很受老师们的欢迎，从形式到内容都很精致，值得我们学习。""都是这行的，希望你能给这支队伍带来新的生机。"她的认可对我来说是一份极大的鼓励。一位老师说："我喜欢访谈，同行们的经验我们学得来，问题我们身上也有，交流推动我们的思考，深化了我们对主题的认识，而且感觉在访谈中，您就是我们的朋友，您说的话很平实自然，都是我们的心里话，也都是我们能做得来的。"还有的老师说："我们对自己日复一日年复一年的工作缺少清晰的认识，很模糊，也很肤浅，访谈给了我们重新梳理、认识自己的机会，真是一次深刻的重要的成长经历。"

教师访谈使老师们不仅有时间和机会积极动脑思考，及时表达交流，参与到学习中来，还可以倾听到同行的经验与感受，实现了资源分享和自身多种感官的综合运用，获得了多种精神体验，从某种程度上看，这是主动式的、最有效的学习。

九次教师访谈赋予我的成长意义是多重的。它促进我思考，提升我的专业素养，深化了我的克己内省……教师访谈给教师培训带来了一次新的方式，给教师学习带来了一次新的体验，教师访谈也给我带来了一次蜕变。而0分，不仅昭示我从关注自己的表现转变为关注老师的收获，更代表了我的起步，这是一个新的开始。

（二）经验汇总

"任何人只要做一点有用的事，总会有一点报酬，这种报酬是经验，这是最有价值的东西，也是人家抢不去的东西。"我亦如此。做了几次教师访谈，得到了一些叫作经验的报酬。这报酬胜于一切，被我称之为"财富"。

以下经验，有的是从起初就在做，做对了，而有些经验是从失败中提炼而来的，所以我很认真地回顾和总结——一次教师访谈需要以下因素：

1. 愉悦、民主的访谈情境

参与式培训的内容和过程都非常依赖特定的情境，如果缺乏一个宽松的、富有创意的学习环境，是不可能有恰当的创造性的参与式的。即便参与了，也会导致效果的极大衰减，尤其对于访谈来说更是如此。情境对访谈的实施和效果有非常重要的影响，因此建立愉悦、民主的情境是一个好的访谈必须要得以保证的。决定访谈情境的因素有：

（1）从班级的角度看

① 访谈空间：在空旷的环境里做事与在一个有限的空间里做事，效果和感受是不同的。对于教师访谈来说，主要是能否使人思维集中，彼此倾听，能否高效。比如对固定的人数来说，大教室与小教室的访谈效果是有差异的。两个英语班，1班在能容纳大概五六百人的阶梯教室里，120人零星坐在各个角落里，在我的要求下，小组成员集中于一起，但组与组有一定的距离，我的视线仍是分散的。2班在一间普通的多媒体教室里，120人几乎占有了全部的座位，我虽分不清哪里坐着哪个小组，即组与组几乎是融在一起的，但人员集中，仿佛是一家人的团团围坐。访谈的过程，1班因为空间大，语声分散，我需要来往于各个小组间传递麦克风，不仅浪费了时间，而且比较疲惫，更重要的是我的视线无法关注各个小组的倾听状况，有的老师发言声音低，远处的组员又无法听得仔细，大大影响了现场对话的效果。2

班则恰恰相反。因此，教师访谈不可追求空间的广阔，而要从表达和倾听的效果的角度来决定访谈的地点，人员要集中，给人以和睦之家之感，在无形中散发着凝聚力。

②访谈人数：回顾多次访谈，每个班的人数都较多，最多可达158人，最少也要90人，大多在120人左右。教师访谈的目标是希望最大限度地使所有老师都能参与到交流对话中，都有机会表达自己的看法和意见，与大家分享自己的经验和问题，但常常因为人数较多不得实现。试算，暂以100人为一个班，10个组，按我的访谈专题为例，需要老师交流的大概5次，最多参与表达的人数也仅有50人（根据时间关系临时减少发言例外），也只达到50%。况且一次访谈发言50人，也只是奢望而已。那么，一次访谈的最佳班额是多少人呢？我想最好不要超过50人，在30—50之间最佳。人数过多，更多的人仍成为看客。当然，就目前的培训来看，这只是一个美好的愿望。

③座次安排：指是否分组落座，以及访谈的对象是高高的台上几人还是大众。记得我的第一次和第二次访谈同在一个偌大的阶梯教室里，讲台很高，需上几层台阶才行。第一次，9个小组每组选一个代表坐在台上，我亦在台上；第二次，每个小组发言代表不确定，都在小组内落座，我与所有的小组都在台下。相比而言，这样座次的安排是有极大差异的。第二次与前次比较，更有利于小组之间的交流和互动，可以更好地加强不同小组之间的联系，气氛也更为融洽。

④老师之间的关系：是同学科还是不同学科，是一个地区还是不同地区，年龄的差异如何等等，都在无形中影响着良好访谈情境的形成。比如数学、英语和专科班不是同一个学科，老师相互之间有着一种莫名的排斥，尤其是在形成小组的过程中，组与组间，即使在一个组，专科老师通常喜欢与专科老师交流，英语老师习惯找英语老师交流。一个组中年龄偏大的老师多在一旁观看其他年轻教师交流，而不肯积极参与。如英语2班51岁的老教师孤零零地坐在最后排，虽然极其认真地倾听，但不参与交流。

（2）从我，即访者的角度看

①我的角色定位：即我在教师访谈中是什么。我应是协助者，而不是传授者；是合作者，而不是指令者。我只是提供了一个谈的平台，引领老师即谈者走进专题，思考问题，交流经验和感受，彼此思维碰撞；我不是权威，也不是专家（每次访谈，我都从不同的角度以不同的语言诠释这一点），我是与老师有着共同困惑的教育人，是相信彼此可以互相促进的朋友。《学记》说"教学相长"，陶行知也说："做先生的，应该一面教一面学，并不是

贩买些知识来，就可以终身卖不尽的。"对于访谈，对于《做最受学生欢迎的老师》这一专题，我喜欢把自己当成学习者，我是谈者的学生。事实上，正是因为摆正了这个关系，所以每次访谈的氛围都很融洽，大家的心情都很愉悦，也才拥有了许多感触和收获，才有教学相长。如果一个访者高高在上，谈者又何以轻松自如、尽情尽意地表达与交流？

② 我的衣着：即如何呈现自己。参加访谈时，不穿得很正式，衣着随便一些，自己感觉舒服很重要。随便些，可以完全投入到与教师的交流之中，随时关注他们的语言和表情，而不至于惦记自己的衣着是否得体等等。同时，随意的穿着可以减少我与参与者的距离，我不衣冠严谨，大家看在眼里也觉得舒服。

③ 我的表达：表达的方式和尺度类似于一匹宝马，驾驭好了可以日行千里，帮你冲锋陷阵；驾驭不好，就可能让你摔跟头，甚至踢伤别人。访谈中，我的表达方式和内容不可小觑，对于访谈情境有着至关重要的作用。

首先讲话速度慢一些，声音平和一些，就像唠家常一样。比如每次访谈的开篇语，我是格外重视的。良好的开端是成功的一半。我喜欢采取聊天的方式，做到平和、微笑，也很少坐在椅子上，试图从开场便拉近空间的距离，以求得精神上的尊重和相依。除此，我认真倾听每个人的发言，特别是表达不太清楚的回答，并用非言语行为如点头、微笑、目光接触等表示自己在认真倾听。谈到有趣处，我与他们一同大笑，我就是他们中的一员。

其次是尊重每一个人。每个人都是一座宝库，都有着丰富的体验。我重视老师的实践知识和生活智慧，接受和赏识不同人的表达，即便哪怕是错误的落后的，需要改变或更新的。或者尽管问题的答案可能相差无几，但思考的角度和语言表达的方式不同，所以每个人的发言都有自身独立存在的价值，都是重要的丰富的培训资源，都应该得到尊重。

最后是多鼓励，多表扬。哲学家詹姆士精辟地指出："人类本质中最殷切的要求是渴望被肯定。"良言一句三冬暖，恶言一声暑天寒，无论是孩子还是大人都喜欢受到表扬和鼓励。教师访谈要得到大家的认可不是易事，是需要时间的。刚开始，许多人会感到不习惯，不舒服。他们已经习惯了听讲授，忽然让自己参与并发言，会有抵触。这需要时间和耐心，更需要鼓励和表扬。我比较习惯用激励的话语、赞美的眼神、认同的点头来表达对老师们的鼓励和表扬。"你说得真好，有许多教育的新名词和观点我都没听说过。""没准备都能说这么好，如果准备一下再说，一定更了不得了。"……

④ 我的要求：任何规范都有可能限制老师的参与热情和思考的广度与

深度。因此，我对老师们的要求一向很宽松。在我看来，只要大家敢于表达，就是我乐不可支的事。比如在音乐《童年》的渲染中，我提议大家可以站起来讨论，伸展一下筋骨；我提倡怎么想就怎么说，不必拘于用词和逻辑；我强调所有人都是朋友，没有城乡差异，没有名师，没有专家，没有权威；时间上的要求也不是很绝对。我不人为设置许多条条框框（除了必要的规则），不使大家觉得拘谨、不畅快，不轻易否定任何一个人的回答，努力让每一位老师感受到访谈的愉快，特别是没有信心表达自己观点的人。

对访谈这一培训方式的理解和认同，在培训开始时，我并没有过多地阐述。"如果你想改变人们的观念，你不应该试图从理智上说服他们。你需要做的就是把他们引入一定的情境，使其必须依赖观念而行动，而不要争辩这些观念"。读过一个有趣的故事，有位美国南方的农场主在田里工作，和他一起工作的人中有白人也有黑人，他想让人们消除种族隔离的观念。他的办法不是通过辩论或要求人们形成民主的观念，而是在田间只允许放一个饮水桶，如果白人工人想结束那炎热夏季骄阳里的焦渴，就必须喝这同一桶水，而且要用黑人工人曾用唇舌接触过的同一个勺子。他认为，当白人工人用黑人同伴用过的勺子喝水时，他们在唤醒自己的宗教伦理和社会公正方面正在产生比其他任何方法更为永久和深刻的态度转变。所以，我坚持不过多讲访谈的意义，而是简要地描述之后，把教师引入情境。

聚沙成塔，集腋成裘。细节常常不被人重视，但往往又是这些细节决定了活动的情境，也决定了访谈的效果。

2. 开放、精练的访谈问题

访谈，必然是要有问题存在。访谈问题，可以说是整个教师访谈的核心所在，是访谈的眼睛，是重中之重。没有恰当的问题，就不可能使老师产生更多更深入的思考和交流，也就不能获得更直接更鲜活的经验和答案，访谈就有可能"驴唇不对马嘴"，甚至陷入尴尬的僵局，无疾而终。

在访谈问题的设置上，我是颇费脑筋，也是投入最大的一部分。经过多次实践，我认为优秀的访谈问题需要注意以下几点：

（1）开放的，不能答案单一。目前我开展的教师访谈，对象都是百人左右，所设置的问题一定要具有开放性，具有挑战性，避免导向性的问题（就是已经在问题里暗示了答案），否则问题就没有了交流和讨论的价值。问题的答案要多元，要具有普遍意义，具有多维性，从不同的角度可以有不同的解读，使每个人都有的谈；要能够激发教师深层次的思考，形成思想上的交锋，实现百家争鸣。

（2）指令明确，不能自己明白别人糊涂。问题的表述应直接，针对性强，尽量不要提供冗长的解释或扩展，尤其是糊涂性问题要不得，容易使人不知所措，不知所云。

（3）符合实际，难度不能太大。问题要与老师的日常工作息息相关，触动他们对有关问题的观点和已有经验；问题不易艰深，不能为了表现自己的深邃而安排高难度的问题，即便这个问题如何的有价值，也要尊重老师们的实际水平，符合他们的最近发展区，使其跳一跳可以摘到桃子。有价值的东西才是最适合大家的，也是最需要的。

（4）简洁凝练，问题不能繁多。简洁凝练，首先是指整个访谈的问题数量不能多。求谈得透，而不是谈得多，摒弃蜻蜓点水。其次是在问题本身的表述上要入题快，多一字不如少一字，力求用最精练的语言把问题表达清楚，直接指向问题的目标，没有冗余信息，使人很迅速地进入情境。

（5）每个大问题中的小问题不能包含太多，最好不要超过两个。小问题多，势必导致老师们思考不集中，疲于应对，难于回答全面，或者只回答能够答的问题或记得答的部分，有时便不得不重复问题或重复要求。如"老师会受到学生的欢迎吗？为什么？你认为今天的小学生最欢迎什么样的老师？"共有三个问题，一个是"是否受欢迎"，一个是"为什么"，一个是"你认为今天的小学生最欢迎什么样的老师"。三个问题是递进的，思维上是连贯的。但实践证明，老师们往往回答的只是第一、二个问题，甚至许多老师回答的仅是第一个问题，大家对连续的问题往往关注不全面，所以后来将"为什么"删除，即第一个问题已经包含了这个问题，同时强调站在小学生的角度思考问题。

（6）关注问题之间的联系，不要各自为战。这方面我在起初几次访谈中是很忽视的，往往关注更多的是每个单项问题的严密性和合理性，忽视整个访谈框架的构建，缺少整体性的思考。后来重新做了调整。

（7）要有深度，问题不仅是简单的问答。访谈中设置的"换位思考"和"自我叩问"实际上暗含了两种思维方式，即做最受学生欢迎的老师，没有固定的答案，但一定要善于换位思考，勤于自我叩问，即站在学生的角度思考教育问题，不断地内省诘问。只有持久地坚持如此，最终才可以成为一个最受学生欢迎的老师。问题本身只是问答，但通过问题表达一份希冀是我的本初，这也体现了我对这个专题的思考。

（8）如果问题多，要集中呈现。这主要指访谈中安排的小组质疑环节。每个小组提出一个问题，收集上来后，我将它们贴在黑板上，集中醒目，使所有人都能看到，我再及时地进行筛选、归类和呈现。

3．必要、有效的小组交流

如果人们想记住一件事，活动参与与学习效果的关系大概是：读过的记住 10%，听过的记住 20%，看过的记住 30%，听过和看过的记住 50%，说过的记住 70%，说过和做过的记住 90%。因此，培训活动中的小组学习是一个有待于研究和开发的环节，尤其在教师访谈中发挥着极大的作用，它可以使每个人都有机会表达自己的看法，彼此交换意见，在交流和对话中生成新的想法和做法并能记住。与其说访谈是针对个人访谈，不如说是对每个学习小组的访谈，个人发言代表的实则是该组的集体成果，所以必要、有效的小组交流是我在实践中比较关注的事情。

（1）讲清小组活动的流程。目的是使老师们明确如何开展小组学习，知道先做什么，再做什么，最后做什么。比如请小组成员每人都在自己的纸上写一个问题，然后小组长组织组内交流，最后确定其中的一个问题，用带颜色的粗笔（我事先发给每个小组一只，另附一张 A4 纸）写在白纸上，然后贴到黑板上。这样既可以节省时间，又能井然有序，提高小组学习以及访谈的质量和效率。

（2）提醒倾听。交流与分享经验的过程要强调倾听不同人的声音，形成成员之间真正的交流。不能各说各的，使个别组员与身边的人开小会。真正的讨论应该是小组成员共同就某些话题进行研讨，后面发言者的内容与前面发言者的内容之间有逻辑关系，是前面内容的推进和升华。所以，一个人发言，其他人都应将自己的注意力放在他身上，全神贯注地倾听，思考自己可以如何就这个问题进行扩展和生发。比如英语 1 班，会场很大，座位分散，所以我要时时提醒老师们注意倾听，以防止小组开小会，各自为政。

（3）组织小组汇报。每个小组派一位代表汇报，其他组员可以补充，其他小组有不同意见可以争辩。小组汇报比较费时，如果让所有的小组都汇报，通常需要很长的时间，但只挑选部分小组汇报，又不够民主、公平。所以我希望一个小组汇报结束后，其他小组只汇报新的想法和做法，避免重复。如果小组数量过多，前几个小组讨论第一个问题，后几个小组讨论第二个问题。交流第一个问题时这些小组汇报，交流第二个问题时另外的小组汇报，这样不仅满足了所有小组的需求，不使交流环节占用访谈更多的时间，又可以使大家了解更多的内容，也避免内容的重复，达到事半功倍的效果。

（4）控制时间和节奏。一旦老师进入积极的讨论和发言的状态，很难在指定的时间内自己停下来，导致"没完没了"，所以在交流时，我要求在 10

分钟内完成，避免个人做冗长的"演讲"。有时如果小组讨论非常热烈，大家言犹未尽，可以适当延长时间。比如英语 2 班，我刚刚走向最后一个组，希望可以从他们这里开始交流时，身后传来声音："王老师，我们还需要一点时间。"我应允了："好，再给大家两分钟时间。"如果有的汇报人特别健谈，不仅说话冗长，而且乘机"兜售"自己的"私货"，我会提醒对方注意集体规则，避免个人的"话语霸权"，但不能打击对方的积极性，比如指指自己的手表作为提示，或者有礼貌地打断对方："对不起，你说的内容很有意思，但你的时间已经到了，能不能将下面的内容简单地说一下。""你还有最后一分钟。"我经常通过这些办法调控小组活动的时间。

（5）鼓励质疑。鼓励老师在学习中勇于提出自己的问题。比如在一次小组交流中途，一位女老师在我的鼓励下偷偷地拽我的衣角说："王老师，我想提个问题。"我笑着点头，继续听完别人的话，然后转身主动把麦克风递给她，她的问题大意是：我们的教学负担其实是很重的，让同学喜欢，又要提高教学成绩，还得应付各种检查。您从教研员的角度怎样解决我们的负担呢？我笑了，说："刚才我们听了《孩子，对不起》这首诗歌，这里我也想说'老师，对不起'。因为这个问题触及了各个部门，不是我一个教研员能解决得了的。中午我与朋友一起吃饭时也聊到这一点，我也很困惑和无奈。但我想跟你和大家说，有些事情既然是事实，既然我们解决不了，那么就要从自身想办法，'不能改变天气，但可以改变心情'，比如多读书，陶冶自己的情操，净化心灵世界，同时增长自己的教学智慧，用智慧使自己在有效的时间内提高成绩。"我不知这样的回答是否合理。下课后，她追我出来："王老师，你介绍的那几本书在哪能买到？"我告诉了她，然后说："谢谢你的问题。"她说："应该谢的是你，你讲得真好。"我们挥手告别。

另外，整个访谈安排了整体的、单独的质疑、解疑的过程，这是一个尊重和认同老师们的过程，相信他们具有自力更生、自给自足的能力，能够提出并解决自己的问题。要让教师真正发展，必须尊重他们自己的需求和愿望，按照他们的思维方式来改善自己的教学生活，给他们获得自决、自立和自身提升的机会。所以，在"上课"伊始，我安排了小组质疑的环节，把大家的问题集中通过黑板呈现出来；又在"课"的结束部分安排了小组解疑的环节，通过大家的努力讨论、交流并解答小组提出的问题。

4. 适当、合理地判断和追问

参与式培训中的访谈是半开放式的，是一种具有引导性的谈话。既然是谈话，那么在访谈过程中就需要不断地对老师所讲的信息进行判断和追问。

这个判断不能根据自己的印象如对方表达不当、观点不对等草草下结论，而要对这个非常庞杂的信息认真地梳理和辨析，适当地追问。我的感受是，在恰当的时机进行恰当的询问需要反复操练和心的体悟。既要注意保护老师的自尊，又要了解更多的答案，这个度把握起来不易。

首先认真倾听，不能分心。只有认真倾听，才知道追问什么。因为以往习惯了做专题讲座，走下台来与教师对话的时候实则不多，也因为经验缺乏，所以开始几次访谈，我的倾听多是潦草的，即更多的是关注我自己的语言，比如想下面我到了哪个环节，应该说点什么，时间还足不足，还要请谁继续发言等。这样一来，对正在发言的老师具体说了什么、哪里需要追问等并不是特别清楚。随着实践的深入，我逐渐发现了这个问题，于是一改以往，开始努力倾听。不是假装注意，而是非常努力，专注地倾听，仔细聆听大家的发言，不随便打断对方的话，设法增加每个人的参与次数，加强彼此之间的对话。事实上，这样的倾听非但不会影响下面的组织，反而使现场的交流更加深入，自然有序，也使整个过程更加和谐流畅，环环相扣。

其次，抓住有价值的问题进行追问。需要追问时追问，不能一味地问个不停，谁的回答都要问到底就没什么必要了。追问就像是剥洋葱，目标是进到洋葱的中心。我主要在以下几个方面进行追问：

（1）不具体时——请老师对自己的表达进行解释或举例说明。如一位老师说"这位老师不会受到学生的喜欢，因为他第一没有教师职业道德，第二幽默过度，第三专业素养不够"。话到此戛然而止，坐了下来。于是我接着问："你认为他哪里有失教师职业道德呢？""你说他幽默过度，如果你遇到这个问题，你会怎样解决？""从哪里可以看出他的专业素养不足呢？"这位老师又重新站起来具体表达，大家才听明白。

（2）含糊不清时——对于临时性发言，一些老师常常表现出前言不搭后语、思路不清的状况。听教学故事不是听取事实，而是听取中心主题，听取言外之意。这时追问就显得很重要，否则听者是比较糊涂的。比如一位班长在讲述完自己的一个学生入了初中后辍学的故事，话题一转又说起别的无关之事。我打断了他："班长，我们想知道你想通过这个故事告诉大家什么。"班长又继续说明观点，这样大家听得就很清晰了，否则听到的也仅仅是一个故事。

（3）需要深化时——有的老师发言完整、清晰，很有价值，需要引起大家的特别关注，这时也需要追问一下。比如我追问一位老师："你认为喜欢他的人多，还是不喜欢他的人多？如何让不喜欢他的那些人也喜欢他呢？"

这样可以引导老师通过表面现象看事情的本质，以及引发大家对怎样做的思考。比如希望大家对某人的发言进行思考和争辩，这时便不置可否，询问其他人"有不同意见吗"、"你们怎么认为的"等。正因为有不同意见，才需要交流，才有可能形成新的、更高层次的认识。让参与者把自己的看法说出来，这个过程本身就是学习。

追问是必要的，但要合情理，不能没头没脑地乱问。有时是按照对方的思路追问，有时是另辟蹊径，换个角度引发对方的思考。同时追问时开放胸襟很重要，即不能只认同支持自己的想法，而要尊重和考虑不同的意见。不要与对方争辩，不急着下结论，直到完全理解为止。访谈，不是辩论会，不是要争个你"死"我"活"，当然产生争议辩论是需要的，许多观点产生碰撞时需要表达各自不同的道理，但最终目标不是非此即彼，而是求同存异，允许不同。

5. 简约而不简单的专业引领和人格熏染

专业引领，指的是完全被我拥有的单独一段时间的讲座。访谈的一个最基本的要求是给参与者充分的时间讨论和分享，因此，我讲的部分便要压缩到最低时间，内容一定是非常简约的，而这些内容又需要精雕细刻，不可简单应付，要体现专业引领的作用。

时间上，我的专业引领安排了两部分，即分别在两个访谈问题之后。每部分20分钟左右，最多不超半个小时。

内容上关注以下几点：

（1）力图提高引领的专业性。作为学科教研员，与学生接触有限，这与班主任及基层学校工作的人士无法比拟，这大大限制了我对这一专题引领的广度和深度。我常常担虑提出的说法是否适应实际，是否经得起推敲，是否科学，是不是老生常谈，是否给老师们以新时期新的思考，是否符合需要等等。为此，我阅读了大量的相关资料，不仅购买了许多书籍，而且认真浏览了网络文字、视频等信息，最后经过精简、融合，坚持基础、朴实、实际的原则，最大限度地适合广大一线教师的操作需要，总结出"最受学生欢迎的老师需具有五个方面的特点"，"提高自身专业素养的五个基本途径"，不求全、求高，只求实、求可做。当然，关乎此仍是今后努力完善的部分。

（2）条理清晰，语言精练。作为教师访谈，语言的条理和经验非常重要。这不仅体现在PPT上，方便老师记录和整理，更体现在临时性表达中，即追问和总结时保持思维流畅，没有废话，没有重复话，没有口头语。这方面，我要感谢多年的培训经验，也要感谢多年坚持写日志的习惯。

　　（3）案例切合学科。作为通识培训，我要面对多个学科。每次备课时，我都会考虑培训对象，随时更换案例，也随时积累各个学科的故事。

　　（4）安排推荐阅读。我认为，一次有效的学习不是一时的，而是一世的，即影响教师的职业生涯。为此，我随处安排推荐阅读。我讲的观点和案例毕竟有限，但通过阅读相关书籍，可以帮助老师开阔视野，不断地深入学习和思考。同时，我想这也是读书的一种引领和熏染。记得一些老师纷纷问我这些书哪里可以买得到，甚至有买不到的请我帮助代买等等。看得出，老师们是渴望读书的，但不知应该读哪些书。

　　（5）关注名言引领。名言，以它精练深邃的道理让人铭记。专业引领中，每一个小节，我都放一句名言，以做总结。它们提纲挈领，总结性强，高度概括了我的思考和希冀，我很喜欢与老师们共勉。比如苏霍姆林斯基的"唤起人实行自我教育，乃是真正的教育"，朱永斯的"一个人的阅读史，就是他的精神成长史"等。

　　（6）讲述自己的故事。每个人的心里都有一片广阔的海，都有可以言说且感人的美景，当然我也不例外。我就站在各位老师面前，这是活生生的例子，可亲可感，自然朴实。我的故事不加任何渲染，虽然平凡，但真实；虽然不高尚，但可效可仿。比如讲述我的阅读史，通过三个阶段阅读内容、形式的不同，展现我一个普通人的成长历程，告诉大家打牢基础、拓展视野和经典阅读的重要和必要。比如讲我的二十张票的故事，通过积极主动地参加上级教研部门的优秀课大赛活动表达我勇于为自己创造听课学习机会的愿望，让大家知道：机会永远为努力争取的人准备，而不是天愿降尔；成长更不例外，没有主动的愿望，外界的力量不足以促动个人的发展。比如讲述我每天写空间日志的故事，表达坚持对一个人成长的重要，也即如鲁迅所说，任何一个民族，一个国家，一个人，只要坚持如毒蛇，执着如怨鬼，就没有不成功的。讲述自己故事的过程也是梳理我成长轨迹的过程。每每讲给大家听时，其实也是我个人反思内心、坚定行为的过程。我想，一次优秀的培训，也许大家对培训的内容记忆得并非有多深刻，但这个培训者自身的言行会对他们产生深远的影响。

　　（7）努力实现信息整合。参与式培训中的一切都在流动之中，随时都可能出现意想不到的情况，所提出的问题也许最后都没有答案。但访谈之中，互动、交流过程生成的信息值得关注，这与我预设的专业引领常常产生新的对话。讲座时，我随时更换案例，充分利用访谈过程中老师们讲到的故事、观点和经验等做注解，这就增强了访谈与专业引领的统一性，以及策略的价值和意义。其实，老师们谈的内容似乎更鲜活，是非常重要的可利用的案例。

（三）问题思考

很高兴教师访谈目前被越来越多的人所理解和认同，这无形中增长了我继续思考和实践的决心和力量。但随着研究的深入，我越来越发现有许多问题是值得深思的。主要有：

1. 从参与的角度看

（1）有哪些参与？

教师访谈属于参与式培训。参与不仅仅是简单的介入，它反映的是一个群体被广泛赋权的过程。只有当教师已有的经验和问题被认为是有价值的，并被赋予权利，能够对自己的事情做出决定时，他们的工作状况才有可能被真正的改善。那么我的访谈到底赋予了教师们哪些参与的权利？他们的权利是否得到了真正的尊重？比如我关注了老师提出自己实践中的问题，那么对于我的讲座内容，他们是否有问题生成？是否可以要求教师在讲座过程中主动提问，或者先将问题记录下来，留到讲座结束时一起提出？还有哪些决策需要教师的参与？

（2）参与的实质情况如何？

参与分被动参与和主动参与，那么，我的教师访谈属于哪种？其实反思教师访谈前期的准备过程实属让被调查者被动参与，即我准备好了问卷，准备好了座谈问题，准备好了路径，被调查者完成我强加给他们的问题，他们并没有了解调查的结果，也没有机会核实结果的准确性。而在访谈的过程中，虽然我会耐心倾听他们的意见，但是他们对我的引领部分没有决定权，我依旧按照我既有的思路和观点总结。今后，被访的过程如何更好地与专业引领部分有机地整合，如何将大家的意见和思考恰当而完整地融入其中，是一个难题。

（3）参与是否具有全面性？

参与的不均衡是永远客观存在的。在给教师参与机会的过程中，不同人的反映是不一样的。有的教师心里可能欢呼雀跃，很快地抓住机会；有的人随波逐流，亦步亦趋地往前走，有的人需要叫到才表达；而有的人拒绝发言，甚至心里暗自担心被关注，躲在角落里唯恐被叫到，有惧怕心理。那么，如何采取自由发言、相互补充和争论甚至是辩论等方式，让每一位参与者都能自由地表达自己的见解，而且在互动过程中深化对主题的认识？如何将最后一部分人唤醒，使他们也能参与到交流中来？教师访谈提倡平等对话，但真正的平等对话是否可能？小组交流与对话中表达的到底是谁的声音？小组质疑中的问题谁来分析？分析什么？什么时候分析？如何处理？目前，是由我自己整理，在黑板上进行归类分析，草草结尾。对于访谈，我有更多时间的控制权。是否可以留有更多的时间大家一起分析，生成新的解释和新的意义？既然是教师访谈，就必须有教师的平等参与，但为了完成既定的内容，又担心教师参与的无限，影响自己对整个培训的控制，不能按时完成任务，这样的矛盾心情经常纠结于心。

（4）参与的价值是什么？

是不是表面看起来很热闹，但真正的学习并没有发生？是不是三分钟热血，但到实践中去时又穿新鞋走老路？教师访谈到底给大家怎样的感受和改变？他们是否像我当年参加宋主任的教研员访谈那样收获颇丰？这是我一直担心的问题，也是目前为止暂时没有考证的问题。有一段时间，我希望可以要求参与访谈的老师撰写访谈心得，但唯恐给培训班增添任务量，也就作罢。评价一次访谈的优劣，参与者是最有发言权的。当然，需要全面兼顾，而不可听一家之言。

2. 从访谈过程安排的角度看

（1）访谈前期要做哪些充分的准备？目前我的教师访谈都是0出场，即正式访谈前我与参与者不曾谋面，没有任何联系。那么访谈是否需要前期准备？比如了解参与者的学习习惯和已有知识，请参与者组成学习小组，分配角色和职责，自行制订和完善访谈计划和提纲，了解他们需要解决的问题，他们希望怎样进行访谈，甚至提前把访谈问题呈现给他们，使其在正式交流前有预热，即学习、思考、搜集资料、分析资料、整理资料的过程。

（2）教师访谈是否可以与其他参与式方法有机整合？又该怎样整合呢？比如教师访谈一定要通过问题引领吗？可否通过其他方式进行？比如发给每个小组一些阅读材料，然后讨论、交流、发言。培训者变化教学方法不仅能够使参与者学得更有成效，而且能够使学习过程富有节奏感，以免单调、乏味，促使参与者保持高昂的学习兴趣和学习热情。回顾自己的教师访谈，有时过于僵化，对事先设计的序列过于较真，只有在前一个步骤完成之后，才能走下一步。那么，如何满足参与者的多样化需求？是否可以将角色扮演、模拟、观察等与访谈整合？

（3）教师访谈并不排斥短时间的讲授。但是在讲授中，交流是单向的，如何促进听者的反馈？教师访谈强调的是低层次学习，对参与者的高层次学习重视不够。那么如何提升专业引领的视野和高度？

（4）小组活动是否科学？是否需要访谈前的角色定位？比如除了小组长外，记录员、计时员和汇报员等分工。小组人数过多，个人在讨论中容易受到压抑，喜欢说话的组员可能独占小组活动时间，而对一般人来说，对一大群人说话比对一小群人说话需要更大的勇气。那么多少人才是合理的，才可以提高讨论和发言的有效性？如何关注小组成员是否在交流，交流得如何，有哪些问题？小组成员之间身体距离的靠近和目光接触不仅能够提高交流的质量，而且可以促进人与人之间的和谐和信任。那么小组座次是否可以集中坐在一起，围成圈？

3. 从访谈评价和记录的角度看

（1）访谈记录是教师访谈中很关键的一环。但目前为止，没有一次完整的访谈内容和过程的记录，有的只是一些片段录像以及图片等，导致许多有价值的信息流失。每次想安排访谈记录员，请现场的老师做好记录，但总是不忍剥夺了他（或她）参与活动的权利。好在还有日记，可以让我回忆些具体的案例和当时的感受，也为写此篇访谈故事提供了许多宝贵的财富。

（2）如何评价一场优秀的教师访谈？一位优秀的同行说："老师们能真心投入，真诚参与，就是成功。"初听有道理，但这也只是一次合格的访谈。培训的效果并不在于培训者本人的控制感如何，而在于参与者是否在真正地学习，但真诚参与只是真正地学习的前提和保证而已。经过多次实践，我简要列出《教师访谈式培训评价表》，不知是否可行。

教师访谈式培训评价表

年　　月　　日

培训者		参与者		人数				
地点								
专题								
基 本 指 标			评　价					
			自评			他评		
			A	B	C	A	B	C
访谈情境	愉悦、轻松的访谈气氛							
	民主、平等的访谈关系							
访谈问题	目标明确，具有开放性							
	紧紧围绕访谈专题，有访谈价值							
	符合实际，难易适当							
	指令清晰，语言精练							

（续表）

小组 活动	拥有充足的活动时间					
	小组成员之间有真正的交流，参与率达100％					
	访者关注小组交流状况，适时参与小组活动					
	形成小组的观点					
访谈 过程	教师主动参与交流，积极表达，参与表达的人数在总人数的20％以上					
	访者认真倾听教师发言，善于鼓励和表扬					
	进行有效、恰当的追问，访者与谈者之间开展有效的交流					
	与教师平等对话					
	教师勇于提出问题					
	安排一定时间解决教师的问题					
专业 引领	时间合理，每次不超过20分钟					
	内容切合教师实际					
	具有专业水准，有高度、深度					
	教师在访谈中的看法和问题得到充分重视，大多数情况下被利用					
访谈 效果	优秀（30—40个A）		良好（20—30个A）		一般（20个以下A）	

4. 从后续效果的角度看

如何观察访谈的后续效果？一般地，教师访谈的时间不够，参与者无法充分表达自己的困惑和不同观点，难以形成意识上的冲突，达到预期效果。即使达到了预期效果，由于时间不足，没有在脑子里扎根，也会很快消失，来得快，去得快。而且，教师访谈的结果是多元的、动态的，不可能为任何一个问题提供一个最终的答案，所以一般既耗时又效果不明显，看看笔记，没什么，想想参与，也没什么。教师访谈不是为了表达经验，不是为了发现事实，而是为了促进参与者自己学习，提高自己学习、分析自己教育故事的能力。那么，培训之后，教师到底有哪些改观？如何了解参与者后期的培训效果呢？这似乎显得不重要，但又应该是最重要的。

四、撰写我的访谈故事——访谈的总结期

2010 年暑期，我刚刚做完第九次教师访谈后，英语班班主任省学院继续教育办公室王娇娇老师于课间与我闲聊，她说："去年我听过你一次访谈，今天再听，有太多的进步，效果真是不同。"我愕然。我问她听的是哪次，她说是 2009 年暑期的语文班。我惭愧地说："那次效果我认为还是比较好的，数学班我才给自己打了 70 分。"我告诉她，如果听了第一个班的访谈，再和今天的比，也许差距更大。

差距，其实是客观存在的。教师访谈作为参与式培训，不同的访谈对象，效果自然不同。做一次好的访谈是比较困难的，需要长期实践的积累和艰苦的思索。但这给我一个触动，那就是我应该认真而系统地总结一下开展教师访谈的经验了。回顾过往，是不是可以从中汲取更多的好点子，摒弃更多的不佳之处，同时希望让更多致力于开展教师访谈的同行们少走弯路？难道这不是一份宝贵的财富吗？

成果转化？对。

我开始动笔。

起初，列了多个提纲，想给自己创造多个写的角度，最后看看哪个角度可行。可行？我并不知怎样算可行，也不明确最终要写出点什么，写到哪里，只是想回忆……

很高兴一直有自信伴随，知道只要付出与努力就会有进步。这个进步是我自己期望的进步，也许他人并不知晓，但我知道，所以特别欣慰。也一直感受着教师们对教师访谈的热情，它常常会超出我的预想，所以也特别兴奋。丰富的情绪让我体验到了尝试教师访谈培训的快乐和满足。

时至今日，我仍然特别感激省领导对我的信任与鼓励，让我拥有尝试的勇气；感动她们的支持与赞赏，让我拥有实践的信心；感谢她们的关注与厚望，让我拥有源源不竭的动力……

于是，我信笔写下这样的句子：美好的回忆总是令人如此难忘，宛如一幅绵长而绚烂的画卷，展开来，即在眼前。是啊，漫谈，慢慢地想进去，写进去，即成此长文。

送给自己，也送给可以耐心读下去的人。

（参考陈向明《在参与中学习与行动——参与式方法培训指南》，教育科学出版社）

拨云见日之做中学

——课例研究与主题辩课培训之回顾

在"'国培计划（2010）'——吉林省农村骨干教师培训项目"小学语文班上，我围绕同一主题开展递进式的两节培训教学：课例研究和主题辩课，引导学员真正在连续的做中拨开乌云见青天。

一、培训的思考与起源

做中学培训方式是我继前两年开展教师访谈式培训后的又一次关乎参与式培训的尝试和探索。实践做中学式培训，一则来自于对参与式培训的热衷和喜爱。参与式培训是目前国际上普遍倡导的一类进行培训的方法，它力图使在场的人都投入到学习活动中，都有表达和交流的机会，在对话中产生新的思想和认识，丰富个人体验，参与集体决策，进而提高自己改变现状的能力和信心。教师访谈是参与式培训之一；做中学也是其中之一，而且是比较重要的一种。二则受陶行知先生"教学做合一"思想的影响。他曾说，"教要按照学的法子，学要按照做的法子"。我们要在做上教，在做上学。在做上教的是先生，在做上学的是学生。从先生对学生的关系说，做便是教；从学生对先生的关系说，做便是学。先生拿做来教，乃是真教；学生拿做来学，方是实学。我认为，教学如此，培训亦如此。

也由此，我一直喜欢和习惯将我的报告称为上课。上课比单纯的讲座艰难，挑战性大，但更有趣，也更有意味。做中学培训，当然是上课。

拨云见日，即拨开学习主题"阅读教学中如何提高读的有效性"的云。此云是指学习之前学员在主题内容及日常学习过程中存在的问题：一是课堂观察意识淡漠，观察策略缺失；二是对自己听课所思所想不能充分地表达与交流；三是对于阅读教学中到底如何实施读的有效性这一问题缺少理性认识和实践经验。听了但不明确如何做，思了但没有碰撞，懂了但不知还会遇到哪些问题，这恰恰是目前某些培训所产生的培与用之间的矛盾。

二、实施思路简介与二者的关系

课例研究和主题辩课两节课中研究和辩论的都是郭沫若先生的诗歌《天

上的街市》，属同课异构。先研究课例，再进行辩课。研究的专题都是"阅读教学中读的有效性"，其中课例研究一课的思路见下图：

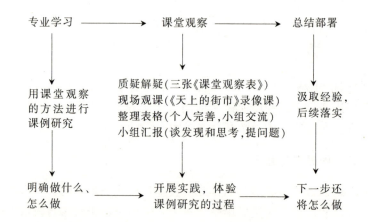

主题辩课一课的思路见下图：

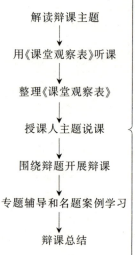

谈看法——

　　第三学段是否还需要教师范读？不需要，为什么？反之，应该注意哪些问题？

　　哪些环节安排默读最适宜？默读是否一定需要动笔？

　　你认为什么是诵读？诵读如何开展？

　　第三学段是否需要教给学生朗读技巧？需要，为什么？反之，怎样教？

　　本课分别采用了角色换位、引读、抓重点词句等方法引导学生读好诗歌，你认为哪种方法最高效？为什么？

　　你认为什么时机呈现诗歌创作背景才最有利于读好诗歌？

　　关于"联想和想象"的概念，你认为要不要讲给学生？不讲，为什么？如果讲，应该如何讲？

　　……

提问题——

　　……

课例研究与主题辩课两节课的关系如下图所示：

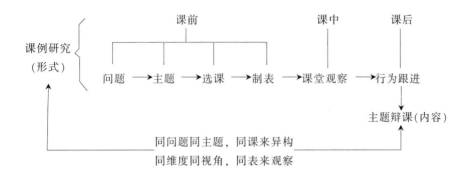

纵观以上不难看出，无论是课例研究，抑或主题辩课，除了专业学习和专题辅导等有少时的集中讲座外，其余更多的时间都用于所有学员对培训学习的介入，比如商讨《课堂观察表》，现场听课，用观察表记录课堂情况，个人整理，小组交流，全班汇报听课状况，尤其是给学员对不同问题进行思考和辩论的时间和机会，等等，都试图使学员享有动口、动笔、动脑等实践的机会，在亲自实践中提出、分析和解决课堂中的问题，在交流和碰撞中产生新的思想和认识，进而在行为上发生潜移默化的变化，从而渗透到自己的日常教学行为中。而且，同问题同主题同课异构，同维度同视角同表观察，连续的参与式学习使学员最大限度地深化了对"阅读教学中读的有效性"这一主题的思考，增强改进自身课堂行为的紧迫感。"解铃还须系铃人"，情感上的震撼通常比理智上的说服更有力量，也更持久。

连续性的同主题的参与式培训也是我日后要着力实践的。

三、培训效果及思考

不做赘述，仅以几位学员的话略做说明。吉林市永吉县实验小学的杜鹃老师说："主题辩课这种形式更加直观地告诉我们为什么、怎么做以及为什么要这么做。"白城市洮北区青山镇中心校康艳平老师颇有感慨地说："在《天上的街市》课例研究的课堂观察中，我们根据观察表把整节课在阅读教学中如何提高读的有效性这一问题很轻松地解决了，而且在填表过程中全面了解了学生的参与情况，教师对学生的态度、教师的处理及教师的解决策略，我非常受益。""听完讲座后，若不去看笔记，很快就会忘掉，回到宿舍，看笔记才重新有了记忆。但是，今天的参与式培训——做中学，让我又上升到了一定的高度——因为参与了、做了，所以我理解了。"

此时，回头再细细思量两节做中学培训，问题是存在的，也给我带来诸多思考。如何在培训之前将学员的问题集中起来，有效地落实在辩题里？如何使学员有更多的机会参与到课堂观察表的研制之中？如何在培训中给学员们更多的时间参与表达和交流？如何促动所有在场的人都积极有效地投入到活动中来？等等，还有待于今后在做中学培训实践中进一步完善和提升。

"先生的责任不在教，而在教学，在教学生学。"扪心思索，我们培训者的责任不在于讲，在教做，在教学员做。"太上，不知有之；……功成事遂，百姓皆谓'我自然'。"推人及己，最好的培训者，学员甚至不知她的存在，当培训结束了，学员会说："这是我们通过自己的实践学习和认识到的。"做中学，乃至其他参与式培训契合了此份责任，更给我这个热爱培训的人达至"最好"提供了实践和思考的平台。

在国培班课例研究这节参与式培训课上，我们一同围绕《天上的街市》一课开展了课堂观察。

作为培训者，走下讲台，融入到学员中去，是我的习惯和坚守。有问题不回避，有想法就交流，我与他们在学科研究面前都是不折不扣的学生。

我想，我属于草根教研员，基层老师的提高和成长是我的使命，不可推卸。

指导与成长的故事

在"国培计划（2010）"——吉林省教师培训项目中，我承担小学语文短期集中培训班的教学指导教师一职，主要负责培训班的课程设置、简报制作、总结报告等工作。我的粗浅理解：教学指导，一则指培训教学课程的指导，二则指学员学科教学的指导。而在培训期间，我侧重于为学员服务，广集学科问题，时时给予指导。

指导指的是我，成长则是培训班的学员老师。

《成长》，其实是一位叫杜鹃的老师（现为永吉县小学语文教研员）有感而发的一篇文章，是她在历经整个培训班学习、反思、实践这一过程的点滴见证——

成 长

10月21日，是我最紧张兴奋的一天，也是我最高兴激动的一天。

这一天，我带着四班班主任倪老师和所有学员的厚望和期待，登上了培训收获汇报课的讲台。虽然这仅仅是一次学员的汇报课，虽然我不止一次参加公开课、竞赛课，但是紧握的双手始终无法轻松地放开。因为我深知这节课凝聚着多少人的汗水，能不能把我们的培训所得通过这节课很好地诠释出来，对我来说还是个未知数。但是，看着大家充满信任的眼神，我暗暗给自己打气："我一定行！"

走上讲台，拿起话筒的一瞬间，我的心平静了许多。开始上课了，看到一双双求知若渴的眼神，我便把一切杂念都丢到了脑后，心中只有面前的孩子。课始沟通、启发引导、交流倾听、范读纠错……当听到台下响起一阵阵热烈的掌声，当听到专家学员一句句认可的话语，我紧张的心一下子放松了，随之充盈脑海的是无尽的感激。

几天前，经过学员自愿报名、班级调查推选，最终确定由我来承担这节汇报课。当时压力真的很大，但唯一能做的就是把压力变成动力。先是选课，再结合这几天的培训得出设计方案。

初案很快就定下来了，但心里确实没底，于是我找到了大家公认的小才女老师——王蕴枫。王老师个子不算高，梳着微浪的长发，一条粉色的围巾很好地映衬了她娇小的身材，全身上下无一处不是透着灵气和才气。她的课例研究给我留下了很深的印象，她的"腹有诗书气自华"的魅力更让我折服。王老师永远面带微笑的脸更是鼓起我敲开她房门的勇气。

"王老师，您好。我是永吉实验小学的杜娟，我承担了我们班的汇报课，预案我已经设计好了，想请您指导把关。"

"欢迎，欢迎，快请坐。"

看到王老师这么热情，我放松了很多，我把教案拿给她看，王老师仔细地看着……

"预案的整体把握还不错，重点抓得比较准，预设也比较详细……"

"你看，这个环节是不是这样改一下会更好……"

"结尾还应有一个全文的回读，另外高年段也要注重习作章法的指导……"

……

王老师亲切和蔼的态度让我感到温暖，中肯的话语如涓涓细流在我心中流淌。有了专家的指导，我的心里踏实多了。

第二天，倪老师又组织全班学员集体研讨我的预案。我先说课，然后全班分组讨论，每组把意见集中后选一名代表进行交流。我仔细听着，认真记着，优点和不足一股脑儿全都写了下来，想着晚上回寝再整理修改，但到了晚上，我看着看着，又一次不知所措了，有几处细小的环节，大家的意见各不相同，而我也有自己的想法，怎么办？

——小才女老师，我又想起了您。

看看时间，都已经八点多了，太晚了，真不想再去打扰王老师。因为她太累了。讲课、组织会场活动、编排简报……这些天因为连续熬夜，她已经很憔悴了。可是心里这几处小纠结着实让我坐立不安，思来想去，我还是忍不住敲响了302的房门。

还是那张亲切的笑脸，真温暖。

"高年级第二课时可以直接进入重点文本的讲读，字词的笔墨不用太重……"

"几件趣事的处理详略要得当……"

"明天我还会主持一次主题辩课，我会讲关于'读的有效性'，你好好听听……"

……

王老师第二天主持的活动和她关于"阅读教学中读的有效性"的讲座确

实让我受益匪浅。针对讲座内容，我又一次对自己的预案进行修改。如：手势导读、引读以及默读等几个方面我都进行了相应的调整和更科学的安排。有了理论的支撑，我的底气就更足了。

到了汇报日，丑媳妇终于要见公婆了。看着那个这些天一直属于名师、专家的讲台，我还是为自己捏了把汗。最终，我的课赢得了掌声和好评。虽然这次课没有什么奖项和表彰，但这一段拔节成长之路将会是我人生中最宝贵的财富。

我成长！我幸福！我感谢！

读这篇文章，我确乎是感动了。岁月怎无痕？几次在我看来习以为常的指导竟有幸成为杜鹃成长的浓重一笔。此文当时是想发表在《培训简报》上的，但我是主编，未免有标榜自己之嫌，于是只截取了其中两个小片段。今天全文呈现在这里，旨在真实再现我指导学员上好实践课的过程。我想，这比自己的叙述更加亲切生动，也更具有说服力。

第一，为什么要指导上实践课？

实践课，即教师在经历一段时间的培训学习之后，将自己的学习所得通过课堂教学的方式现场展示。每个班一人，共四人。实践课备课的过程是将所学内化为自己教学能力的过程，更是班级学员群策群力集体研讨的过程。而在由学习到实践到内化的过程中，吸纳理解得如何还是个未知数。学习的程度不同，内化也是需要一个过程的，偏颇、错位都是常事。因此，在开班第一天我在介绍培训课程时，便与全体学员说，在备课过程中或者遇到其他教学实际问题，如果需要，可以随时找我，并公布了我的电话号码。在培训班担任教学指导教师时，我撰写了《教学指导教师之路》日志，每日一记。其中有篇文章叫"备课，你需要我吗"，表达了我当时想学员所想，实实在在帮助他们解决实际问题的初衷和愿望。

第二，怎样指导的？

曾记得三班代表说："当您在前面讲《天上的街市》课例研究时，我心里就决定晚上找您帮我备课。"一班黑龙江的代表与我住同一楼层，更是时不时过来与我商量。也曾记得，我与所有学员在课下探讨学科问题，餐桌上、上下课的路上、宿舍里……恰恰我给学员准备的两节课都采用了参与式培训的方式，分别是《天上的街市》课例研究和主题辩课。两节课围绕同一篇课文，先进行一节录像课的课例研究，再现场呈现一节课做同主题的辩课，这样更增加了指导的厚度和广度。

比如杜鹃说："以前我在设计教案时也很重视读的训练，但只是为了读而设计读，虽然课堂上读的形式多样，却是知其然不知其所以然。我很少考虑到每种读的实际作用，它更适用于哪个环节，以及在应用这种读的策略时应该注意哪些问题。听了王老师的讲座，我茅塞顿开。"

第三，指导的效果如何？

除去杜鹃的文章，还有许多学员的反馈都如实地说明了教学指导的作用和价值。《中国教育报》2011年1月3日刊登的文章《吉林"土专家""国培计划"唱主角》一文中，记者引用了学员这样一段话：参加培训的教师王淑之告诉记者："我遇到的困惑，王蕴枫老师好像都明白，跟她沟通特别开心，我从未觉得自己无知而羞于向她请教。"

殚竭身心为学员，精细指导奔成长。示范引领，雪中送炭，"着力解决教师教育教学中面临的实际问题"，指导与成长，我与学员，是国培为我们架起一座友谊之桥，所以最后仍要表达几个月以来常挂在嘴边的话——感谢国培！

（此文是2011年初省国培项目验收总结会上的汇报）

教学指导教师日志

做"国培计划"吉林省教师培训项目的教学指导教师，我肯定地说，这是一件极其煎熬的事，尤其是 2010 年我省的第一个国培班——小学语文班。班级数量多，学员多，时间也长。但在连续 15 天的培训日子里，我和学员们同吃同住，结下了深厚的友谊，也亲眼见证了培训班的整个经历，更系下了我与国培难以割舍的情结……

（一）
"家 的 感 觉"

作为国培的教学指导教师，任务艰巨，又缺乏经验。于是，10 月 10 日培训班报道之日，我便背着简单的行囊，怀着满腔热情来到培训地——东北师大实验校。

这是一个秋风萧瑟的午后，但这有着丰厚文化积淀的学校毫无清冷之感，反而更加给人以厚重和温暖的感觉。

给我这种感觉的当然不仅是这所名校。

"家的感觉"，这是我走进报到处听到的第一句话，说者是一位风尘仆仆的女教师。原来她发现自己的餐券有误，说给班主任杨老师听时可能是略带怨忿的，但杨老师态度和蔼可亲，急忙又找来一套递给她，并告诉她："有什么事随时来找我，别客气的。"

"家的感觉。"女老师说。这句话使本来并没注意这一场面的正在细读日程表的我抬起头来，于是，见到她满足、温馨的笑容挂在脸上。

"家的感觉"，一句发自肺腑的话。

我又何尝没有这样的感受呢？踏进报到处，几位班主任分别热情地与我打招呼，倪老师向我介绍着日程表的变动、名师视频光盘的魅力封面，杨老师把优盘里中学语文班的简报拷到我的电脑里让我借鉴，充满朝气的娇娇老师则一边翻看着分组活动的程序 PPT，一边叙述、解释着给我听——这溢满浓情的场面，我是着实喜悦着，感动着。

不止这些。我们研讨着小组讨论问题的征集，交流着撰写《小学语文培训教学问题和分析》的意义，我更感受着这个培训领导队伍的融洽和团队合作意识，以及整个培训组织和管理的细腻。

分组后，培训班分成四个小班，每个班都有专门的生活指导教师为大家服务，带领学员到指定的教室里上课，告知卫生间等事宜。培训班的总指挥宋海英主任在我们吃晚饭时并不急着打饭，而是把包放在椅子上，四处观察着饭食的问题，与服务员"交涉"着；坐在那吃时，她见旁边的老师们等着，便温和地说："你们回屋去休息吧。"黑龙江的学员们提前来餐厅，她耐心地告诉她们："六点吃饭，师傅正在给你们炒菜，热乎乎的呢!"

与宋主任闲聊时了解了许多培训班的细节，如专门做了精美的胸牌，更值得一提的是为学员提供了十节名师视频课，他们专门在光盘封面注明了"我随名师进课堂"的字样，精细如此，不得不令我啧啧称赞。

在这个"家"里，在这半个月的短期培训行程里，还会发生许许多多的故事，我定会感受到许许多多的真情……

（二）
培训无小事，细微见精神

开班式后，我参加了四班的分组活动。

吉林省十个地区，每个地区的学员平均分到三个班，黑龙江的学员自成一班。每个班又分成了若干个小组。有趣的是，每个组并非按学号顺序，是再次被打乱。班主任倪老师告诉我，这样实施旨在增加地区、校际、学员之间的沟通和联系——我不禁再一次被组织者科学的思考和缜密的安排所打动。

只见各个小组分别向心而坐，开展组内活动——

第一项活动：自我介绍。包括姓名、年龄、来自哪里、工作简历及职务，对"国培计划"培训班的了解和期待等。不一会儿，只听各个小组已打得火热。"大家好"、"认识你们很高兴，我来自……"、"我们互相学习"、"以后有机会到我们那学习"……20分钟短短的时间如白驹过隙，老师们还都意犹未尽。

　　第二项活动：了解课程。小组成员共同查看培训班课程表，了解整个培训期间安排了哪些案例教学课、哪些专题讲座，还有哪些形式新颖的培训学习活动。再通过讨论明确培训班需要学员如何参与才能取得最大的培训收获。

　　第三项活动：推选组长。倪老师话音刚落，一个组的掌声已经响起，然后此起彼伏，学员们积极投入，热情参与，彼此谦让，互相尊重，一个个良好的和谐的团队建立了。

　　第四项活动：明确任务。组长组织小组成员查阅课程表和研修手册，结合培训任务分析明确培训期间学员个人需要完成的自主研修任务和小组需要共同完成的团队学习任务。自主研修任务有网上注册、撰写研修日志等，团队学习任务有分组讨论、教学论坛、教学汇报课等。

　　第五项活动：为小组命名。集思广益，基于大家对这十五天培训历程的期待和志愿为小组命名，并推出一位代表做一分钟演讲。听，这是陆续上台的六个代表的发言："超越自我，在快乐中学习，在学习中提高。""望月团队，'会当凌绝顶，一览众山小'，聆听专家讲座，得到最大的提高。""明星小组，明星明星，明日之星。""我参与，我快乐，大脚牛，向前冲，冲冲冲。""蚂蚁组，蚂蚁的团结力量很大，团结合作，在学习中收获并快乐着。""红色枫叶，相聚在十月的金秋，那么美丽，既有希望又有收获，我收获，我快乐，我成长。"好精彩和灵动的组名！

　　整个活动充满了热情和尊重。PPT中的"小贴士"时时提醒老师需要怎么做，比如："热情友好、言简意赅、遵守时限、认真倾听，才能给大家一个好印象哦！"

　　昨天偶然听学员聊，大意是"以前我们分组，好多人，闹哄的，还不如听课了。"当时暗想，明天的分组活动不知如何。此时，亲身体验了分组的过程，深深地感触到：分组绝不是时间的浪费，而是一种必需。它的重要意义在于形成团队意识，在于明确课程和学习期间的任务，更在于引领整个培训合理、有效、顺畅地运行。

　　培训无小事，细微见精神。

（三）

备课，你需要我吗

据说，我在给四班上课时，她便定了要找我帮忙备课的想法。于是，在我还未安坐时，她便敲门而入，连声的"不好意思"，笑容如阳光下开得正艳的花儿。

这是一节长春版的课文《黄的是麦穗，扁的是豆荚》，是一篇精美恬静的散文，描写了自由、快乐、有趣的乡村生活。她先叙述了自己的整体教学思路，然后递给我教案设计。第二课时切入重点部分，品读感悟，以读代讲，四个故事并不平均使用力量，精读第一个，其他三个自由选择喜欢的部分，读出生活的趣味和孩子们的快乐。设计得都非常好，我唯一提出的建议是要安排回读，实现整体到部分最后回归整体的过程，以及开课之时浏览的虚设问题。她欣然接受，满足地在感谢声中离开。

其实对于阅读教学，没有对文本的细致解读，谈不上深入备课，而我恰恰缺少了这样一个"利其器"的过程，因此只能给她一些整体的建议罢了。她的感谢让我很惭愧。作为一个教研员，对课文不能深入理解和把握，是不是失职呢？

在帮助中，我不由自主地反思。

教学指导教师，我的作用是什么？培训班安排了学员课堂教学展示，所以学习第一天我便在会议上说："这段期间需要我的帮助，无论是语文学科教学方面的还是其他，尤其是要上课的老师，如果需要合作备课，可以随时找我。"

于是，有了晚饭后的我们的备课。

备课，你需要我吗？我来了！

（四）

我们都在成长

作为教学指导教师，我有幸听到培训班每一位培训者的课，这是我承担此项工作中较为受益的。我是培训者，也是一名虚心的求教的学员。

今天听了三位培训者的课。她们有一个共同的特点，都很年轻。最小的而立之年，最大的也才近不惑。仿佛这与学生盼望自己的老师年轻漂亮而富有朝气异曲同工，学员们也非常喜欢这三位老师的蓬勃朝气。

而最让我感受深刻的还属三位讲课老师严谨且符合教师实际需要的理论，以及丰富鲜活且有趣的教学案例。比如关于课堂教学行为的分析，现场的案例讨论和交流，低沉深情地朗读及其带来的名师课堂片段展示，以及带有地方口音的风趣的语言和对学生作文的解读等等，都给我留下了不可磨灭的印象。

感受之一：理论是实践的基石，是实践的指南。没有思想指导的行动是盲动。理论不能用来烤面包，但理论让我们吃起面包来更香。而广大教师往往凭经验教学，缺少对事实的提升和新的行为的构建。

感受之二：行为的指导最有效。当一个个鲜活的来自培训者的案例摆在老师们面前时，便可以架起自身与专家行为之间的桥梁，对比、综合以及扬弃。理论过多，势必较难理解和掌握，就目前的实际占有率来看，也是最为狭窄的。只有实践的具体指导，才可以产生深远的影响。

感受之三：既有理性的提升，更有实践层面的指导，再加上丰富的语言艺术的表述，以及充分调动老师们的广泛参与，给他们发表意见和感受的机会，才是一场优秀和富有实效的培训课。要让理论成为帮助我们理解事实的工具，而不是单纯地灌输。

听他们的课，并不会给我具体的学习的榜样，但无形中我相信自己在成长。这仿佛也同学员们一样，听我们的课，他们也未必学到许许多多的东西，但不能否认的是，她们一定也在成长——悄然地成长。

（五）
感动如风

昨晚在网上阅读了关于黄亢美老师的一些文章，被他深邃而科学的汉字字理研究的成果和独树一帜的教学风格深深地吸引，好奇和期盼之心愈发深沉而热烈。

初见黄老师，一位温和慈善的老者。两鬓微白，但精神矍铄，毫无花甲之年之样。在他面前聊学科教学，拘谨而不能言无不尽。在他面前，自己仿佛就是一个怯怯的学生，或者惹祸的孩子。

但熟悉了一会儿，我便有些许"放肆"了。清早陪他吃饭，便询问了好多问题，比如关于如何看待王崧舟的诗意语文，他说"诗意让语文课更有味道，语文让诗意有了阵地"，他说融百家之长，抓根本，才能做好语文。语文姓什么，姓语。语文的根是什么，是字理。从字理识字到字理教学，到字理教育，符合了汉语言文化的规律。作为农村教师，不要想那么多道道，只要抓住了根本，就能够把语文教好。

比如征求他关于学员对他做一个专访的问题，他欣然接受，并帮我设计现场。他提出，一对一的专访时，其他学员可以不走，这样受益面更大。好一个一心为老师们着想的大家啊！我不禁感动。

其实的确如我的一个特级教师网友张红所说，这些全国著名特级教师都很朴素，也都那么和蔼可敬。他的杯子、衣着、随身所带用具，不说别的，单说他的那个傻瓜相机，该是五六十年代的流行物品了吧，如今在我这样普通人的家里都早已不存在。而他这样一个著名的特级教师，常年不间歇地各地讲课，却仍保持如此朴素的生活，怎能不让人敬重？

下课前，我向全体学员说了这样一段话："我读过许多黄老师的文章，尤其喜欢读他关于评论支玉恒、于永正等特级教师的文章；我也读过别人写他的文章，如《浓浓语文味，深深汉语情——全国著名特级教师黄亢美语文教学艺术赏析》，还有《活用汉字三千，人生风光百年》。我读得远远不够。今天听了他的课，亲眼所见，亲耳倾听，这样的感动，让我今生难忘。"

黄亢美，花甲之年的特级教师，仍然行走在课堂的田野里，辛勤地耕耘、采撷。这源于他浓厚的母语情节，源于他崇高的汉语言文化的责任感。我作为一名语文教研员，更是有责任深入研究，传承汉语言文化，把语文的根守住。

黄老师说："你把名字发到我短信里。"我要与他保持联系，从他身上不断汲取营养，研究的营养、精神的营养……

他定是一个源源不竭的清泉，汩汩流淌的皆是财富！

（六）
交流，让我们如此美丽

中途有事离开，再回到会场，省二实验郭镇南老师的报告已经接近尾声。我刚落座，只听他说"下面的时间与老师们交流"，然后便起身离开前台来到第一排老师前面。

见状，本来准备说点总结语的我心头一喜——许多讲课老师即便是专家，也不太心甘情愿地应允"互动"，因为所谓的"互动"就是老师们提问，自己给以解答。问题简单抑或对了自己的路子还可，如果偏题难题怪题则会影响前面的报告效果，得不偿失。

这样能听我们的安排而欣然落实的老师，是多么可爱又可敬啊！

听过郭老师的课，只知道他是个素质颇好的人，观其面向，又觉是个朴实、善良、温厚的人，仅此而已。

于是，我马上拿起麦克风，调动老师现场提问。现场有短暂的沉闷，我便开始总结郭老师这节课的两个特点，第一，课时内容的安排；第二，关于学习报告单的使用问题。请老师们围绕这两个方面来质疑。

预设和生成总是有些许碰撞，待我把麦克风递给其中一个老师时，蓦地觉得他们的问题实在很简略，或者很大，也有些我看起来的"幼稚"，比如第一课时解决什么问题，比如如何提高学生的习作水平……但这的的确确是他们的问题。而有效的培训便是切实解决他们的实际问题，否则空中楼阁，禁不起风雨。

二十分钟转瞬即逝，大家还意犹未尽，但作为主持人，我不得不告诉大家"这是最后一个问题了"。真想把这样的质疑解疑进行到底。

通过什么方式最大限度地解读老师们的问题呢？我在思考。

"我们的问题反馈"应运而生，对，在简报中设置这样一个栏目，将大家的问题集中上来，选择具有代表性的问题，请专家做以集中解答，再发给每位学员，岂不是让更多的老师受益？

说做就做！

（七）
提升专业生命，享受教育生活

今天我在一班上课，这是黑龙江的学员班。说实话，给他们上课，我是颇为重视的，毕竟对他们多了一份关注、好奇和瞩望。

自从去年开始实践参与式培训，做了一年的教师访谈，从今年开始又尝试做中学，即《天上的街市》课例研究。对于这种省里较为倡导的培训方式，我有着特殊的感情。从蹒跚学步到稳步前行，到现在多种方式的探索，个中滋味都在心头，有忐忑，有惊喜，有欣慰，也有失落，各不相同，但都很值得珍藏和回味。

此次的做中学，我是历经一个多月的亲身实践的，实践是基石，因此心里格外踏实和自信。前两个班的效果都非常好，老师们感触极深。但想想，因为不是专题讲座，生成性的东西特别多；也因为专业性知识性的限制，不会如其他专家那般讲讲幽默故事或其他以获得现场的热闹。不，也并非如此，我的热闹当然应该是老师们的积极参与，众说纷纭，集思广益。我想，这是发自他们内心深处的自省，是结合他们自己课堂教学实践的思考。只要达到这个目的，我便很欣慰了。

这个班也同样如此。从开始专业学习到课堂观察，到最后的交流总结，我处处可见他们新奇、专注、求知、尊敬的眼神，也常会听到他们的不同声音：

"老师，你过来一下。"一个学员举手提问。

"真是，的确有道理。"听完我的解读后，一个学员一边点头一边由衷地说。

"老师，以后我们也这样做可以吗？"一位似是学校业务领导的老师探问道。

"老师，我也想用这个表听课，你可以用QQ发给我吗？"听后，我急忙把QQ号码写在了黑板的一角……

是啊，我如何不急？倘使大家都能投入到课堂教学的研究中来，都能从专业的、科学的角度来思考课堂，考量教学，进而反思自己的专业生活，又怎能不是一件大幸事？

我从心底里大声疾呼：提升专业生命，享受教育生活！

（八）
于老师，您好！

清晨

明媚朝阳

我奔您而来

热情地呼喊一声：

于老师，您好！

————题记

于永正，一位六十九岁高龄的小学语文届的泰山北斗。

于永正，永远用深邃的研究和踏实的实践向我们抒写着大大的"人师"二字。

孔子说："不学师，无以言。"我想说："作为一名语言教师，不学于永正，无以为教师。"

听到这话，于老师赶紧呵呵一笑道："惭愧惭愧。"

哪里是"惭愧"？名副其实。

台上，他幽默智慧的课堂教学打动了孩子们，也打动了所有的老师；他朴实精练的专题报告时时引来满堂笑声和自发的掌声。

台下，他似一位长者，一位耐心的长者，认真地与老师们合影留念，认真地在老师们的笔记本上题字留言，也热情地回答采访学员提出的问题。我时而参与其中，时而侧身一旁，亲自感受着这样一位大家的风范。

于老师，您知道吗，您的课不知可以引领多少老师们的教学行为，大家纷纷效仿您的作文课；您知道吗，您的身影不知可以改变多少老师的职业态度，可以和您在一起留影，是多么幸福的事；您知道吗，您的谆谆教导不知可以鞭策多少老师的专业生活，我们啊，都记着您的每一句话！

北方的深秋冷涩枯燥，但国培班的教室里处处温暖如春，那是我们的心情，那是我们的坚守，那是我们的决心——学于永正，做一个既教又研的语文教师。

我们的专题行动研究

在"国培计划（2012）"农村骨干教师短期集中培训项目吉林省教育学院小学语文班上，我首次尝试开展了专题行动研究。它是从此次培训课程以及参培学员教学实践需求中寻找研究问题，并通过一系列活动，包括教学设计、合作研讨、课堂实践、课堂观察和课后反思等，由学员与教研员共同参与、共同研究解决问题的策略，进而改变学员的教学行为，提升学习效果。

概而言之，它的特点有四，一是有专题。问题即专题，问题来源于学员的课堂。二是要行动。行动即研究，行动的主体是学员。三是实现专业引领。教研员参与全程，教研员是其中重要的不可或缺的一分子。四是紧密连接相关培训课程。倾听专家讲座是理念吸收，开展专题行动研究是运用理念开展课堂教学研究和实践。

整个专题行动研究大体历经了三个重要环节，即研究主题的确定，对课文的解读，基于个人经验和团队协作的教学设计及研讨、实践反思。这既是一个拾级而上的过程，更是一个不断发现问题、分析问题和解决问题（验证策略）的循环往复的过程。

实践说明，专题行动研究是一种适合广大一线教师和教研员的研究方法。它不仅能有效地解决教师课堂教学中存在的实际问题，而且是学科教师培训研修的最佳途径和方法。它不仅能促使教师教育教学观念的变化，对相关问题从模糊走向清晰，从概念走向具体，而且能将参加培训学习收获的理念转化为具体的教学行为，真正促进现今和未来课堂的改变。

它成为了连接先进理论（或理念）学习和教学实践操作的桥梁。

这座桥梁，我们会一直搭建下去，不断地总结经验和教训，且行且思，以使其且思且远……

附：

"国培计划（2012）"小学语文短期集中培训
专题行动研究方案

一、专题行动研究的意义

瞄准当下语文教师关心的课堂热点问题，通过反复打磨课例使学员经历头脑风暴，碰撞教学智慧，并通过研究解决问题的方法和策略转变教学观念，提升教学设计和实践能力，促进学员的专业成长。这个过程既有教研员的参与，也有同伴的互助，更有课堂的实践验证，能够有效帮助学员将先进的教学理念转变为自己的教学行为。

二、研究的专题

阅读教学模式（吉林班）

有感情地朗读（黑龙江班）

三、课 例

长春版小学语文四年级上册《群英降马》

四、步骤安排

1. 基于个人经验的设计

10月10日星期三上午，在培训班建立学习小组后公布本次研究的专题，发布课文，要求每名学员设计教案。

2. 基于团队协作的设计

本环节历经三个阶段：

第一阶段：10月13日（星期六）下午，由培训者王蕴枫针对专题进行参与式培训，解决学员备课过程中出现的问题。

第二阶段：10月15日（星期一）上午，利用学员论坛，以小组为单位研讨每人的教案，形成小组共案。

第三阶段：10月15日（星期一）下午，利用共同备课的行动研究，每个小组汇报小组共案，全班研讨交流，最终形成班级共案，并确定一位老师执教，实践班级共案。

3. 基于实践反思的设计

本环节历经三个阶段：

第一阶段：10月19日（星期五）上午，由学员代表上汇报课，由培训者王蕴枫组织学员进行课堂观察。

第二阶段：10月20日（星期六）上午，组织现场评课议课，发现成功之处，呈现暴露的问题，继续研讨解决问题的办法。

第三阶段：执教者在课后修改和完善教学设计，并撰写一份课后反思。每个小组撰写一份参与专题行动研究的反思。

《鸟》的设计和点评

2010年冬季,"国培计划"吉林省远程培训正式启动。我是小学语文学科专家。我的任务有多项,其中最喜欢的便是和老师们的教学交流。下面是一位松原学员的教案设计,她请我做点评,我欣然接受。

这次交流很短暂,仅限于两个文本之间的传送。这里没做任何修改,我觉得能够保留当时的随意,直到目前为止,我都深感愉悦。

教材简介:

《鸟》是长春版小学语文三年级上册第九板块"人类的朋友"中最后一篇课文,是唐朝大诗人白居易的一首诗。这首诗用平白如话的语言、生动形象的比喻告诫人们要爱护鸟类。从这首诗中可以看出我们的祖先早就有环保意识,其中"劝君莫打枝头鸟,子在巢中望母归"已成为爱护鸟类的宣传语,可以看出爱护大自然是人类共同的愿望。

教学目标:

1. 认识3个生字,会写4个字。掌握"骨"、"莫"、"巢"的字理演变过程及1个多音字"骨"。

2. 让学生理解作者爱护鸟类的愿望,培养学生从小热爱大自然、保护鸟类、与动物成为朋友的意识。

3. 有感情地朗读、背诵这首诗,感悟古诗的思想感情。

教学重点:

1. 认识3个生字,会写4个字。理解诗意。

2. 有感情地朗读、背诵这首诗。

教学难点:理解诗的含意,体会诗人的思想感情。

【评:关于教学目标及重难点的确定,建议思考:

第一,一致性。即目标、重难点的确定和教学过程的设计是否一致。

第二,合理性。三年级第一课时"正确、流利地朗读课文"这一目标是否可以省略?"有感情地朗读古诗"是否应列为第二项目标,与理解文本结合,让读成为手段,而不仅仅是目的?"掌握字理演变过程"是否妥当?"理解诗意"与课标第二学段要求"领悟诗文大意"是否有出入？

第三，针对性。目标切忌大、多，一课一得很有道理且容易实施，比如"提高表达能力，增强说的勇气"这一目标可不要。关于此类具有普适性的目标，可作为一条长线熟烂于心，贯穿于整个语文教学中。另外，第二学段对古诗教学的要求是"诵读优秀诗文，注意在诵读过程中体验情感，展开想象"，这一要求是否需要在教学目标中体现？】

教学准备：教学课件
教学时数：1课时
教学流程：
（一）积 累
背诵学过的格言、歇后语及古诗。

【评：关于课前背诵，从积累切入，增强学生积累和整理课内外语言材料的意识和习惯，在诵读中进入新课，值得鼓励和赞赏。建议：

第一，能否将背诵的内容有意识地与新课连起来，让学生首先感知与新课主题密切相关的内容，比如背诵关于人类的朋友方面的古诗，或者警示人类爱护大自然的格言和歇后语等等？当然，这样的背诵是建立在教师强烈的单元意识基础上的，即在学习本单元第一篇课文时，便有目的地引导学生搜集、整理此类主题的古诗等。

第二，能否拓展到课外积累的语言材料？仅限于学过的未免有局限性。学过的可以借此整理，但何不借此单元主题之机，帮助学生积累课外的语言材料呢？如果学生搜集有困难，老师可根据学生的基础适当推荐。】

（二）创设情境，激发兴趣
师：课前同学们背诵了这么多古诗，看得出你们一定非常喜欢古诗。那么你们一定认识唐代大诗人白居易吧？我们学过他的哪些作品？你对他有多少了解呢？（学生可简单地回答）这节课我们再来学习一首白居易的诗——出示课件"鸟"，齐读课题。

鸟，我们并不陌生，提起鸟，你想到了什么？谁想说一说？学生自由发言。

下面让我们一起去看看白居易笔下的鸟是什么样子的，出示课件（全诗）。

【评：这一引入按从作者到作品到课题到解题的层次进行，表面上看很顺畅，衔接自然，但细究，不由得引起我的思考：

第一，是否可以从积累直接过渡到创设情境，比如刚才背诵了这么多古诗，今天我们再来学一首白居易的诗，开始学诗。这样衔接起来更紧密，也可减少时间的无端浪费，一定要避免引入环节的冗长。

第二，课外资料的引入与课内主题有效嫁接的问题。学生回答什么算"简单地回答"？是否与本课主题有效联系？是否为教学重点和难点服务？应避免为了介绍而介绍，为了拓展而拓展。

第三，这个环节叫"创设情境，激发兴趣"，可见情境的创设是条件，是基础，激发学生学习古诗的兴趣是目的。那么，这里又创设了怎样的情境？学生是否可以拥有昂扬的学习古诗的兴致呢？

我建议从单元主题的角度切入古诗，而不是从诗人的角度；应创设与古诗内容相符的课堂情境，紧紧为学习古诗做好铺垫。】

（三）初读古诗，整体感知

1. 教师范读古诗（要求学生注意听准字音及节奏）。你也想试着读一读吗？

2. 自由读诗（要求读得正确、流利）。

3. 同桌（伴）自主合作读古诗。

4. 你能读一读古诗吗？能找出它的节奏吗？打开语文书第78页，在书上试着划分一下节奏。

5. 出示课件，对比后按节奏分男生、女生朗读古诗。

6. 仔细观察书中图片，这幅图画了什么？主要表现了什么样的意境？学生交流后汇报。

7. 我们用很长的语言来表现此诗，但作者只用了28个字。让我们再齐读古诗。

【评：关于初读文本，看得出教师把握了几个原则，一个是目的明确：把古诗读得正确、流利，读准节奏，整体感知古诗写了什么及表达的意境。二是围绕这个目的采取的策略符合实际需求。比如读的形式多样，范读、自由读、合作读、比读、齐读等，反复地读，而且充分发挥了教师范读的作用，这对三年级上学期的孩子学习古诗是很有必要的。再如每次读都有具体的要求，层层递进，螺旋上升。还有读中不忘体会古诗的节奏，体验古诗的韵味，也不忘将古诗的朗读与对内容的感受等结合在一起。

除此，如何引导学生在诗情画意中徜徉，即将初读古诗与古诗的意境美紧密地融合起来呢？比如图画始终出现，比如音乐的渲染、教师的语言等等，让学生们在诗的意境中情绪飞扬，为品读古诗夯实基础；初读部分如何通过恰当的评读来不断地调动学生读诗的兴致和品诗的欲望，这都是值得我们思考的问题。】

（四）品读鉴赏，感悟诗情

诗能读得正确、流利了，但你读懂诗的意思了吗？感受到诗句中蕴含作者的感情了吗？

1. 画出不明白的地方，在全班交流。

2. 面对困难，你想怎么解决？引导学生说出：看注释、查阅工具书、找资料、问老师和与同学交流等。

3. 用自己喜欢的方式学习不明白的地方。

4. 通过学习你学会了什么？学生汇报。

（1）教师适当点拨："道"、"群生"、"微"、"一般"的意思，引导学生说一说诗句大意，适时学习"骨"、"莫"、"巢"的字理演变过程及1个多音字"骨"，适当地进行扩词、说一句话的练习。

（2）指出哪个字难写，写一写。

【评：品读古诗环节是本课的重点和难点部分，最需教师的底蕴。首先值得赞赏的是，教师注重培养学生的质疑能力，总结和整理解决问题的方法，培养学生解疑的能力，这就变"学生亦步亦趋地回答老师若干问题"的传统教学模式为"自己发现问题，通过努力解决问题，再集中汇报集中学习"，体现了学生是学习的主体，教师是平等中的首席。

其次教师注重语文课堂写字。低中年级乃至整个小学阶段的语文课堂是很有必要课课动笔写字的。当然这个写不是牵强地安排，不是每个字都要落实，而是重点字抑或难点字集中地写。这里教师处理得恰到好处。

建议的是，作为本课的核心环节，将许多内容笼统地叠加在一起，容易使人不知教师到底如何处理和突破这些重难点，而这恰恰是读者需要学习和借鉴的地方。比如，如何点拨"道"、"群生"、"微"等词的意思，如何引导学生说一说诗句大意，说得好说不好如何评价，适时学习字理演变是怎样的适时，多音字"骨"的学习需把握怎样的形式和程度等等。这也充分暴露了语文学科备课大一统，只重视教学程序，忽视教学细节，尤其是学生怎么学的现状。

另外关于"品读鉴赏，感悟诗情"这一环节似乎少了许多读的味道。初读需要反复读，品诗更是需要反复读。读，是品的一个重要途径。品读品读，一边品一边读，当然这部分读的目标是有感情。】

5. 引导学生看图，说一说自己的感受。

如果鸟妈妈永远回不来了会怎么样？你有什么感受？

你与妈妈分离过吗？鸟与人一样，在大自然中生活，有生命，有骨肉亲情，也需要关爱。请同学们代替这些不会说话的鸟儿向人类呼吁：劝君莫打枝头鸟，子在巢中望母归。（饱含感情地朗读）

【评：关于情感教育，这里通过角色换位的方法引导学生体会小鸟与鸟妈妈分离的心情，进而明白要保护鸟类、保护大自然的道理，在此基础上有感情地朗读。这符合孩子的认知心理，水到渠成。如果与古诗的品读紧密结合则最佳。教育无痕，教学无痕。】

（五）体验升华，背诵诗句

鸟类是我们不可缺少的朋友，我们要爱护鸟类。让我们一起合上书，试着背诵这首诗。

各种形式背诵：指名背诵、自愿背诵、男生背诵、女生背诵等。

（六）拓展延伸，积累知识

让我们一起来想一想有关鸟的成语、诗句、故事等。

学生自由发言："留连戏蝶时时舞，自在娇莺恰恰啼。""两个黄鹂鸣翠柳，一行白鹭上青天。"……

【评：读到这里，我不禁莞尔一笑，原来交流有关鸟的资料被放在了这里。所以我是要道歉的，因为没有完整地读教案，便先入为主地给了意见。看来老师是有这个意识的。不过我想这是学生已有的知识基础，放在前面更好。】

在这里老师也要送给大家一首关于鸟的古诗——《画眉鸟》，读读看，有兴趣的可以背诵下来。

【评：学一诗带多诗，以诗解诗，是古诗教学所倡导的。当然这需要许多条件，比如课外古诗的积累，比如学生品读古诗的能力等等。但不管怎样，这是我们努力的一个方向。本课可以通过这首古诗的学习引导学生广泛积累同主题的其他诗，一首、两首，更多首。可以是鸟，可以是其他小动物，还可以是植物。大自然中的生物实在很多很多，而描写大自然的古诗也不胜枚举。这样不仅丰富了学生的积累，与《语文课程标准（2011年版）》关于"背诵优秀诗文50篇（段）"的要求紧密结合，而且在此基础上强化了学生爱护大自然、保护环境的意识和行为。】

（七）作 业

课后设计关爱鸟类的标语。

【评：这一作业设计很有创意，目的是深化学生的情感，增强练笔的机会，二者合一，相依相携。问题是，三年级上学期的孩子是否懂得什么是标语及怎样来写标语？教师在布置作业时要交代清楚。那么除了写作业，其他项目是否也需具体落实呢？比如字词积累等。】

板书设计：（全诗）

【总结】

写到这里，心里生发诸多情绪——

有些许自责。是不是我在做着鸡蛋里挑骨头的行径？这不是平日里的研究课，又何必追寻相对的细致入微？所以本想再做一个整体的回顾和建议，想想也便作罢。

有些许歉意。本来这篇教案是老师主动发来希望抛砖引玉的，我是不是应该保护这样一位可亲可敬的老师的自尊？

有些许担忧。这类点评以及我与老师的交流是否可以激发所有老师对语文教学的思考，对教案设计的思考，以及对职业提升的思考？如果可以，那将是我们最大的快乐和幸福。

特别提出的是，没有时间与老师做更多的了解，关于教案背后的东西不甚熟谙；也没有对古诗教学做更多的解读和介绍，不当之处，请见谅！

写东西是最有效的学习

——写在"国培计划"2012年小学语文班级简报

负责班级简报的李霞老师让我写点东西放在简报里,我也看到自培训班开班以来,一些老师在课后用文字记录着学习的收获。作为班主任和培训者,我特别高兴。在我看来,作为一名语文老师,读与写,一外一内,是必备之功,也是我一直以来倡导的提高语文教师专业素养的两个重要途径。

每天写日志已坚持八年。八年前,没日没夜地忙,在单位做不完,一件件地搬到家里。疲累常有,常常不堪重任。后来,得病了,躺下了,安静了,也思考了——到底怎样做才能不辜负我这最最钟爱的职业生涯?才能让它丰富而有内涵,有效而具有实际意义?

读书,如饥似渴地读。读着读着,不过瘾了,心里有话想说,有事想做。朋友说:"你脑子里那么多观点,为什么要放在心里?唯有写出来,才是东西,才是最大的财富,才可以反复玩味乃至真正变成自己的指南。"于是动笔,从读到写,写后再读,读写并肩,直到今天,转瞬八年。

写什么?想写什么就写什么。怎么写?想怎么写就怎么写。我把这种状态称为"随心所欲"。写东西(我不叫它为写作,因为严格来讲还谈不上是写作,姑且叫"东西"吧)其实很简单,晚上静坐之时,回想一天所经历的事及情绪,选择自己最想写的自自然然地写,不求遣词造句,不求华丽词语,不求布局谋篇,就那么任由思想飘飞,任由十指在键盘上跳舞。不急不躁,不温不火,漫不经心,亲切自然,像朋友之间的抵膝而谈,只表达一种情怀,一种思考,一种心境。写着写着,思维愈发流畅了,文字运用愈发灵活,也愈发习惯成自然。每天不论如何忙碌,留出那么一小会儿,转眼工夫也便成文。喜欢表达一份真实真情真意,真是文章的生命和灵魂。朋友来读,奔的喜欢的都是这份真实以及语言的朴素。

许多年来,我一边写,一边发现:为什么孩子们写作文时,我们要给他们如此之多的框框,既要这样又要那样?其结果却并不尽如人意,事倍功半。随着学生生活空间和经历的狭小,作文教学越来越难。我一边写,一边还发现:其实写东西不是简单的文字的积累罗列,它更容易使人养成时常思考的习惯,对工作的思考,对教育的思考,对家庭的思考,乃至对生命的思考等等。陶行知说"生活即教育",我们的日常生活都是教育。而人一旦远离了对生活的思考,所做的事便缺失了基石和深度。我一边写,一边更发现:原来随便写写不仅提高了做事的效率,还增多了生命的趣味,也慢慢地使生活有了些许"小资"的味道……其实发现的岂止这些?

肖川说"听课是学习,读书是学习,写作也是学习,而且是最有效的学习"。我通过自己的实践对此深信不疑。当把听课与学习,思与写紧密结合起来时,真的会倏然发现:其实学习不是件苦熬之事,学习不是为了别人,学习不是一个月两个月的任务;学习是享受,学习是为了自己,学习是教师一生的差事。为此,怎能妄弃?

写到此时,窗外的阳光已透过玻璃窗溜进屋子,周边立时温暖起来。我想,待我们培训班结束之后,你们是不是也一定会带着诸篇文字,满载收获,让你们的学子和同事感到温暖呢?你们就是阳光,也应该使自己成为阳光。

此文,写给培训班里笔耕不辍以及希望如此的朋友,也写给自己——我们共勉!

学 无 止 境

——写给"国培计划"远程培训的学员

一见"学无止境"便钟情。四字紧紧依偎，浑然一体，给人以温厚紧促之感。更深爱这个词语所表达的意思，与"活到老学到老"异曲同工。想想，开始时学是为了学业，上班以后学是为了把工作做好，老年时学则多是研磨或消磨时日。总之，学无止境，伴随一生，平凡的话道出做人的大意境。

每个人都会面临许多次学习，或形式不同，或内容不同，或地点不同。虽诸多不同，但都走在学习的路上。对我而言，当然亦是。不过，新年旧年交错之际，与大家共同参与国培，确乎是一次最重要最有趣也是最幸福的学习了。

静坐屏前，任由思绪慢慢回转，眼前浮现了一些人和他们的故事：全力为学员负责，与学员们亲如好友的东丰林德库老师，读他弟子的长文让我一再好奇和敬重这位不曾谋面的同行；勇于发现问题，及时想办法解决问题的吉林昌邑于晓琦老师，她的文字让我仿佛看到她背后付出的厚重的思考和艰辛的努力；常常工作到深夜为学员解疑、批阅作业的松原长岭赵玉敏老师，坚持不发自己的文章而一心为学员提供展示平台让我不禁赞叹……还有许多学员老师，一如既往发来作业的德惠杨俊侠，一句"敬请点评"饱含了她孜孜以求的心愿；每天坚持写学习反思日志，一心向学的东丰郑洪霞率性为人，坦诚做事，尤其是那一句"有一天我也会像你一样优秀"更使我似乎看到她快速成长的坚实步履；主动请缨参与教案点评，即便评得可能不符也没有丝毫芥蒂，"想让自己的教学更进一步"的松原席奇……不胜枚举。

"采得百花成蜜后，为谁辛苦为谁甜？"我先作答：为了一群群一批批淘气却也可爱的莘莘学子，为了需要丰富心灵世界和职业生涯专业化的我们自己。当我们的学习成果最终转化为精彩的教学、富足的人生，转化为"光焰殷殷动四方"的教育情怀时，我们便是这个世界上最最快乐和充实的人！

在终身学习的路上，我们每个人都是不足的。由此，我们都是学习旅途上的赶路人，都应调好呼吸，面带从容，运足力气，即便扶着树干，挂着拐杖，也要一直向前。走着走着，欣然回头的刹那，看到我们的拾级而上，看到我们身心的成长与成熟，看到还有许许多多的孩子们随着我们一起攀登……亲爱的老师——我意戛然。

是，此时此刻，简而言之，我想表达的无非是国培虽近尾声，但学无止境。愿我们能将国培的初衷和心愿一直蕴藏于心，投入到更加广泛而丰富的学习中去。

"学无止境"的前面一句是"理无专在"，意思是真理不是在某些人手里。学习，是一个接受的过程，更是一个创新的过程。我们要敢于质疑，勇于挑战，不仅要将学到的知识内化，更重要的是在实践中不断运用、揉搓，乃至改变。唯此，我们才是一个真正具有生命活力的教师。

谨代表省级小学语文专家团队的六人，以此一隅，向所有参加国培远程学习的亲爱的老师们致以崇高的敬意。大家参学的态度虽不一而足，是兴奋投入，乐此不疲，抑或感到负累愆乏重重；是一心不二，兢兢业业，抑或得过且过，应付了事……可以肯定的是你们辛苦了，相信每个人一定都在用自己的方式进步了。学习是一件苦差事，这不可否认，但学习者又是幸福的，日月逝矣，岁不我与！

再一次感谢国培，感谢所有在学习中付出努力的人们！

我来了，你在哪儿

受基层黄鱼圈小学之邀，去给那里的老师讲点东西。讲什么，怎么讲，都由我来定。临行前细细思量，讲什么不难，因为有现场课，有抓手；怎么讲让我犹豫。台前正襟危坐，想必稳妥，但又不是我的风格和习惯。喜欢站着讲，既想表现自己的谦卑和互学心态，又能随机与老师交流、讨论，也觉得与老师们心与心更加贴近。但在基层学校，面对全乡镇老师开展参与式培训，还未试过。

试试？

我在心里呼唤着：我来了……

因为心无旁骛地听现场课，认真记录、思考，所以与老师们交流时保证了从容应对和思路清晰，对课堂的敏感度异常突出。

因为相信老师们的积极参与，尊重他们的发言，所以现场氛围有一种家人间聊天的味道，彼此耐心倾听，有对话，有回应。

因为我准备的课例典型、真实，有对比设计，而且着眼于不同备课思路下的教学环节，所以大家喜欢听。

其实，老师们的反应和学习效果是比较令我意外的。也由此欣慰，欣慰于平日积累，欣慰于良好心态，欣慰于大家对课堂教学的关注。老师们缺少这样面对面的指导和交流，尤其是现场结合一节具体课例并对每个环节进行剖析的过程。我从未以一个参与者的角色来体验过，但设身处地，我相信他们的受益。

这，是我此行最大的快乐。

但问题总是存在的，比如我应该走到中间去关注后面的老师，以最大限度地使更多人参与到交流中来，使他们不仅是一个倾听者和记录者。同时因为时间有限，没有留出大家质疑的时间。

两个多小时的交流令我愉悦和享受。我想，我是越来越喜欢这项工作了，也希望其他基层学校的老师们也一如这里，我当欣慰之至。

我来了，你在哪儿？

重 新 来 过

　　今天，在全县小学语文主题教研会上，我向自己挑战——完全打破原有的辅导思路，重新梳理语言，以另外一个新角度表达自己的观点，重新来过。

　　这仍源于我的本性：试图跳出常规，求异求新。

　　每次培训，其实遵循的都是一种方式，那就是组织好PPT，按照既定的思路讲，虽然也从不照本宣科，多是随机发挥，但毕竟有自己深思熟虑的过程，而且PPT是自己写的，心里是颇有文字的。每次会后，从大家现场的倾听状态以及会后的反应来看，自觉满意。

　　而此次，忽然决定不按照已经形成的思路，而是仅仅围绕主题以教案和现场课例解读的方式与大家倾心交流。这个想法其实从昨晚萌芽，整理PPT时偶觉了无生趣。每种朗读的方式，每个朗读指导的策略，每个注意的问题，都要触及三节研讨课。我在将例子融到PPT中时觉得课已散，被我肢解得七零八落。于是，突发奇想：老师们刚刚听完课，趁热打铁，按照上课的顺序，按照老师教案的环节，一课一课地解读其中朗读的点，这岂不是既体现我们设计本初的意图，又能清新、自然、流畅？

　　但推翻原来的路子，重新建立一种模式，不易。于是放弃，稳妥起见。

　　可是当我开始听第一节课，一边听一边随意地记录感受时，这个想法又如早春的小草一般疯长。当听到第三节课时，我已经坚定了主意——尝试，挑战！

　　挑战自己的语言表达，挑战自己的临场发挥，挑战自己的底蕴……

　　教研员应两手抓两手都要硬，一手专业水准，一手人格修养。专业水准决定着指导对不对路，人格修养左右着对方自愿接受并认真修正的程度。由此，教研员评课导课不在于要求教师更改原设计，抑或指手画脚，而应通过抓住问题的本质来激发教者对设计意图以及设计本身的思考，理解为什么不这样，为什么要那样，从而自觉地修改完善。

　　沿着这样的思路想下去，也便抓住了临场调整后评课指导的角度。

　　这也让我思考一些问题：怎样的辅导更切近老师实际？怎样将辅导与研讨课紧密结合？

我仍为自己的勇敢喜悦着，从会后到现在。静下来时反思：如果昨天有这份勇气，静心组织一下思路；如果从第一节课开始决定改变，认真听课与记录，尤其是用不同颜色的笔使其醒目；如果我对原有材料熟读成诵，熟烂于心……那么，此次尝试便会比现场效果更令人满意。

可是没有如果，所以我只能吸取经验教训，以期下一次"运筹帷幄之中，决胜千里之外"。

朋友清要给我录像，昨晚与我说起时，我没同意，庆幸今天没再反对。还记得那次主持网络 UC 里的研讨活动，有专门人负责录音。后来听了很是欣喜，也能从中反思。而此次属现场录像，想想待拿回来后，我一个人安静地重温这次挑战，仔细品读自己的发言，那该是怎样的感觉？又该从中获得哪些启迪呢？

我是一名普通的小学语文学科教研员，赴基层学校指导教学是我的职责。每每面对老师们求知若渴的目光，我都会热情百倍，百说不倦——让每一位语文老师喜欢语文，会教语文，享受语文，这是我一生的不懈追求。

这是我的根，也是我的命。

手 倦 抛 "书"

休息日，清早，打开电脑，计划做一次网络议课。

近几日，我一直在用心思考有效朗读的问题，每次听课也都努力地搜集整理有关的教学案例。加之前一段时间撰写的几篇案例，也便确定了此次议课的方式：案例解读。这样的思路以前也多次用过，效果很是可观。唯一遗憾的是手头属于自己的案例仍然捉襟见肘，只好挪用其他相关案例。

无巧不成书，同行也正准备一个讲座，主题与我不谋而合，均关于朗读。但究其根本，不甚相同。她搞朗读实践训练，侧重于提高教师的专业技能；而我侧重于指导学生有效朗读，通过提高教师的教学技能来提高学生的阅读能力。

我坚定自己的研究方向，即把目光和精力着眼于学生的学，从此切入到教师的教。教师的教是为学生的学服务的，课堂归根结底是学生的，我们应多研究学生学习语文的规律和方法，而不是只在教师身上绕圈圈。

刚刚将第一篇案例发到群空间里，这代表网络议课正式开始。欣慰的是，老师们反响强烈，关注程度超出我的意料。我刚刚发布结束，回头再打开群空间，已有 26 人去阅读了。片刻之后，便有几位老师纷纷发表意见。开始时有些拘谨和担忧，表达颇客气，我一再鼓励他们要敢于呈现不同想法和建议，极力打消他们的顾虑，并提出要求：不这样做，可以怎样做？理由是什么？不要泛泛地做表面文章或只停留在理念的解读上，要不仅提出意见和想法，更需要有具体的设想，要落实到细微之处。

网络议课，我还要想一想如何能更有效。案例解读本身不是最重要的，重要的是通过这样一种方式调动老师们参与教学研究的主动性和积极性；发表意见与否也不是最重要的，重要的是他们阅读了会有所收获。

当一个人全身心投入时，会诧异时光飞逝。

不知不觉间已是午后，不想吃什么，很累了，手倦抛"书"午梦长……

关于辩课的思考和实践

（一）

自 读 自 悟

台灯下，反复细读了几篇关于观课、议课与辩课的文章。

改"听"为"观"，我较同意，"听"指向声音，而"观"强调用多种感官收集课堂信息。不记得是哪位名家了，他凡是听课都要坐在学生前面，目的是可以见到孩子的表情，由此引发一些由生到师的思考。其本质反映了从关注教师教到关注学生学的转变。

但"辩"之说，我暂时不能苟同，因为读了几篇辩课案例，觉得都缺少平等的研讨氛围，为辩而辩，辩来辩去，也没有最终的说法。虽然正确的方法和做法未必只有一种，但我仍坚持要有结论，哪怕是一个，一定要给老师一个说法，不能不置可否；"辩"又极易导致唇枪舌剑、棋逢对手、不分上下之状况，有尖锐之感，甚至发生争执和强烈的辩论。看几个案例，大家仿佛像吃了火药似的，我不喜欢。

"议"？初听还好，商量、讨论，拿出自己的意见和言论。但针对我的小城老师，"议"难免给人以难上加难、高不可攀之想，就如同让大家写科研论文一样，总觉得那是专业人员的事。

反复思索许久，仍觉得从去年我开始提出的"聊课"为好。其一，"我们是朋友"，容易生发平等对话为基础的交流氛围，没有主客之分，谁都不是局外人，都来设身处地、将心比心地研究问题，避免失语现象；教研员也是老师，老师也在进行教学研究，没有高低上下之分。其二，"我们是常人"，议论、争辩有高手之感，容易使人望而生畏。我们就是普通人，聊一聊常态课。我们的问题来自于自身，解决问题的策略也许也仅仅适用于自身。聊，可以有思维的碰撞和砥砺，也可以就一个问题有不同说法，又各执己见。

其实叫什么也许不重要，重要的是如何实实在在地思考和交流一些东西，尤其是要对所有的基层语文老师进行一级辅导。大家关注的也一定不是叫什么，而是通过这个交流活动可以得到什么。

无论叫什么，都应坚持两点，一个是要紧紧围绕主题，在有限的时间内集中一个方面来观课与交流；一个是要有专业引领，即在交流的基础上统一思想，明确方向，不能模棱两可，让人不知所从。

基层老师们能有机会走出学校与我们教研员做一次交流，其实不易。我们要让他们做什么？要给他们什么？给了之后他们是否能应用于教学实践？是否可以持久？种种问题萦绕脑中久久不去。

（二）
倾听辩课带给我的初想

坐在偌大的会场里，观察台上的辩课现场，倾听如许的辩课声音，我在想：如果我是组织者或者主持人，会如何安排这一天的辩课事宜？又如何保证辩课的质量，使辩课成为真正的辩课？

首先，在活动准备环节：

1. 关于辩课的课

（1）课的数量不宜多，抛开其他目的不谈，两节最好。或做对比之用，或从不同的角度来引发思考，或其他。

（2）课的内容应紧紧围绕主题，为主题服务，避免旁枝末节，冲淡主题。既然是一个主题下的同课异构，那么授课年级、授课内容等都应尽量等同，这方便探讨在同一学段下教学目标的确定、教学环节的设计以及教学策略的实施、教学效果的反馈等问题，使主题更加集中。

2. 关于辩课的主题

（1）分解主题下的小问题或项目。如针对"课堂有效性的实践和探索"这一主题可以设几个小问题，比如有效的语文课堂需具体从哪几个方面思考？即观察一节语文课是否有效，应该着眼于哪几个方面？

（2）活动前的主题学习要到位，最低限度要使参会人员知道主题，进而思考主题。如果能够组织相关人员系统学习主题，则更能提高辩课的质量。

3. 关于辩课的工具

（1）既然是要进行课堂观察，那么就要有观察的工具。只有科学的课堂观察，才有科学的辩课。否则辩课只是停留在个人的经验层面，停留在浅层次的主观臆断上，甚至可能有些许误差，引起误导，产生误会。

（2）辩课不仅仅是个人行为，所以制定工具时也是分组合作时。有效地分工合作是课堂观察和辩课的有效保障。

其次，在活动实施环节：

（3）活动开始，要解读主题，提供具体的观课点，给听课者以思考的角度和适当的范围，使辩课的过程更加集中，从而更加有效。

（4）听课时要及时了解观察工具的使用情况，了解参与发言者的信息掌握情况。

（5）组织辩课时，首先提出相关要求，如紧紧围绕主题；其他问题可延后，如每人发言的规则、时间要求等，最大限度地提高辩课的时间有效率。

（6）不要回避问题，尤其是尖锐的问题。

（7）尽最大限度尊重对方，不要为了引发辩的氛围而刻意开些不当的玩笑。

最后，在活动总结环节：

不能潦草结束，最低限度要整理基本的切入主题的思考或观点。

以上想法还不深入，不全面，有的是参与辩课活动的思考，有的只是由此引发的设想，暂且整理一下，以供以后亲身实践时有所遵循。同时对于某些问题，我也困惑：辩课如何体现辩的味道？主持人故意引发争论，是不是真正意义上的辩？什么是真正的辩课？辩课与议课、评课的区别点到底落在哪里？辩课与质疑应该如何有机结合？

思考在继续。

（三）

辩课，初试时你很美丽

这是我第一次尝试做主题辩课，是我半个月以来放下手头其他重要之事，全力设计和经营的一次教学研讨活动。创新和挑战的滋味真是一种享受。

经验是财富。

其一：临场经验。一则到会场才知我的发言材料已被同事下发半数，只好临时改变，首先取消我的发言，将其和辩课过程有机结合，随时交流，随时小结，表达观点，提出建议和要求。二者融为一体，倒也轻松自如。其次，临时增加一个案例评析，即用笔记本将随身携带的一基层老师的教学设计打出来，用大屏幕展示给大家看。时间关系没有引领细读，但也颇为自己的灵感和临时设计感到欣慰。还有临时增加作业量，关注后续思考和建议。二则老师压堂，留给辩课的时间有限，不得不随时调整进度，去粗取精，去一般取重点，把握进度，突出关键，形成一个整体。

其二，辩题角度。此次活动设计了三个辩题，一个是从目标切入，引领大家关注模式的构建必须为目标服务，从此引开来思考其他领域的目标；一个是紧紧围绕研究的主题，结合课堂观察表具体交流；一个是跳出本课，关注整套教材，思考模式的实用性。辩题之间的内在逻辑性很重要，关乎彼此，互为依存，联系上下皆成文。

其三：辩课关键。此次活动创设了轻松、愉悦、民主、平等的氛围。对老师的称呼变了，不论大小都叫得很亲切；对一些校长的感觉变了，坐在这里就都是研究者；对自己的要求降低了，期望值不大，所以更能放得开。一个人做事，如果总是患得患失，心有所虑，那么就会影响一些经验和技巧的发挥，适得其反，事倍功半。一切都放得开，想得开，反而事半功倍，皆大欢喜。

我相信是我的情绪和组织感染也约束了一些老师，使他们能够全程参与会议，积极发言，主题集中，意见中肯。他们思考的氛围、表达的欲望令我很感动。我能体会到，现场有许多老师是想说但没敢说，或者没机会说。这需要勇气，需要一份十足的自信，也需要时间和磨炼——有理由相信下次活动时会比此次有进步。

问题也是财富。

其一：时间安排不充裕，另一节课纯属画蛇添足。没能大刀阔斧地砍掉一节课，或者坚持分组，现在看来仍是失误。辩课的核心是交流，是碰撞，是在矛盾中产生新的思考，这需要充足的时间。没有时间，就不能等待，就不能激发矛盾，就不能透彻。不了了之、虎头蛇尾，是辩课的大忌。如此，还不如我在台上讲，大家认真学习领会来得快。

其二：辩题缺乏矛盾，开放性有余，但辩论性不足。如果设置两个或者多个不同的角度或立场、观点等，就会产生更多的碰撞或交流，现场气氛会更活跃热烈，对问题的思考也会更深入，更难忘。辩课，不是谈课，不是常规的交流，既然叫辩课，辩的味道就更应该足些，而辩题是重中之重。

其三：交流的同时缺少总结和归纳。偶尔有，但仍不足，尤其是收尾时。时间有限当然是主要问题，午后了，大家都没吃午饭，坐凉板凳五个小时了，所以回头看来，问题仍然出在内容的安排上，一节课足以。

其四，课堂观察表的制定仍有问题。它的基础是有详案，是老师课前对课有足够的了解和理解。但对于没有这个基础的人来看，的确难度大了些，操作性也不强。从收上来的若干表格上看，许多人的记录不完整，不能说明问题。当然，这与他们初次使用有着极大的关联。想想自己第一次尝试时又何尝不是茫然，不知所措呢？

有时连自己也不能理解自己的努力，不能原谅自己的辛苦，但这其中的快乐和满足是没有设身其中的人所体会不到也品尝不到的。想来我就是那个骑着自行车前行的女人，路虽坎坷，但也许比某些人长；速度虽慢，但也许比某些人快乐。而这，恰恰是我为自己确定的人生目标，平淡亦是幸福。

第三辑

博　文

◎君子博学于文。

◎业余时光，我经常写一些闲散的小文，发发某些不咸不淡的感慨，生活的、工作的，诸如此类。究其每一种，皆有教育因素的存在。活着，就在教育之中。

◎阅读、记录、感悟……我在试图厘清自己，也在不断思考各类人事。

◎这些文字均出自我的QQ日志。它们基本上保留了原貌，我想唯其如此，才有真实性。

◎未来，我还会这般流水账似的写下去，不为别的，只想让语言文字提升我的生命品质。

我 进 步 了 吗

到基层学校听课，我经常会在课后向老师报以由衷的赞扬：你的课益发成熟了！

当然有时也会在暗地里与同事嘀咕：他怎么停滞不前啊？技能、机智、思想等像是长满了锈一样寒涩。

与此同时我也常常思考并检讨：你自己进步了吗？

是啊，我们在探测老师的教学，在助推老师进步，那么我们自己又较以往有所提高吗？

当有一天我蓦地想到这个问题时，有汗涔涔之感。

庆幸，但凡熟识我的人都会时时发现我不间歇地追求着自己的拔节，在阅读中，在思考中，更在不断的实践中。

作为语文教研员，我自当是要读书的，且一直把读书和我自身的生命成长联系在一起。我认为读书不仅仅为了提升职业素养，更重要的，它是生命旅程里不可或缺的旅伴。"每天不间断地读书，跟书籍结下终身的友谊。潺潺小溪，每日不断，注入思想的大河。读书不是为了应付明天的课，而是出自内心的需要和对知识的渴求。"苏霍姆林斯基如是说。

我惧怕思考穷竭，于是，工作之余，小憩之时，外出之际……我都与书为伍，读出各种味道，也留下了些许小文。这些文字大抵流露出我读了什么、为什么读以及怎么读的痕迹。相信那句话：书虫是什么？就是不断地读，不断地读，突然有一天你化茧成蝶了。

我也常在思考。孔子说"学而不思则罔，思而不学则殆"，强调的是学习与思考的紧密结合。尽信书则不如无书，一味地读书而不思考，只能被书本牵着鼻子走，被表象迷惑而不得其解。要博学而笃志，切问而近思。

我且读且思，更在努力地实践。将读书之得用于工作，用于生活，实现三者的有机整合，在人生的种种曲径之处走出洞天。我曾笑说这叫"三度重复"，从生活到工作再到阅读，三次重复的都是同一件事——更好地活着。

我想，作为教师，每个人都应常问自己：我进步了吗？我怎么才能进步？把自己当成永远的学生，我们的学生以及我们的生活才能有更大的进步。

你有过"窃读的记忆"吗？你经历过"有一种阅读"吗？

和我一同回忆"我的那些书"，回忆"一个人，一本书"，回忆"关于送书的故事"吧。

"与书对话"，我知道自己文学功底和认识的浅薄，惭愧不能给你太多。但我真诚地想说：有一种生活叫快乐——我们的阅读生活。

请别犹豫，让我们去阅读吧，因为"至乐莫如读书"，"读你，才刚刚开始"……

我的那些书

一直认为书是我最好的友人，在我孤独时与我"低头共耳语"，在我遭遇困顿时助我"悠然见南山"，无论在家抑或外出，书与我比目连枝，不离不弃。书给予我的精神财富不可计数，推动我的成长之功不可估量。而许多本书的背后也或多或少有些故事，故事的主人公是我要特殊感激的一群人。

《写给年轻妈妈》一书是我刚结婚时公公送的。据说是他们政府妇联的书，旨在帮助那些刚做妈妈的年轻女子懂得怎么教育孩子。那几年正是知心姐姐卢勤（此书作者）被广为人知的时候，如今她已是六十耳顺和七十古稀之间的人了。这本书对我的教育的确很大，书里虽然没有与我的实际相符的具体言论，讲述的都是那时离我遥远的陌生世界里的故事，但时隔近二十年了，至今翻开读，仍很吸引眼球，仍受教益——对孩子要尊重、引导、信任、宽容……这些教育理念的最初启迪日益深入骨髓，令我一生享用。

两本关于在参与中学习与行动的丛书是省学院领导送给我的。那是我开展参与式培训的初始阶段，与上本书相同，都是在我刚要走进一个角色的入口，便得到了书籍的指点。从这两本书里，我参悟到许多培训的经验和至理，那是需要我经历多少次历练才能获得的至宝啊！书的价值就在于此，它让人少走弯路，少些失败和挫折；它增长人的智慧，让人变得聪慧。后来她说部门每个人手里都有此书，但在我手里发挥的作用较大。这给了我极大的鼓舞，每每困惑或者体验着成长的喜悦时都会翻开它，寻求答案抑或与它共同分享我的快慰。

读四书五经以及曾国藩著的书等则是受一位好友的影响。他的藏书和阅读范围多是此类。这是目前我最喜欢读的书，它们对我那几年走出疾病的阴影有着重要作用。每每读此，都会想起朋友的大智慧，想起我用心整理过的语句。比如：

尽人事，听天命。

出处：尽人事而后听天命，非不为，不可为也。——《中庸》

解读：人事，人情事理。天命，指自然界的一种必然规律。一方面要尽自己最大的努力去争取，去奋斗，另一方面又要安守天命，不强求，不妄为，顺其自然，顺势而为。并不是不想去做，而是不能那样做。

其实之前我不是一个喜欢阅读"闲书"的人，满心思皆是工作，手捧的多是教育类书籍。这些"之乎者也"是万万走不进我的阅读视野的，所以得之，甚谢友人。

《在唐诗宋词的天空下》，还有几本小册子，是另一位朋友送的。我还未曾用心全部阅读，想起时仍觉愧疚。这位朋友是教我送书的人，让我体会到送别人书也是一件令人满足和快乐的事，与阅读的快感异曲同工。读这些书，我见识了新教育人阅读的兴致和品位，见识了他们的执着、合作、创新以及悲天悯人的公益精神等。我时常想，如果我们每个教育人都能拥有这样一份浓厚而亲切的教育情怀，又有奋斗不息、战斗不已的付诸实践的行动，那么就不会有令人深思的"钱学森之问"，也不会有当下这诸多问题了吧。

我读余秋雨的第一本书是《我等不到了》，朋友辗转送的。那份送的执着让我无以言表。不能辜负这份心意，更不能辜负余秋雨的淡淡文字。至今我仍认为这本书是余秋雨最易懂的一本，也是唯一一本。之后读的几本诸如《文化苦旅》、《千年一叹》，都需反复咀嚼品位，但也觉艰涩。喜欢余秋雨，喜欢他的文字——让我几世不敢企及但心之向往的文字，以及文字背后厚重的文化内涵。那个时代造就了文化大师余秋雨，他又用深邃的文化涵养了几代国人。

《幸福的方法》是一位厅里领导送的。当时，我正在思考教师职业倦怠的问题，苦于无法帮助老师们走出心理无奈和困惑，恰好与他聊起，于是便得此书，如获至宝。这是哈佛大学心理学硕士，哲学和组织行为学博士泰勒·本·沙哈尔写的，他开设的积极心理学和领袖心理学是哈佛大学最受欢迎的两门课程，据说"其奇妙之处在于，当学生们离开教室的时候，都迈着春天一样的步子"。这话着实触动了我，如果给老师们讲讲，他们是否也能如学生们一样"迈着春天一样的步子"离开呢？于是，读这本书便成了那一段时间最过瘾的事，因为有培训需要，也因为发自内心地想帮助老师们过上幸福的职业生活。

《叶圣陶教育名篇》、王尚文的《语文教育一家言》……我都喜欢极了。

我喜欢智慧大气富有哲理的书，那些情感型又很细腻温婉的，还不太习惯读。这恐怕源于我是一个偷着读梁羽生、金庸、古龙的武侠小说长大的女子。

看来，一个人的性格与成长，书的作用是巨大的。读什么样的书，就是交什么样的朋友。

书即朋友，朋友即书。前提是，都要有读的价值和意义，否则宁缺毋滥。

窃 读 的 记 忆

作家林海音曾说过："我们是吃饭长大的，也是读书长大的。"我亦如此。我是读武侠小说长大的，迷恋读的程度与她在《窃读记》中的描写相差无几。

父亲的藏书颇丰，以武侠小说为主。它们都工工整整地躺在深黄色的书柜里。那个年代的书柜无非就是个木头箱子，木头上画着淡雅的花儿。书柜里满满的都是书。父亲格外珍惜它们，整理得井然有序，一摞摞，一列列。那些书即便到今天，二十多年的光景了，也都完好无损。

能像父亲那样读书，是我认为最美好最惬意的事。他下班回来，常常斜躺在炕头那边，捧本武侠小说，津津有味地不知疲倦地读着。我曾不止一次梦见我也像父亲一样拥有一个属于自己的书柜，满满的，都是自己喜欢的书，而且想读就读，无人禁止，也无须担心学习。学习是父母希望我们努力去做的事，但我不像姐姐有考清华的远大理想，也不像弟弟那样常溜出去玩耍，我只是惦记着父亲书柜里的书……

那是我最艳羡的地方。父亲的书柜每天都锁得严严实实的。我的目光常常瞟着它，怯怯地不敢正视。我心里盼着父亲哪次匆忙之时忘记锁柜。那是一把大锁头，也是黄色的，略扁。但偶尔也有，不，后来我们大了，会发现他常有忘记锁书柜的时候。于是这时，就是我偷书读的时候了（后来我才知姐姐也是这般偷读的）。父亲做事很严谨，他的物品一般都摆放得中规中矩，我每次悄悄打开书柜时都要记得书放在哪个位置，也要记得锁头原来是冲着哪边的。

陆陆续续地，我一边偷着读书一边长大。等到初中毕业时，父亲柜子里的武侠小说几乎被我读遍了，那可是上百本，尤其是梁羽生和金庸的书，我超级喜欢。我起初最喜欢的人物是《萍踪侠影》里的张丹枫，不仅因为他的名字里也有个"枫"字，更因他亦狂亦侠能哭能歌的气概。他身上既有儒家文化的影子，有着强烈的入世精神，又有江湖儿女的豪迈洒脱，视功名利禄为浮云，称得上是一个心连广宇、襟怀坦荡的民族英雄。尤其是他与云蕾的爱情故事，盈盈一笑，尽把恩仇了，赶上江南春未了，春色花容相照……至今亦回味无穷。后来，我还喜欢杨过，亦正亦邪，倜傥不羁，重情重义，敢爱敢恨，对小龙女一往情深，生死难放，古墓拜天，谷底惊艳……常有人说我的骨子里有男人的大气。我不认为那是大气，或许是侠气，呵，江湖嘛！

上了师范，我被钢琴迷了近四年。于是，再也没读过武侠小说，一本也没读。或许是那几年偷读得太过头了，过犹不及嘛。后来，父亲自己在长春有了房子，也仍有自己的书柜。这个书柜很大，很漂亮，侧开门的，还有锃亮的玻璃，但没有锁。每次回去，我仍会站在他的书柜前驻足，看着那些以往躺着的而现在都立在那里的书，那些当年我恨不得抱在怀里睡觉的书，常常浮想联翩：小时的偷读真是太有趣了。还记得几年前，父亲向我推荐《康熙大帝》、《雍正皇帝》等书，说那里面有许许多多的智慧，把它们读透了，人生也便参悟透了。后来，我读了一遍，但不细。

如今，我有一间自己的书房，书柜里满满的各式各样的书。我需要读的书太多，躺在床上读，坐在南阳台的藤椅上读，在书房里一边听音乐一边读……不亦乐乎。但我仍要感谢父亲的书，感谢那些武侠小说，它们潜移默化地给了我一丝男人的性格，这对我来说是一笔财富。做事、为人要有男人的风范，不拘小节，豪爽大气，侠气如张丹枫，忠贞如杨过……

至乐莫如读书

姐姐让我推荐几本书，特别强调是我读的陶冶情操方面的书。我忍俊不禁，笑她可爱。我近几天手头的《道德经》、《暗香浮动月黄昏》、《智慧背囊》……她会喜欢读吗？

我想象中，姐姐该是每天手捧着写满英文的厚书来读。她是大学生出身，又是研究英语学科的。每个人都有属于自己的读书范畴，性格不同，爱好不同，底蕴不同，关注点不同，择书也一定有所差异。

其实说起读书，我思考并不多，可能还有些许狭隘。毕业后教初中语文的那段日子，每天忙于备课，琢磨着怎么给学生上课，无暇读书丰实自己。后来做大队辅导员，忙于开展各项少先队活动，偶有空闲，也被各种乐器充实着——那个年龄仿佛是静不下心来读书的，玩心太重。再后来，从进课堂到开始做教研员的那几年，是我每天翻阅工作方面书籍刊物的阶段，以用来应付各种各样的讲座，读着读着，不知不觉中也渐渐厚重了自己，成长了自己。

拿起"闲书"读，是病后。那时一个人每天待在家里养病，闲得无聊，于是，原有的一些古诗词书、孩子成长类书，还有住院时家人买的故事类书、启智类书，等等，便不疾不徐地走进我的时光里，但最初也权作打发时间。慢慢地，一点一滴地开始喜欢读《智慧背囊》、《意林》、《读者》，还有散文集之类的，也开始陆续地买回此类书读。

在我最孤独最煎熬的三年里，是书籍给我勇气，帮我淡然，携我成熟，丰富我的内心世界，使我感受智慧的光泽，平静而坦然地度过每一个晨曦，每一个黄昏，善待身边的每一个人……庄子说："人莫鉴于流水，而鉴于止水。"意思是要对一个人做出判断，观其动不如视其静。我庆幸可以如此。

读书养性，这是毋庸置疑的。但读书也不是无条件的，从我的体验来看：

读书，需要目的。当然这指初始阅读。没有目的的读书往往浅尝辄止，或者一时兴致，随后便搁置一旁。我习以为常的目的性读书，有时为了培训，有时为了课题……许多年来，这样的读书还是颇多的。越读，越深感自己的无知，越是心慌，相反，也越来越自信，越来越勇敢。这可能是一个很正常的循环往复、互为促动的过程。

读书，需要时间。拿起自己喜欢的书静静独处一隅，一边读，一边静心，未尝不是一种极好的生活状态。越是艰难时，越是烦躁时，越是心累时，越是需要书的补给，需要书中智慧的启迪。而时间，只要想读，总是会有的。我常常在临睡前的那么一会儿读上几页，台灯下，斜倚床头，享受阅读的乐趣。

读书，需要环境。我喜欢安静的时候读书，一个人静静地坐在一个角落里，或者在沙发上蜷起双腿，把书放在膝上；或者坐在椅子上，头倚靠背；或者斜躺在床上，脖子一会便酸，但也惬意。我还经常想着去野外读书，躺在林间的草地上，透过枝叶间的细缝，可以看到点点蓝天，多美啊！或者坐在车里读，那份无人打扰的心境，那份悠然自得的快感，喜欢至极。

读书，还需要什么？专注的精神？锲而不舍的状态？……总之，读书不是一件容易的事，这是我的真实感受。能读进去并有所用，不是一朝一夕，一蹴而就的，需要反复，需要周折，需要反思，需要坚持……

我相信，如果每天能坚持读一个小时书，天长日久，也会受到大益，修身正己，不可限量。积少成多，聚沙成塔，是读书人信守的哲言。

大凡有智慧的人都是爱读书的人。"腹有诗书气自华"，一本好书，可以影响人的一生。至乐莫如读书，在读书中享受生活的乐趣，在读书中感受生命的真谛，用圣贤的智慧、先哲的风范来指导我的生活和思想，乐此不疲。

阅读，也必须通过阅读提升自己的性情，陶冶情操，凝练某些思考；阅读，更必须与生活抑或工作紧密相融，让阅读为它们服务，而不只是欣赏一些文字。作为教师的阅读，我认为当该如此。

要记得培根的话："要把读书变成教师的精神需要。"

一个人，一本书

　　说起阅读，我不能不提这样一个人、一本书——一个让我时常感动的人，一本给予我精神支柱的书。

　　这样的书原本是我比较排斥的，蝇头小字。我对书有一种偏执，就像对人一样，欣赏的是落落大方而不猥琐，豪爽大度而不斤斤计较……但仍买了这本书，这是我对他的人格魅力的执着。

　　我不懂他在纯文学领域行走的艰难，喜欢他只是因为他在身染疾病、生活艰难的情况下仍不曾放弃写作，他清新自然、娓娓道来的独特的文风气质让人心沉淀，尤其是我感受到了他思维的通达和对美好生活的坚定信念。初读这本书是在我养病阶段。那是 2005 年，我肾上长个囊肿，于是当年穿刺，但次年又长大。无奈，采取腹腔镜手术，期望彻底摘除它。意料之外的是，术后所带引流管出现了问题，总是流东西，医生迟迟不敢拔。结果，它足足在我的身体上工作了三个月零三天。最终，医生冒着危险将其拔掉了。后来，囊肿又长大，家人计划让我做开刀手术，但命运总是与我开玩笑，就在马上要躺在手术床上时，医生无论我怎么央求、保证，都不肯为我手术，原因是我的肾有个漏点，如果开刀手术，打开囊肿，那么肾也会漏，能找到漏点万幸，一旦找不到的话，后果不堪设想。

　　如今叙述这些经历已经很平静，仿佛与我无关，仿佛我只是按着事件发展的顺序讲述一个故事而已，因为我已经完全走出了那道阴影。同时，更因为我是幸运的，也是幸福的，就在我处于极度悲观和无奈时，我遇到了这个人的这本书——面对苦难让我释然，让我躁动的心走向宁静。

　　这个人与我们常人相同，但又完全不同。他"活到最狂妄的年龄上忽地残废了双腿"，"职业是生病，业余是写作"，他与疾病顽强抗争，在病榻上创作。他体验到的是生命的苦难，表达出的却是存在的明朗和欢乐。他身体虽然残缺，但说出了最为健全而丰满的思想。

　　"万事万物，你若预测它的未来，你就会说它有无数种可能，可你若回过头去看它的以往，你就会知道其实只有一条命定的路。"他曾几次为自己是个残疾人而悲观欲自杀，但当他终于觉悟到无差别便不成为世界时，他便坦然面对残疾之躯，坦然接受自己与他人的不同，并努力地去做一个精神上的健康人。与他的残疾相比，我的病简直可以忽略不计。我想这是冥冥中的注定，对我个体而言，我只有一条命定的路，那便是在我全身心投入工作，经营家庭时，上苍见我太累了，用疾病的方式许我休息片刻。而后，我还应继续努力去做事，因为"死是一件不必急于求成的事，死是一个必然会降临的节日"，我还活着，这便好。阅读中，我便是他，坐在轮椅上，一次次地摇着它在古老的院子里徘徊，在日出日落的变换中参悟生与死的意义。他活下来了，活得很精彩，很厚重，活得我们似乎忘记了他的疾病，活成了我心里永远的生命教科书。苦难，是我们的福祉。

我对他也不是完全的敬重，甚至有的时候是责怪。但我又不忍心责怪，所以只是用文字不咸不淡地怪他，怪他对母亲的行径。"事实上我也真的没为她想过。那时她的儿子还太年轻，还来不及为母亲想，他被命运击昏了头，一心以为自己是世上最不幸的一个，不知道儿子的不幸在母亲那儿总是要加倍的。她有一个长到二十岁上忽然截瘫了的儿子，这是她唯一的儿子；她情愿截瘫的是自己而不是儿子，可这事无法代替；她想，只要儿子能活下去，哪怕自己去死呢也行，可她又确信一个人不能仅仅是活着，儿子得有一条路走向自己的幸福；而这条路呢，没有谁能保证她的儿子终于能找到。——这样一个母亲，注定是活得最苦的母亲。"你说，我怎么能不怪他？可是，我又忍不住心疼他，他说："在我的头一篇小说发表的时候，在我的小说第一次获奖的那些日子里，我真是多么希望我的母亲还活着。我便又不能在家里呆了，又整天整天独自跑到地坛去，心里是没头没尾的沉郁和哀怨，走遍整个园子却怎么也想不通：母亲为什么就不能再多活两年？为什么在她儿子就快要碰撞开一条路的时候，她却忽然熬不住了？莫非她来此世上只是为了替儿子担忧，却不该分享我的一点点快乐？"他心里也充满了对母亲的愧疚和想念啊！于是，我还是原谅了他，与他一同活出意义，来告慰天堂里的他的母亲。

"心灵的房间，不打扫就会落满灰尘。蒙尘的心，会变得灰色和迷茫。"我一向是个肯于和善于反思的人，这种打扫心灵灰尘的事，我是常做的。在我当时的年龄，恐怕似我这般懂得时时反省和矫正的人不多。但我又是善感的人，事事容易放在心上，希望不辜负别人的信任和期望。这样一来，我也便找到了得病的缘由。读他的文字，我明白了凡事该放则放，当止则止，让心灵静谧下来，让脚步缓慢下来。要学会生活，体验过程，享受幸福。他的文字虽然常带给我铺天盖地的沉重感，读一段便要停下来抬头深呼吸或望望窗外，但他常给我带来人生的感悟、生命的感悟。对我来说，这比什么都重要。

这就是对我的一生有重要影响的人和书。

史铁生，《我与地坛》。

你一定也知道他和他的这本书，你的感悟和收获也许比我还要厚重。他现在已经走了，永远地走了，但他依然居住在我们心里，让我们从中不断汲取顽强地生活与奋斗的力量。

怀念我心里永远的史铁生。我会听他的话："微笑着，去唱生活的歌谣。"而如何活出意义，又将是我不断思索的问题。

与 书 对 话

在家里写主题培训方案，很快就完成了，我又不想做别的事，索性斜倚床头，捧书来读。想来在这样一个清冷的下午，蜷缩阅读是一件最美好也最温暖的事了。

或许觉察到最近读工作类的书略少，于是从书柜里拿出了《小学语文名师课堂深度解析》。

我爱语文，我爱研究。读这本书，亲切感油然而生，那么恣意又如此畅快。翻开来，读窦桂梅的《晏子使楚》，读王崧舟的《亲情测试》，读课堂实录，读教后反思，读观点交锋……再闭目凝思，思到骨子里，再回到现实里，又去灵魂深处走一个来回，跳出去再回来……

不得不深深赞叹这些语文名师站在高远宽广的视角解读文本。这些课例中折射出来的诸多问题也着实令人深思。语文教学，要加法还是减法？工具性和人文性如何同构共生？如何解读文本的价值取向？课程的语文，还是个人的语文？……直面扑来的不仅仅是他们精湛高超的教学艺术，更有这些问题所引发的深深思索。

仁者见仁，智者见智，语文教学乃至整个课程改革，从初始到现在从来没有停止过争论，而且这种争论会一直延续下去，逐渐深入，逐渐宽怀。幸运的是还有这些领军人物在为我们提供思考的案例和广阔的空间，是非不重要，重要的是这份浓浓的对小语教学乃至整个生命的深思。

人生，要做加法，也要做减法。人活着不断增加的也许是金钱，也许是官位，也许是才学，等等，不一而足，人的贪念愈发增多。但许许多多的人越来越不快乐，社会也越来越凸显诸多严峻的问题——生命的意义到底为何？应该加些什么？又需减掉什么？难道不值得每个生存者深思吗？

人的社会价值和思想情感如何同构共生？家庭和事业，爱情与友情又该如何同构共生？教育和生存呢？……每一个都是影响我们生命质量的重要课题。

读书很有趣，解读更有趣。读书的过程其实是读者和作者面对面对话的过程。书里又有许多人物，他们或智慧或可爱或多面，解读他们，更是读书的乐趣。

少解读自己，多与书与有思想的人对话，才有更大的进步可言——读书感悟。

读你，才刚刚开始

用了大约六个小时，我读完了余秋雨的《我等不到了》。时至现在，我仍不能明确读它是对一个以往陌生的文化大师的不谙的惭愧，是急于开拓一个新的阅读视野，是对这一段滞留于电脑前的生活的逃避，还是以此方式鸣谢友人……不管哪种，事实是我在这样短的时间内专注地读完了293页，没有丢下一行文字。

连自己都有些许诧异了。

我相信一份坚持和一种力量。

读书之前，恰好退休的一位老校长来办公室看望大家。我随意问起余秋雨，他说余秋雨的确是个少有的大才子，但有硬伤，就是历史知识不雄厚。老校长底蕴深厚，也研究过余秋雨，我当然毫无发言权。不过我想任何一个人，无论是平民抑或领袖，都不是完人，都有所谓的"硬伤"，那么如何看待和评价别人，尤其是公众人物，也应该是整个社会需要思考和审视的重大课题。

也许这个问题解决了，也许我们国人的"丑陋"和可悲之处减少些，也许大家对整个中国乃至世界文化状况的寻找多些理解……余秋雨就不会有那么多的家的"迁徙"和精神的折磨。读到历险和逃跑一章，我特别沉重。蓦地抬头，一阵轻风拂来，办公桌上的我读书用的《现代汉语词典》被吹得飒飒作响，一页一页翻开来；而另外一摞很厚的材料因有订书器压着，稳如泰山。我忽然觉得，后者也许便是余秋雨存在的意义。

其实，他不必为自己辩解什么，任何一个能够分辨是非的国人都不会对这样一位有着深厚的历史沧桑感的学者，勇于放弃官位和承担文化传播的作家产生丝毫的不敬。我也想说，作为一个大家，一个时代的瞩目人物，他大可不必为之困扰。自古英雄多磨难，大丈夫何惧孤步？何惧诽谤？随他们去吧！

阅读中，有一处我险些掉泪。他写祖母去世时"泪如雨下"，我心头升腾起对那位历经坎坷的老人的敬重，有一种如释重负之感，归于黄土未尝不令人感到安慰；而他写爸爸去世时，虽然没有一句伤心的话，我却泪盈满眶，尤其是他说爸爸是为他死的，那些关于诽谤他的报刊"是压垮他的最后一捆稻草"。"稻草"？我闭目凝思，余秋雨把那些无中生有看作"稻草"，而竟是这捆轻若尘土的"稻草"把爸爸"压垮"而死，"他是死于愤怒，而不是害怕"。此时，心里真是沉重万分，一时不能自已。

最受触动也是最沉痛的，当然是"我等不到了"，这该是此书的精华之处，是作者的自问自答，是大半生的自我定位，也是一份自我解嘲式的豁达和解脱。一句"我等不到了"，在对一个世纪的各样灾难的叙述之后，有了更多的无奈和忧伤的意味。

真想大声代表国人，尤其是传媒疾呼：虽然华发已生，暮雾已沉，但你会等到的，你应该等到的，你必须要等到的。但，这样的呼喊是多么苍白无力，又是多么可笑至极。所以，作为读者的我也只能在读完两遍文章后，在心底深处长长地叹息：是啊，等不到了！

四部二十九章，开始连续读并不回头，读着读着，唯恐散乱，于是每读完一章回头看看目录，再把视线离开书，向远处望一望。我希望在头脑中构建一个整体的框架，而不至于让自己走失。因为我知道，以我的文字功底是无法解读这样一位大师的，他在用平静的语调叙述几代人的生存背景，叙述自己和家人在各种境遇中的挣扎。我只读到了一份悲壮、感伤、无奈、激情、纵肆，一位文化人对中国对世界的文化责任感，一份思考的重量……

我反复咀嚼的地方有多处，其中一处是书的结尾：下一个时代，必定是自然灾害频发的时代。自然灾害又必定引发人文灾害，未来的世界将会怎么样，我们不敢说任何一句乐观的话。孩子们，你们难道真会去承受那么大的惊吓和痛苦吗？你们难道贮存得了那么多的意志和善良吗？——好一番铿锵有力的问难，我也不禁为我自己和我们的孩子们心生担忧了——与这位文化大师一道。

掩卷抬头，同事在撰写一个大材料，见我停读，他也抬头，我们相视而笑。

我说："每一次写这样的大材料，都是一种理想和现实的碰撞，是思考的提升，是眼界的开阔，虽然辛苦，也很受折磨，但——"我本意是开解他的烦恼，但没待我说完，他抢过话："不如你读完一本书有意义。"

"嗯！"我微笑着骄傲地点头，"这我同意。"

但我知道，对我来说，阅读余秋雨才刚刚开始。

我为自己能安静地拿出一整天的时间读他而感到幸福和自喜。

有 一 种 阅 读

有一种阅读是疲累的，它不会使人莞尔一笑，或者感受到一种豁然明朗，它使人不间断地快速思索，不间断地调动已有知识与实践储备，不间断地构建或重组……而掩卷的那一刹那，也许是仰天长吁以表凝重，也许是愈发模糊甚至倍感沉凝，也许是连脚步都无法轻松，有一种压迫感从四面八方包围而来，使人无法逃遁……

这样的阅读时常使人产生无可宣泄的无知和困顿，进而对某些问题产生疑问：这些文字怎会如此丰盈（或者艰涩）？我和他们的差距在哪里？他们都是怎样的一群人？这样的阅读和成长的终极目标是什么？如此追求卓越的意义何在？自己的未来成长是什么？……每个问题仿佛都能自我解答，又仿佛不可解答。

但这样的阅读也会使人欲罢不能，释怀不下，是快乐的。因为可以认定，它会促使人产生一种学习的紧促感，使人不断生发深度阅读的欲望，使人持续几个小时静坐支颐不停歇；也可以认定，它会拓展人的思考角度，提升人的知识能量，使人进入一个新的视野，那里有花草树木，有风雨雷电，有广袤的田野、无际的天幕……所有大自然的清新、混沌、平静、高潮……都会迎面而来，那是一份别样的丰富的刺激和体验。

这样的阅读具有反复玩味的价值，随着每一次阅读的深入，认识会逐步加深，有时甚至会蓦地使人提高一个层次，这个层次是平日里读多少其他文字也无法企及的。有时会促进与朋友的交流，进而产生碰撞，唯有碰撞才有新的思想。但更重要的是来自于自身已有与未有的碰撞。

我一时还不能用浅白的语言穷尽所有的感受，因为这样的阅读也才深入不久，但我也有自己的短见。如读《山居笔记》，我遇到的障碍是自身历史的浅薄（当然我仅读了第一章，且不属细读）；读《啃读者》以及《静悄悄的革命》中的相关短文，无形中被一些绕来绕去的词语的表述折磨透顶，这些文字给我的直觉是在做文字功夫，以刻意凸显理解和认识的深邃。文字到底是用来做什么的呢？鲁迅说过，"那些舞文弄墨的人，反而越舞越糊涂"。据说网络教师的参与者人数庞杂，那么究竟有多少人可以在有限的时间内读懂读透？对了，我忘记了一个重要的词汇，叫"尺码相同"，真会相同吗？

越是简约的，越具有相对的普遍性。

当然，所有的阅读都需要一个背景，比如已有的经验。阅读教育教学的文字，我会调动实践中的体会，融合进去加以理解。所以从这个角度看，也许我的感受是错误的，那便是我还没有作为他们中的一员，没有切身感触，导致不能有所体悟。相比而言，读《静悄悄的革命》或许要比《啃读者》轻松愉快得多。我这样想。

归根结底，仍是个人阅读能力的问题。

由此，暂且无语。

关于送书的故事

关于送书，我有过几次经历。

第一次是在"国培计划（2010）"吉林省短期集中培训小学语文班上。当时，著名特级教师黄亢美来讲课，我主持现场。又因陪他吃早饭，闲聊些许，一时熟悉起来。于是，他在上完课后现场送我一本他撰写的关于字理识字的书。我如获至宝，说欣喜若狂并不为过。

一位黑龙江班的男老师见状，到前排来向我索取。我当然不应允，几次去书店买字理方面的书都未如愿，怎可轻易撒手？他悻悻而归。接下来的活动是"名师访谈"，这位老师代表黑龙江班现场采访黄亢美老师，其语言表达清晰流畅，神情自然，大方得体，与其他三个吉林班的采访者相比，有过之而无不及，令我刮目相看。作为语文培训班的指导教师，我欣慰之余，当场决定把这本书转送给他。

然后猛生悔意——怀念那本我还未来得及翻开的书。

这是一次为工作送出的书。后来宽慰自己：能参与国培工作，一切都无所谓了。

第二次是在本地班主任培训班上，是一个我预设的环节。由于那是我第一次为中小学班主任讲课，参培老师们又没有接触和体验过参与式培训，参与的心态和效果到底如何不得而知，我心忐忑。为了充分调动大家参与的积极性，另外这本闫学的《跟苏霍姆林斯基学当班主任》如果让班主任拥有，那定然比在我手头的作用大得多。

开场时，我说我要把这本书送给今天第一个发言的老师。

一兵老师率先举手，并主动起身微笑着说："我想得到这本书。"她是我喜欢的一位小学班主任，语文课讲得好。我也笑了，是一份发自内心深处的赞许的笑。

诚心诚意地送书，送给我熟识的努力做事的老师，那份感受与第一次自是不同。

所谓"赠人玫瑰，手有余香"，大抵如此。

第三次是在一次省培小学语文班上。与第一次相同，又是一次临时想法，也是一次冲动。

这是一本《支玉恒老师教语文》，是我非常钟爱的一本书。喜爱之由，并非里面有多少学科专业知识可以给予我帮助，而是支玉恒老师的一些亲身经历始终是我战胜疾病和潜心工作的动力。比如他与病魔抗争的故事，比如他近四十才开始与语文结缘却能成长为著名特级教师的历程，一直是我效行的楷模。

上课伊始，我提议请一位老师现场朗读郭沫若的诗歌《天上的街市》。一位老师立时欣然站起，高声诵读。其实她的朗读功夫实在不敢恭维，但我仍然特别感谢她的勇敢。在省级培训班上能第一个站起的人定然是一位积极上进、努力前行的人。在教师职业倦怠蔓延的当下，她的勇气着实可嘉，我忽然决定把放在讲台上的书送给她。

送完后，另外一位老师问我是否还可以送，可惜我只带了一本。

此次送书与第一次类似，都属性情之为。但看到其他老师的期待，我由衷地感触到：老师们手头的书实在不多，能适合她们阅读的书更是少之又少。而作为培训者，我自认为有责任推荐阅读书目，如果可以，送书是最直接最有意义的事——对老师来讲，学习内容和阅读内容能有机联系在一起，效果自是更好。

这几次送书是我印象最为深刻的，其余的就不赘述了。除了送书，我还有个习惯，就是每次读到好书都会在 QQ 签名或微博上写出来，愿想读书又苦于不知读什么书的朋友也试着读读这些书。比如有一次我读复旦于娟的《此生未完成》，许多 QQ 上的好友便跟着我一起读。

其实，我也收过朋友送我的书。读这些书，读到的不仅仅是书上的文字，文字都是呆板的，友情是活生生的。书上有朋友翻阅过的痕迹，每次翻开，都会很自然地想起它们也同样被朋友一字一页地阅读过。于是，那份感受是别样的。

得到我书的朋友也会如此吗？几次送出的书里面多有我的批注，也许字迹是潦草的，也许表情达意是粗糙的，但都是我留下的真实足迹。他们在阅读时会想起我吗？

我会好好珍惜这些书，一如珍惜我的朋友。也希望收到我书的朋友能珍惜我送的书，也要由此珍惜与我的相识相知。

生命的意义在于像一只永不辍网的劳蛛，即使疲倦也要不断地奔走织网，以守住那一隅，编织心中的梦想。

生命的意义在于像一朵鲜艳的花儿，即使风吹日晒也要努力地开放，以美丽的容颜呈现坚持的沧桑。

生命是不倦的舞者，生命是落拓不羁的骏马，即使不能踮起脚尖飞扬，即使前方百转千回，即使忽然倒下，也要定格为一种凄美的悲壮。

然后，在心里，静静地浅唱……

我 是 什 么

我是什么？一边听国培网中播放的"专家视频答疑"之窦桂梅报告，一边思考这样一个多天来常萦心头的问题。我想大概是因为国培网里赫然写我为"语文专家"，每打开读一次，我的汗颜之心便递增一次。

刚刚关闭视频，耳边仍回响着窦桂梅充满浓郁情感的声音，挥之不去。原来一向激情洋溢的她也会这般温婉低柔。今晚的她是轻松的，虽然深显疲倦；是温柔的，虽然略有低沉；是常人的，虽然身处那个平台。我想这才是真实的窦桂梅，而不是做课的窦桂梅。这才是专家中的专家，是从课堂里走出来的仿佛就在我们身边的教育家。

与其相比，我似乎什么都不是。

苍白的文学素养，粗浅的教学功底，虽好学但先天营养不足，虽努力但深感时日不足，这两个不足是不是足以致命？这般想，并非气馁，也并非想懈怠，反而更觉需学之多。学她的精神，虽然病中神情萎靡，但掩饰不住那份大气；学她的思想，看似来得匆促，临时性语言却也如此凝练流畅，句句皆学问；学她的课堂情怀，作为校长还能坚持给学生上课，获得第一手最最切实的思考和感受；学她的语言，情浓而洒脱大气，言谨而缜密哲思……掩卷长思，再扪心诘问，需要借鉴和学习的不胜枚举。

人最怕的不是什么都不知，而是不知自己什么都不知。知，就好啊！我知，所以还算好吧。

我是什么？我要想清楚自己到底是什么。

我想我是一棵小草，低伏在黑色的土地上，脚踏实地，不随波逐流，保持永久的清新自然，做大自然永恒的底色；

我想我是一朵花儿，以自赏的姿势静静开放，着自己喜欢的颜色，轻扬淡雅芳香的余韵，供喜爱的人品赏；

我想我是一缕微风，轻轻吹醒沉睡的万物，只要是需要的，我不狂吹乱打，但我不遗余力；

我想我是一涓细流，持久地缓缓流淌，不惧阻挡，不惧蜿蜒，以我自己的路线自由地向前……

写到这里，我忽然发现我想的事物其实都是小事物，但小中见自然，平凡的、朴实的、真切的……我是喜欢且向往的。

我是什么？我懵懂着，迷茫着。那就这样问下去吧，不急不躁，徐疾有致，盈缩卷舒，从容一生。

　　2012 年初冬，北京的第一场雪后，我参加吉林省名师工作室主持人培训班学习，有幸聆听了王能智老师的课，经历了一次心灵的沐浴。老人家深厚的学养、温和的品格、谦谦君子的神态给我留下深刻印象。面对他的风范，会觉得仰之弥高……

　　我想做那样的人。

创新 穿越

深夜，我微笑着在 QQ 空间里写下这两个词，它们在蔚蓝色的背景下显得格外醒目，也异常静谧和深邃。我想，只有这似广袤天空的颜色，才有创新与穿越的胆识、胸怀和潜能。由此，我不得不深深佩服省领导了——用教研的思维做培训，真是妙极了！

教研的思维是理论联系实际的思维，是切合教学实践研究的思维，是善于发现问题、解决问题的思维，也是敢于调动参与者主动性、积极性的思维……教研的思维主宰教研的模式。教研的模式是课与辅导融合的模式，是以问题为主线的模式，是众口同说、群策群力的模式，是想教师之所想、急教师之所急与专业引领相结合的模式……

想想，教研会，有哪次是清一色的专题报告？有哪一次不是着眼于解决教学实际问题？一次教研会就是一项课题研究，一次教研会就是多节课堂教学的展示，一次教研会就是问题解决的培训会……

一次教研活动，就是一次有模有样的培训活动。研培结合，是我们多少年来遵循的工作理念。

说起培训，是不是 90％以上的人都会想到去听报告？是不是准备一支笔一个本，带着耳朵即可？是不是要连续坐上几天硬板凳？是不是午后会困得有人趴在桌上偷睡？……

用教研的思维做培训，就是把教研的思想和模式融入到培训中来，丰富培训理念，创新培训模式，改善参与者的学习状态，提升培训与实践的接轨，让培训更富有针对性和实效性。

那么反之，是不是也要吸纳培训的理念做教研？培训又有哪些理念？

说实话，我是从 2007 年才开始做真正意义上的培训。至今思考这个话题，觉得底气不足，似乎很难理清，但又必须理清。让培训的理念融入到教研中来，我的粗浅认识是培训更具有专题的系统性、时间的完整性，培训的目标更加明确，专题更加集中，更加关注培训的结果，即对参培者产生的长远影响……还有许多，都值得教研来学习和借鉴。

创新，穿越。创新，汲取已有的经验，摒弃不适不妥，力求跳出原来的思路，寻求更切合实际，更具有针对性和实效性的路子；穿越，穿越时间和空间，穿越固有的思维，要知道每一天的时间都是新的，前面的未知世界充满了吸引力。

写下"创新"，写下"穿越"，我知道我不是一个畏葸不前的人；我知道，作为一个创新者和穿越者，一定要具有良好的心理素质和道德品质，坚韧顽强，果敢心细，吃苦耐劳，而且一定要重视团队合作，勇于并善于和人交流以求产生矛盾和碰撞，进而生发更多的灵感和思路。

居安思危，我还需努力。

在"国培计划（2012）"短期集中培训吉林省教育学院小学语文班上，我的角色是班主任，并做两节培训课，以及组织学员们开展一次主题行动研究活动。提起来仿佛觉得有些得意，但和那些大家比，如人教社王林老师，我便不值一提了。

他的昂首表现了他底气的厚重和深邃，而我的低头羞怯和惭愧来自于对他的敬仰。学无止境，渴望有一天我也能像他那样器宇轩昂。

跋涉，甘之如饴。

感 动 于 夸 赞

我不是一个容易骄傲的人，不论上级或者下级等哪方人士夸赞；但我不折不扣是个容易感动的人，尤其是面对我所敬重之人的夸赞。我所敬重的人自然是善良的人、有素养的人、智慧的人……也应该是谦逊的人，这是人最重要的也是最难得的一种高贵的品质。

我常常面对基层人，也常常听到他们的夸赞。每一次夸赞都是一份喜爱，一种认同。前几日给一位老师评课，过后她说每次听我评课都收获特大，自然一番由衷地赞扬。我笑了，这个我信，因为我是真诚实在而又巧妙地给她以点拨和帮助。

我常常听到领导的夸赞。每一次夸赞都是一份鼓励，一种动力。这是我的财富，我这样想。是不是领导们知道我喜欢好话的滋养，又知道我不会由此翘尾巴，更希望我不断进步，所以情不自禁地送给我夸赞？是啊，夸赞在我的心田多半会生出根，发出芽，开出花，结出果……

我自己又是喜欢夸赞别人的人。心里认可了，喜欢了，赞赏了，就会说出来，不太善于隐藏。我是一个习惯把情绪写在脸上和嘴上的人。

教研员做久了，常会有一个毛病，就是喜欢挑剔，喜欢说不足，仿佛不给人家说出几个缺点就不足以胜任，就不能证明自己的资深，就不够解渴。我也偶犯，所以常告诫自己，此次给老师评课下次不知何时，就不要让人委屈或难过一年或几年了。我这几年愈发习惯夸赞他们，夸赞的话是可以让他们感激并更加努力的吧。这也昭示着我心性的日趋成熟。

以己之心，悟他人之心，推己及人。

想起刘心武的一篇散文，大意是当面对他人，心头涌现了非功利目的、自然亲切、朴素厚实的好话时，不要犹豫，不要迟疑，不要退却，不要扭捏，快把好话说出口。如果确实由衷而发，确实充满善意，就要大大方方、清清楚楚地把好话说出来，即使遇上了狗咬吕洞宾的情形，好心换了个驴肝肺，也并无所失，因为把好话给予别人是在必要地播种善意、爱意的种子……

我们都要经常播这样的种子。

我喜欢夸赞，但不会就此骄傲，从来不会。事实上，所有的人都喜欢他人的夸赞，从心理学的角度上看，没有人可以例外，只是程度不同、表现不同罢了。夸赞，使人如沐春风，如饮甘泉，是一件快哉的事。

之所以写下这些，是因为我今天得到了夸赞，它来自于我极其敬重的一位领导。我深知那是最最善意的夸赞，是一如看到自己的孩子成长般喜悦的夸赞，是蕴含了更多期许的夸赞……

我是从内心深处感动了，并感激着。

愿始终如一地善待夸赞，不负夸赞，也愿能一如既往地常赞别人……

平 台 的 力 量

刚刚读完一份基层学校的会议发言材料，感触良深。我想起"平台"这个词。

大概是 2007 年，我处于几次手术后的逐渐恢复期，恰逢全省小学语文教研员培训班学习。学习前两周接到省领导的电话，大意是让我在培训班上给同行们讲讲科学的听评课方式，即课堂观察与诊断。做本职工作许多年了，对此并不陌生，也常在探索和实践，但从未经历一个系统的整理和深化的过程。心里是忐忑的，不过，每一次可以提高的机会，我向来都不会轻易错过，于是欣然接受任务。那天，我做了一个短时间的发言——《小学语文课堂观察与诊断》。

非常明朗地记得，讲完后我脸色很差，甚感虚弱。但至今仍骄傲那次的珍惜和付出，因为从此开始，我才有机会在省里讲课，最重要的是才有机会成长，有机会体验职业的快乐与幸福。我是越来越喜欢教育，喜欢教研，喜欢投入地做一些实实在在的有意义的事。由此前几天随省厅领导赴集安市送课，我也在一直表达着这样一种情感：感谢平台，珍惜平台。现在想起来，那时那景仿佛就在眼前。

平台？作为我的角色，在需要领导给我搭建平台的同时，又是多么应该为别人搭建平台啊！我自身的成长只有作用于他人身上才是最有意义的成长，也才无愧于上级为我的成长所做出的努力。回想起来，我往往都是为一线老师搭台子，一个一个一批一批的老师成熟起来，想着都喜人。但恰恰忽视了一所学校提升和发展的中坚力量——业务领导。以前也曾选他们在会议上做经验之类的介绍，但为数不多，也并没形成常态。此次会议，我特意反复思量、精挑细选了两位领导：吴云海和刘艳艳，都是教导主任。既考虑到他们先进的教学理念、丰富的教学实践经验，更考虑到文字功夫尤其是积极上进的态度。一个人的成长的确需要一种综合素质的支持。单纯的某一方面，无论如何不会鲜活，更不会持久。

而其中，态度决定一切，它可以弥补缺憾，甚至能够由此带动其他方面素养的提升。

有一种成功来自于积极乐观的态度。

　　读了云海主任的发言材料，思考之余，欣喜至极。我想这样的思考角度和文字功底，如果没有机会展示，那定是我以及我们业务部门的失职。今后，一定要多多给他们提供类似的平台，使他们做了就有平台呈现，努力了就有机会展示。我要尽我所能地使每一个努力的人，每一个用心做事的教育人做有所得，劳有所获，真正体验到被肯定、认同和需要的幸福感。

　　谈及职业的幸福感，它不仅来自于自身对职业的理解和定位，更来自于每一个过程中的成功体验。就我而言，也正是在不间歇的成功体验中，发自内心地感受到职业的幸福，从而更加主动积极地投入其中，乐此不疲。其间，平台的作用不可或缺。

　　我们的教育是多么需要生成和养就每个人一份职业的幸福感啊！

　　我相信平台的力量！

如果我是一颗蒲公英的种子

如果我是一颗蒲公英的种子
我想随着春风
发出挺直的芽儿
钻出坚硬的地面
倾听人间杂话

我想长在山坡草原田野
我想和稚嫩的草儿一同成长
我想和狂风做次抗争
我想呼唤温煦的阳光
让它们普照每一寸土壤

我相信只要我有力量
便可以成长为花
所有人都喜欢我
围在我身旁
倾听我娓娓动听的歌唱

我被风儿吹散了
传遍四面八方
飞过高山，飞过大海
所有看见我的人呀
都前所未有地放下彷徨

快乐、幸福
就这样陪伴在大家身旁

如果我是一颗蒲公英的种子
我愿从此漂泊远方
只为自然的每个角落
弹奏轻柔的旋律
处处，都是微笑
和淡雅的芬芳

　　许多人都冠我以"工作狂"的称呼，我自是不敢承受，也不喜欢承受。在我的世界里，家人和工作同样重要，或者家人比工作更重要。作为一个女人，经营好家庭是做好事业的前提和保障，我一直在努力，也将继续努力……

　　在与家人的相处中，在与他们的交流中，我体会着教育以及语言的魅力，也体验着一个做完整人的幸福。

　　一个完整的人，应该是享受工作、学会生活、关爱家人的综合体。

我与儿子的成长
——写在儿子初一时

　　许多同龄人在读大学时，我已是一位母亲。

　　什么都不懂，待我懂时，儿子已长大。那份看书育子的艰难，那些夜夜抱睡的折磨，那种欲哭无泪的无奈，穿越岁月的风尘，都显得微不足道了，反而是我与儿子共同成长的快乐历久弥新，不能忘却。

　　炎炎夏日午后，我们一起在楼下玩。他自小缺钙，医生说要常晒太阳。每天中午我们大概都在楼下，顶着烈日，希望越晒越好。他长得又大又胖，我抱得累了便坐在楼前的台阶上。人行道两旁有许多树，我总是害怕身边有虫子爬，于是常常一边照顾他一边瞪着眼睛看地面。我也免不了晒，但那时从不考虑自己是否会被晒黑，就那么一起和他看碧蓝的天，看粗壮的树，看来往的车辆，看对面的高楼……

　　为了儿子的健康，我学会了忍耐。

　　慢慢地长大了，他拥有了各种各样的车。屋子里骑的，外面跑的，玩得热闹。屋子里的还好，三个轮子，不需我帮忙。外面的就惨了，我跟在后面推或是小跑着扶，他玩得尽兴，我却常汗涔涔的。但那时从不考虑自己是否疲惫，就那么一起和他转啊跑啊，和着大呼小叫的喊声，楼里的人们见了都跟着笑……

　　为了儿子的快乐，我学会了陪伴。

　　儿子上学了。我和他在一起极少有不说话的时候，他也凡事都要与我说说。我早起拽他一同去跑步，晚上做完作业后，我们去打羽毛球，我陪他骑车、玩篮球……爱人上班早出晚归，我一个人带儿子，还要工作，很辛苦，但那时从不考虑自己身体和精力的承受度，就那么一起和他讲啊聊啊，我享受他的学习生活，他也享受我的喜怒哀乐。

为了儿子的思想，我学会了倾听。

有时我会因为他背不好英语单词而站在他床上冲他大呼小叫，与我小时的任性如出一辙，他也因不甘或委屈而掉眼泪。但跳下床来我就会去找话题和他说话，甚至胳肢他一下，于是我们又嘻嘻哈哈的和好如初。有时我也会把筷子摔在饭桌上转身离开，再机关枪似的把他的错事、不懂之事一条条一项项地罗列，目的是让他心服口服，岂不知常常事倍功半。而每每发现效果不佳时，我又折身回来道歉，拍拍他肩膀说："是妈妈不好，但你也错了。"然后再彼此羞羞地微笑。

为了儿子的性格，我学会了宽容。

他在慢慢长大，我也渐渐成熟。我由婚前的个性变得现在这般柔软从容，也有儿子的功劳。母亲是个职业，比教师还劳心伤神。

到了假日，怎能不出去玩呢？玩得最疯的是儿子六年级时的五一和小学毕业的暑假。五一时，我们列了计划，第一天去金刚寺，第二天去公园，第三天去水库……他不是都喜欢去，我便劝服他，央求他，总之就是玩。暑假时，我们一起去大连，去长白山……去长白山那年我出院不久，但爬山去看天池时，连健康的人都被我远远地丢在后面，我和儿子在比赛谁能战胜懦弱。大连那次，我们都晒得黑黑的，一同爬假山，一同下水，一同在沙滩上挖洞……只要他玩的，我几乎都随着玩。那时，照片中的他还不到我的肩头，转年初一时，他已与我比肩而立了。

为了儿子的视野，我学会了旅游。

年年岁岁花相似，岁岁年年皆是玩。快乐的玩乐哪里可以写完呢！

但如今随着年龄的增长，玩的日子在递减。走出门来，长吁这繁杂的人生况味，唯独少了玩乐的兴致。于是，暗自艳羡那些还可以带着孩子，牵着他的手乐颠颠出去玩的家长，他们还可以享受和孩子在一起的无尽乐趣，我却只有心疼地看着儿子学习，只能自己安静地享受假日。

为了儿子的学习，我学会了等待。

写到这儿，儿子来到我书房，故意呼呼地喘气。我奇怪问之，他说：

"如果我晚上这个声音来你这儿，你会不会害怕?"

"哼，才不会。"我大声答道。

他追问:"真的不会?"同时又把呼气声加大，听得人心慌。

"我怕了，怕了还不行吗?"我们相视大笑，他才满足了捉弄转身而去。

蓦地微笑:每个阶段都有不同的乐趣。回忆过往，并非否定现在。乐观的大男孩每天和你叽叽喳喳地调侃着、幽默着……怎么不是另外一种别样的快乐呢?

我仍要努力读书，增长智慧，这样才能与渐渐长大的儿子将过去的快乐时光继续和共享。滋养自身精神世界的同时，也为我们的交往带来源泉，成为提升快乐的涓涓细流。

为了儿子的未来，我学会了成长。

以 往

——写给初二儿子的一封信

儿子：

以往，每每假日我提起前往北京，走走清华，爬爬长城，你都会像枝头雀跃的小鸟，叽叽喳喳地问个不停。而今天，当我必须试探性地征求你的意见时，你漠然的表情让我一头雾水，你说："我哪儿也不去，在家里清静……"

以往，每每上学前我跟在你身后，提醒你穿衣，注重外表，你都会像左摇右摆的企鹅，旁若无人的一言不语，这儿没掖好那又打绺。而今天，不需任何语言也不论时间有多急，你都会在门前稳当地照镜子，再把鞋擦得干干净净……

以往，每每问你零花钱是否够用，看看兜里算算需求，你都会像呆头呆脑的笨牛，不食人间烟火般不懂，拍拍书包再按按衣兜。而今天，还没等我开口询问你一日的最低花销，你已主动地数着钱，每日都要合情合理地消费，不虑预盈……

以往，每每餐桌上我们聊天，说说趣事，嚼嚼舌头，你都会像叫声婉转的喜鹊，口若悬河，闻其声则喜。而今天，一旦我稍微多说你便不耐烦地答"我懂了，真的不用你啰唆"，然后不再言语，毫不理会我的表情……

……

你以自己的方式在告诉我，你已长大，不再是孩童。

亲爱的儿子，此时你已入梦乡，我还在台灯下怀想当初。前一段我是想过放弃，给你充分的自由：不管窗外多么寒冷，我也不会再提醒你加衣服，战胜病毒；不管你听的音乐是怎样艰涩，我也不会再建议你学会欣赏，学会兼顾；不管你对班主任如何"反感"，我也不再要求你多站在对方的角度换位思考，善于倾诉……

亲爱的儿子，可是我想我不应该坐视不理，那样仿佛我与你毫无瓜葛。许多时候我不明白，以前我们一直多以朋友相处，曾令多少人羡慕。可是你长着长着，个子高了，年龄长了，却把我抛在一旁，甚至站在我的对立面。妈妈没变，你在莫名地改变，这是什么缘故？我至今仍不明白这变化来自哪里，是我的家庭教育有误，还是老师的管理有了偏颇？我是多么希望我们仍是朋友，在一起疯闹玩乐。

亲爱的儿子，深夜里我在不断思索，我想问题不会在你身上，应该在我。我以成人的视角判断着你的所有，以母亲的角色要求你改变不妥。是啊，我认为学习必须努力，天上不会掉馅饼，没有付出便没有收获；我认为懒惰是成功的绊脚石，做任何事都要干净利落；我认为人活着要有目标，一旦定了就要努力拼搏，即便失败也无怨无悔，不该中辍……

亲爱的儿子，这许许多多的认识似乎是真理，但在我常感无奈，忽然反思这些时，我幡然警醒：我一直强调改变你，为什么不尝试改变自己？这些我自认为的正确和坚守是不是有诸多问题，只是自己还蒙在鼓里？当我带着想改变你的思想去与你交流时，我已经犯下了错。如果我们的关系愈发僵持，那么再有道理的话在你那也变成一纸空文，不起任何效果。

亲爱的儿子，当我意识到这点时，我必须及时调整，适应你的变化，满足你的需求。你的变化是你成长中的必然，如果我一味地沿袭以往，势必造成我们之间越来越多的隔膜。那是怎样不堪的情景啊！我害怕我的失败导致你的滑坡，那是我作为一个母亲最大的罪过。

于是，今天我们聊得很好。我试图站在你的角度想问题，这本是我的长项，却为何面对你时慢慢萎缩？叫你不起床，我在想可能是你太困了，春困秋乏是大自然的礼物，我不能以我的坚强责令你也必须遵从；你吃饭剩了，我在想可能你已经饱了，你爸爸强迫我多吃饭，我也会心生反感，如鲠在喉；你忽然不喜欢读书而常找同学玩，我在想是不是你忽然觉得生活了无情趣，除了学习就是学习，压得似乎喘不过气来，甚至头破血流……

于是，我建议你明早随大姨和小弟回长春散心，我不在你身边，你可以感受到更多的自由和放松。是啊，谁都想要自由，谁都不喜欢在别人的束缚下苦苦度日，徒增烦忧，谁都喜欢赞赏和健康的爱。不能使你快乐成长，我的爱再多再深，又有什么价值？

亲爱的儿子，教育无小事，我希望通过我的学习和改变搭建你我亲密无间的母子关系，进而协助你度过初二关键的半年。我和你一起经历，一起体验，创造快乐的泉源和充实的生活……

写给出行儿子的十句话

——写在儿子初中毕业参加夏令营前

第一句：虽然我认为你作为家庭一员做做家务是分内之事，但以往你并不常做，所以我要谢谢你多日以来帮助我做些力所能及的事。我发现这些事对你来说只是做与不做的区别。为此，我已经相信你有能力照顾好自己了，自己盛好饭菜，每晚洗袜子……

第二句：我把学校要求带的东西列个清单交给你，另提示你需要带哪些生活必需品。我不亲自动手为你装箱，是想通过你自己亲身的行动让这些东西印在你的记忆里，而不至于丢失，更是希望下次再出行时你可以不需要我的任何提示完全自己 OK。

第三句：当我说数学老师希望你和他们一起走时你坚决反对，我并没问你缘由，在这件事上你有自己做主的权力。一直以来，你与庞博强和夏贺阳是最好的朋友，为此，我相信你可以与他们友好相处，互谦互让，彼此照料。当别人有困难时一定要主动帮一把，"赠人玫瑰，手有余香"，记着友情是互相的……

第四句：我知道你向来不小气，此次出门同样。作为男子汉，不要心疼钱，该花的一定要花，夏贺阳的家庭经济条件可能一般，庞博强的妈妈三年来对你的教诲值得铭记一生，为此，如果你们一同买东西，你可以主动付费，朋友之间别计较谁多谁少，别人的恩情要记着回报……

第五句：我刚刚去药店为你准备了三种药，身体不舒服时要想着吃药，别太坚持，要记着身体是最宝贵的财富，没有健康，一切都将受影响。作为母亲，在成绩与身体之间取舍时，我定然毫不犹豫地选择你健康。

第六句：我知道你听课的质量非常高，发言踊跃，思考深入。为此，我相信你一定能以最快的速度适应中高衔接的学习内容，也一定能从不同的角度适应新老师。

第七句：新的班级会有许多新同学，他们来自四面八方，希望你能与大家和睦相处。我希望你主动与他人交往，接触夏贺阳和庞博强以外的新朋友，如果可以，留下彼此的联系方式也未尝不可，同学一场，珍惜相聚的情谊。

第八句：无论学习还是生活都会遇到不顺心的事，或难以解决的事。不要急躁，不要生气，不要退缩，更不要放弃，这些都毫无用处。记着首先要想解决问题的办法，要运用以往的经验及时调节自己的情绪，要想办法让自己快乐。人类一切活动的结果都是要寻找一份快乐。

第九句：想我们了，记着发个短信，但要少发。上课时把手机变成静音或者关机，最好关机。对你来说，手机的最大功能是用来联系，而不是接收一些无关的信息，更不是用来玩游戏。

第十句：此次外出目的有二，第一是学习，希望你学有所成，存储力量，准备接受新的挑战。第二是自立，我也有理由相信，一个月后回来的你一定已成长为一个响当当的男子汉了。那时，你更是我们的骄傲！相信你自己，没错的！

关 于 母 亲

——写在 2012 年母亲节

母亲节，我想，我应该写写母亲。

我想到三个母亲：我的母亲，婆婆，还有我自己。令人高兴的是，这三个人目前都还健康，也很快乐。假想，真的有一天她们不够健康了，但她们仍可以快乐——她们身边有懂事的孩子。

于是，落笔时我在思考：身为一个母亲，可以给孩子带来什么？

（一）

我确认我是个善良的人，这主要源自母亲。母亲的心肠极软，每每看情感型的电视剧都会忍不住流泪。大街上见到落魄的人，也不禁多看几眼，一副怜悯神色，有一次她说："咱家要是有很多钱，给她们一点多好！"母亲的善良还多数表现为她的宽容之心。一位与母亲有过过结的婶婶去世多年，每次提起她们之间的事，母亲便会说："哎，不计较。"母亲常常问起我与妯娌的关系，并不忘叮嘱我："挺好，小事不要在意。"

我确认我是个懂得孝道的人，这主要源自母亲。百善孝为先，作为奶奶的大儿媳，母亲曾经受了很多委屈。背地里，她常暗自神伤。但面对爷爷奶奶的疾病时，她又做得很好。我说她是个刀子嘴豆腐心的媳妇。她常常告诉我："无论公婆怎么不对，都是老人。"有一次我提起与公公的一件事，母亲急忙问："当时你怎么说的？"我说没说什么，她说："那就对了，不要想什么就说什么，老人的心啊可敏感了，也可容易伤心了，你千万要小心，别伤了老人的心。"我点头称是。

我确认我是个能吃苦的人，这主要源自母亲。母亲是个很普通的家庭妇女，但她的吃苦耐劳和坚忍的性格是我最敬佩的。小时候家里经济拮据，母亲特别省吃俭用，记得她总是攒着鸡蛋卖掉，但舍不得给自己添置衣物。那时父亲工作忙碌，总是母亲自己去田地里拔草。地离家很远，她常常起大早就离家，晚上很晚才回家。母亲的能干在家乡是极出名的。

我确认我是个要强的人，这主要源自母亲。母亲虽然没有工作，但她骨子里是从不肯落后和认输的，无论持家还是子女教育。对三个孩子她要求一向严格，尤其是对弟弟。弟弟小时淘气贪玩，不爱学习，没少令母亲气恼和伤心。姐弟三人，我是最令母亲省心的孩子，记忆里只有一次受到母亲的斥责和打骂。那时还小，偷偷拿了母亲的几元钱。母亲是个火眼金睛的人，她一眼就看出是我拿的，于是，狠狠地掐了我的屁股，疼得我大哭，母亲也哭。她说的话我已经忘记了，大意是我怎么可以做出这样令她伤心的事，她怎么能养出我这个没出息的孩子。母亲宁愿自己吃多少苦，受多少累，也绝不允许自己孩子的品质有一丝瑕疵，因为这对她来说是一种耻辱。母亲如今提起我对工作的热爱和执着，总有掩饰不住的骄傲和满足。她有时会对弟弟说："看你二姐，你要是能有她一半的要强，像她那样爱学习就好了！"与我说起时，我也不好意思地劝慰她："他有他的生活习惯和工作方式，这些事可不是勉强的，别学我，很累的。"母亲几乎每次给我打电话都会说这样一句话："千万别累着自己，注意身体，身体好比什么都强！"母亲心里一直有个遗憾，就是她的三个孩子中有一个没有读过大学，那就是小女儿。她常说："如果老姑娘上大学，要比现在不知好上多少倍呢！"见到母亲的黯然，我便笑着说："也不能这么说的，如果我去了大学，也就不能嫁给他了，我很知足。"于是，母亲便很释然的样子。

我确认我是个谦虚谨慎的人，这主要源自母亲。母亲常告诉我们："见到认识的人要主动和人家说话，别摆架子，让人厌烦。"我们姐弟三人也都深深记着母亲的话，唯恐冷落了别人。我们品质好是远近闻名的。我与爱人也常聊起这样的话题，就是无论我们身在何处，身居怎样的职位，都要谦虚谨慎，不能飞扬跋扈，自恃清高，要尊重每一个人。母亲，给我做了极好的榜样。

我确认我是个节俭的人，这主要源自母亲。母亲的节俭是令父亲十分不满却又无可奈何的。母亲从来都舍不得吃，舍不得穿，有钱就想花在子女身上。在我们这里，她从不吝啬。前些年我每次给家里打电话，母亲刚接起来，不等我说话就会说："你撂电话，我给你打。"即便电话费，她也替我省着。我每次回家买东西，都要落得很多埋怨。父亲与母亲常会因为花钱闹情绪，我们姐弟常劝母亲，母亲当时赞同，过后仍是节俭。我的骨子里继承了母亲的节俭，也继承了母亲的大度。小家里，我对自己的衣物从来都是节俭待之，可以不买的尽量不买。而对于爱人的事、老人的事，以及儿子的教育，却比一般人都舍得付出。

我确认我是个爱哭的人，这主要源自母亲。母亲特别喜欢掉眼泪，我最怕她掉眼泪。这时，一般都是在厨房，在父亲看不到的地方。父亲做了一辈子领导，动辄命令人，批评人，指责人，我是看不惯的，但可以避开，母亲则不能。我印象深刻的一次，是父亲与母亲包饺子，不知因为何事，父亲气极了，便将面板掀翻在地。母亲不说什么，只是哭。过后父亲又会后悔，偷着告诉我们劝劝母亲。母亲哭的时间最长的一次应该是我念师范时。她清晨就走了，没告诉家人，父亲下班回来找不到她非常着急，傍晚时分母亲回来了，眼睛哭得很肿。后来她说她在距家很远的田地里拔草了，一边拔一边哭，一边想着三个孩子……我爱哭，便像极了母亲，是受不得委屈的。

我确认我是个乐观的人，这主要源自母亲。母亲爱笑，她的笑声很大，一点小事就笑个不停。每次给她打电话，她都会这样："老姑娘啊，哈哈哈，啥事？……"于是，我也笑说没事。有一次，母亲对我说："我怎么总也不觉得我过六十了呢？"是啊，母亲一点也不老，她走起路来我是跟不上的，速度极快。前几天回家，我和姐姐带她去买衣服，刚下楼，就见这两个人健步如飞，我就在后面喊："你们俩就不能慢点吗？慢点——慢点！"母亲便哈哈地笑着等我。买衣服时，母亲说了多遍："老姑娘，你相中啥，我给你掏钱。"我就笑着说不用，母亲也跟着哈哈笑。我特别喜欢听她的笑声。

我确认我是个隐忍的人，这主要源自母亲。母亲常说要与人为善，要宽容待人。如今，面对家里的大事小情，面对我们三个孩子，她也常常隐忍。但我知道有时母亲是苦的，她的笑有时并非发自内心，她希望我们都快乐，都幸福，她把自己的苦深埋在心里，不表露给我们。我有时想劝母亲要活得洒脱，但母亲就是这样，只要我们都好，她便觉得好……

……

母亲，写不完！

家人认定我的性格像极了父亲，我也始终觉得是这样。我能读懂父亲，因为他的想法仿佛就是我的想法，于是每次回家，我都会站在父亲的角度宽慰母亲，让她理解父亲，心疼父亲。后来每次想想，其实我是委屈了母亲的。这应该是两个人的事，凭什么只让母亲谦让！但母亲真的变得越来越心胸宽阔，她现在和我们说的最多的一句话是："我不和他一样的。"然后，我就很放心地回她："对啊，别和我爸计较，他就那样。"母亲仿佛很无奈，我能懂。

但是，为什么写着写着，我能找到太多我与母亲相似的痕迹呢？这便是家庭的熏陶和影响吧。

如今每次回家，临走时母亲总是亲自下楼送我，看着我上车，她才会回去。但我实在是个粗心的人，我常不会在分手时嘱咐母亲什么，也不会和母亲说再见。前几天我和姐姐与母亲分开时，姐姐与她难舍难分，我便强烈地感觉到了内疚。我是个随心所欲的孩子，习惯了母亲的照料，习惯了母亲的宽容，也习惯了忽视母亲……

想到母亲，有无尽的感谢，有满怀的温暖，也有深深的自责。

（二）

写婆婆，要表达的更多的是感谢。

感谢婆婆养育了一个好儿子，且把他毫不吝啬地送给我。婆婆是放心我的，她太了解我，我们曾是同事。她是民办教师转正，虽然是教导主任出身，却从不在我面前谈教学，好像唯恐说错了什么。可是怎么会呢？我不在意她的学识深浅，不在意她无休止的唠叨，更不在意她给我多少金钱，我在意的，一直特别感谢的，是她当年和公公始终如一地坚持让我做她的儿媳，感谢她对我的照顾，对我的认同，对我的喜爱。

感谢婆婆给我体验母亲的机会。我剖腹产住院七天回到婆婆家，儿子便由我一手照料。父亲说："你婆婆上班忙，别让他操你的心。"于是，我开始了艰难而漫长的为人母的生活。我常常深感正是如此，才成就了我的教子经验，使我比一些女人更有机会体验做母亲的艰辛和快乐。这个过程虽然有太多的苦累，太多的委屈，但我从不与她提起，也不曾流露过一丝不悦。

感谢婆婆营造了良好的家庭氛围。公公性急，也易与婆婆生气，但婆婆从不表现出来，尽管她会与我诉说着种种不满。在婆婆家，我常会遇到这样的局面：公公批评婆婆的不对，婆婆不气，不反驳，而是漫不经心地听着，该做什么还做什么。我通常赶忙插话为婆婆解围，或者转移话题。有时，我只是笑，我笑了，两个老小孩便不再说什么了。试想，如果婆婆脾气不好，定是会吵起来的，那样的家庭氛围，我是极其反感和无法接受的。

感谢婆婆对我的宽容。婆婆胸襟宽广，许多牢骚和埋怨说完了就忘记了，好像那些事从未发生一样，对我更是如此。我是个粗心的儿媳，也是一个不太精于家务的儿媳。每次回婆婆家，她都不让我做什么，我只是收拾桌子扫扫地罢了。记得父亲说："如果你们婆媳关系不好，那一定是你的问题。"我也常常用这句话反省自己。

感谢婆婆这几年为我做的一切。她常为自己没有亲手将孙子带大而感到愧对我们，尤其是儿子多病时。但前些年我经常下乡，爱人便让婆婆来照顾孙子，她从来都是招之即来，从不推脱。近段，婆婆每天中午为孙子做饭，我更是把感谢挂在嘴边，每次说起，她总是笑着说应该的。婆婆没有女儿，我把自己当作她的女儿。

……

感谢的话仍有很多，说不完！

我有两个母亲：一个生我，前二十二年照顾我；一个把优秀的儿子交给我，让我感到此生幸福。她们都是我的母亲，都是我的牵挂……

（三）

今天的文字写下很多，也比每天花费的时间长，但我宁愿占用更多的时间想想母亲，再想想同样作为母亲的我，到底从她们身上获取了什么，我该为我的儿子留下些什么；他年之后，我的儿子在母亲节回忆我时，会如何表达……

天下的母亲都是爱孩子的，但爱的方式不同，留给孩子的礼物也便不同。

母爱，应该是感性的，但又该是理性的。我的母亲或许不懂教育，她靠的是言传身教，耳濡目染。但我是教育人，我该懂教育。儿子十六岁，这许多年来，我经常会想：在教育孩子的过程中，我需要改变什么，除了遗传因素，我能够在他的性格和行为习惯上做些什么……

如今，我能确定的是，我给了儿子一个良好的温暖的家庭环境。我的家庭更多的是欢声笑语，趣事不断；大家说话从来都很客气，从不呵斥、指派、唯我独尊。我们三人之间更多的是尊重和爱。儿子把我当作他的好朋友，习惯把一天的事尤其是心里话说给我听，爱人亦是，我们彼此倾听对方的喜怒哀乐，彼此关怀呵护。

我还能确定的是我给了儿子乐观向上、善解人意、知书达理的性格。我习惯说"没事的"、"没什么大不了的"、"要理解爸爸"、"那多没礼貌"……听得多了，儿子也常用这样的话说给我听。昨晚爱人喝醉了，儿子听到门铃声后急忙告诉我："爸爸今天喝了两顿酒，一会儿有什么事你千万别和他一般见识。"我笑着点头。儿子是个帅小伙，笑起来很有魅力，加之浑身的书卷气，我很欣慰。

我还能确定我给了儿子爱读书的习惯。书店是我们常去的地方，我喜欢推荐给他各类书籍。现在他读了高中，属于自己的时间少之又少，但仍不忘读书，不忘去书店，北京的几个大书店我们去过多次，这点是我引以为荣的。我认为这很重要，书中自有黄金屋，肯读书，爱读书，该是人一生的财富。

……

我没能更好地梳理我给了儿子什么，也许我心里也是不太清楚的，况且儿子正处于心理、生理转变时期，许多性格、行为等还不定性。我常觉得孩子的可塑性极大，我稍微忽视对他的观察和引导，他便容易改变，这改变有时可能只因他的一个朋友，有时可能只因我任性的一件事……

所以，母亲的角色，但凡是女人都会做。但做一个好母亲是难上加难的。我在努力，我也愿努力，为了我的儿子，为了我的家庭。

祝天下所有的母亲，当然包括我，母亲节快乐，永远快乐！

快乐是会传染的！

留有尾声听余音

我确信，当我将分散在各处的文字统整于一起时，心里愈发忐忑不安。以往，无论是写教材、教师用书，还是写其他教辅书籍，我都相信它们会对读者即老师们大有裨益。而这本书呢？倘若它不能对老师们有帮助，那么其价值又何在呢？我从没有这般担忧过。

我确信，过去的十年是我非常努力的十年，甚至以身体的健康为沉重代价。每次听课都认真记录和思考；每次与老师们座谈都希望助推她们成长；每次开展教研或培训活动都尽力让来自四面八方的听者不虚此行；每写一份材料都反复修改，力求提高指导性……心有所想，祈愿力所能及，言能所帮。这样想来，略有安然，我对得住此书里所表达的过去。

我确信，书里的文章都是原汁原味的。十年磨一剑，我其实一直在努力创新，但从没想过要改变自己原有的风格，包括文字，也包括为人。我想修饰它，我想堆砌精美文字，我想把自己放在完美之中……但我做不到，也定然得不偿失。朴素、真实、率性的文字不好吗？文如其人，我即如此。我信奉戴尔·卡耐基的那句"保持自我本色，不要盲目模仿"。我的水平也着实有限啊！于是，我又回归忐忑。

我确信，关于语文教学，关于教师培训乃至于其他，老师们读后会有所思考。其实他们不喜欢那些高深理论的书，虽然那对提升教学素养来说不可或缺。他们更需要对自己课堂教学和专业成长有直接帮助的书。此书中，我素朴的文笔或许正与老师们的需求实现了恰切的对接。

好了，我不需忐忑。我确信。

假如老师们读后有哪些意见，请与我联系。语文博大精深，研究语文的人、写语文书的人浩如烟海，对比而言，我的文字力量渺小，因为我的视界不够深邃，也缺乏实践的历练，更缺少独特的审视教育的眼光和胸怀。但我会努力，我怀有期待——我们携起手并肩来做，力量不就强大了吗？

我确信。

王蕴枫

2013 年 5 月